Carlos Castaneda

Die Kunst des Träumens

Aus dem Amerikanischen
von Thomas Lindquist

S. Fischer

5. Auflage: 25.-27. Tausend
Deutsche Erstausgabe
Veröffentlicht im S. Fischer Verlag GmbH, Frankfurt am Main 1994
Die amerikanische Originalausgabe mit dem Titel
»The Art of Dreaming« erschien 1993
im Verlag HarperCollins Publishers, Inc., New York
© 1993 Carlos Castaneda
Für die deutsche Ausgabe:
© 1994 S. Fischer Verlag GmbH, Frankfurt am Main
Alle Rechte vorbehalten
Lektorat: Willi Köhler
Umschlaggestaltung: Nach Entwürfen von Hannes Jähn
Gesamtherstellung: Wagner GmbH, Nördlingen
Printed in Germany 1995
ISBN 3-10-010209-6

Inhalt

Vorwort 7
1. Die Zauberer der Vorzeit: eine Einführung 13
2. Die erste Pforte des Träumens 32
3. Die zweite Pforte des Träumens 46
4. Die Fixierung des Montagepunktes 67
5. Die Welt der anorganischen Wesen 92
6. Die Welt der Schatten 115
7. Der blaue Scout 137
8. Die dritte Pforte des Träumens 149
9. Das neue Forschungsgebiet 173
10. Die Pirscher anpirschen 189
11. Der Mieter 205
12. Die Frau in der Kirche 225
13. Auf den Flügeln der Absicht fliegen 245

Wir sind nur gekommen,
ein Traumbild zu sehen, wir sind
nur gekommen zu träumen, nicht wirklich,
nicht wirklich sind wir gekommen,
auf der Erde zu leben.

Tochihuitzin Coyolchiuhqui
(aztekischer Dichter, um 1419)*

* Für den Hinweis auf das Gedicht danken wir
Herrn Hans-Dieter Schultz; d. Lektorat.

Vorwort

In den vergangenen zwanzig Jahren habe ich eine Reihe von Büchern geschrieben, über meine Lehrzeit bei Don Juan Matus, einem Zauberer der Yaqui-Indianer in Mexiko. Ich erklärte in diesen Büchern, daß er mich die Zauberei lehrte, aber nicht so, wie wir Zauberei im Kontext unserer alltäglichen Welt verstehen: als Beherrschung anderer durch übernatürliche Kräfte, oder als Geisterbeschwörung durch Zauberformeln, Fetische oder Rituale zur Hervorbringung übernatürlicher Wirkungen. Für Don Juan war Zauberei die Verkörperung spezieller theoretischer und praktischer Prämissen über Wesen und Funktion der Wahrnehmung in der Gestaltung der uns umgebenden Welt.

Don Juans Empfehlungen befolgend, habe ich davon abgesehen, sein Wissen durch einen spezifisch anthropologischen Begriff, den des Schamanismus, zu definieren. Vielmehr nannte ich es stets – wie er selbst – Zauberei. Bei genauerer Prüfung aber erkannte ich, daß die Bezeichnung solchen Wissens als Zauberei die ohnehin unbegreiflichen Phänomene, mit denen er mich in seiner Unterweisung bekannt machte, noch unklarer erscheinen ließ.

In anthropologischen Schriften wird Schamanismus definiert als Glaubenssystem mancher Eingeborenenvölker im nördlichen Asien, verbreitet auch unter nordamerikanischen Indianerstämmen, das von der Annahme ausgeht, daß wir von einer unsichtbaren Welt von Ahnengeistern, von guten und bösen Kräften umgeben sind: von spirituellen Kräften, beschworen oder kontrolliert durch gewisse Handlungen der Praktiker, die als Mittler zwischen der natürlichen und der übernatürlichen Welt fungieren.

Don Juan war tatsächlich ein Mittler zwischen der natürlichen Welt des alltäglichen Lebens und einer unsichtbaren Welt, die er nicht das Übernatürliche nannte, sondern die zweite Aufmerksamkeit. Seine Aufgabe als Lehrer war, mir diese Konfiguration, von Zauberern die zweite Aufmerksamkeit genannt, zugänglich zu machen. In meinen bisherigen Büchern habe ich die Lehrmethoden beschrieben, die er zu diesem Zweck einsetzte, wie auch die Zauberpraktiken, die er mich einüben ließ: die wichtigste unter ihnen war die – so bezeichnete – Kunst des Träumens.

Don Juan behauptete, daß unsere Welt, die wir für einmalig und absolut halten, nur eine unter einer Vielzahl aufeinander folgender Welten sei, angeordnet wie die Schichten einer Zwiebel. Er behauptete, daß wir, auch wenn wir energetisch darauf konditioniert sind, ausschließlich unsere Welt wahrzunehmen, dennoch die Fähigkeit haben, in jene anderen Sphären einzudringen: Sphären, die ebenso real, einzigartig, absolut und absorbierend sind wie unsere Welt.

Don Juan erklärte mir, daß wir, um jene anderen Sphären wahrzunehmen, nicht nur ein Verlangen nach ihnen haben müssen, sondern auch genügend Energie, um uns ihrer zu bemächtigen. Deren Existenz sei unveränderlich und von unserer Wahrnehmung unabhängig, sagte er, doch ihre Unzugänglichkeit sei lediglich eine Folge unserer energetischen Konditionierung. Mit anderen Worten, einzig und allein aufgrund dieser Konditionierung sind wir gezwungen anzunehmen, daß die Welt unseres alltäglichen Lebens die einzige und einzig mögliche Welt sei.

Ausgehend von der Überzeugung, daß nur unsere energetische Konditionierung uns daran hindert, in diese anderen Sphären einzutreten, erklärte Don Juan, daß die Zauberer alter Zeiten eine Reihe von Praktiken entwickelt hätten, dazu bestimmt, unsere energetische Wahrnehmungsfähigkeit anders zu konditionieren. Diese Praktiken nannten sie die Kunst des Träumens.

Aus heutiger Sicht, mit zeitlichem Abstand, erkenne ich nun, daß es wohl die treffendste Aussage über das Träumen war, wenn Don Juan es als »Pforte zur Unendlichkeit« bezeichnete. Damals aber, als er dies sagte, wandte ich ein, daß eine solche Metapher für mich unverständlich sei.

»Lassen wir also die Metaphern beiseite«, räumte er ein. »Sagen wir besser, das Träumen ist die Art der Zauberer, gewöhnliche Träume praktisch zu nutzen.«

»Aber, wie können wir gewöhnliche Träume praktisch nutzen?« fragte ich.

»Wir lassen uns immer von Wörtern täuschen«, sagte er. »In meinem Fall versuchte mein Lehrer, mir das Träumen zu beschreiben, indem er sagte, es sei die Art der Zauberer, der Welt ›gute Nacht‹ zu sagen. Natürlich stellte er seine Beschreibung auf meine Mentalität ein. Das gleiche tu ich bei dir.«

Bei anderer Gelegenheit sagte Don Juan zu mir: »Träumen kann nur erfahren werden. Denn Träumen heißt nicht einfach, Träume zu haben; es hat auch nichts mit Tagträumen oder Wunschvorstellungen zu tun. Durch das Träumen können wir andere Welten wahrnehmen, die wir gewiß auch beschreiben können, aber wir können nicht beschreiben, was uns befähigt, sie wahrzunehmen. Und doch merken wir, daß das Träumen uns jene anderen Sphären erschließt. Träumen scheint eine Empfindung zu sein; ein Vorgang im Körper, ein geistiges Bewußtwerden.«

Im Rahmen seiner allgemeineren Lehren erläuterte Don Juan mir sehr eingehend die Grundlagen, Praktiken und Prinzipien des Träumens. Seine Unterweisung fiel in zwei Teile. Der eine betraf die Vorgänge des Träumens; der andere die rein abstrakten Erklärungen dieser Traumvorgänge. Seine Lehrmethode bestand darin, abwechselnd meine intellektuelle Neugier auf die abstrakten Prinzipien des Träumens zu wecken und mich dann Erfahrungen in deren praktischer Anwendung sammeln zu lassen.

All dies habe ich bereits geschildert, so ausführlich, wie es mir nur möglich war. Und ich schilderte auch das Milieu der Zauberer, in das Don Juan mich einführte, um mich seine Kunst zu lehren. Meine Interaktionen in diesem Milieu der Zauberer waren für mich besonders interessant, weil sie ausschließlich im Zustand der zweiten Aufmerksamkeit stattfanden. So hatte ich Umgang mit den zehn Frauen und fünf Männern, die Don Juans Gefährten in der Zauberei waren, sowie mit den vier jungen Frauen und vier jungen Männern, die seine Schüler waren.

Diese letzteren versammelte Don Juan, gleich nachdem ich in seine Welt gekommen war. Er machte mir klar, daß sie eine traditionelle Gruppe von Zauberern bildeten, eine Kopie seiner eigenen Gesellschaft, und daß ich sie führen solle. In der Arbeit mit mir aber erkannte er, daß ich anders beschaffen war, als er erwartet hatte. Diesen Unterschied erklärte er mit einer Energie-Konfiguration, die nur für Zauberer sichtbar sei: statt vier Energieabteilungen, wie er selbst, hätte ich nur drei. Solch eine Konfiguration, die er irrigerweise für einen korrigierbaren Makel gehalten hatte, machte mich so völlig ungeeignet zur Interaktion mit diesen acht Lehrlingen, oder gar zur Übernahme der Führung, daß es Don Juan geboten schien, eine andere Gruppe von anders beschaffenen Leuten zu versammeln – besser passend zu meiner energetischen Struktur.

Von diesen Vorgängen habe ich ausführlich berichtet. Aber noch nie habe ich jene zweite Gruppe von Schülern erwähnt; Don Juan hatte es mir nicht erlaubt. Sie gehörten ausschließlich zu meinem Feld, sagte er; meine Vereinbarung mit ihm sah aber nur vor, über sein Feld zu schreiben, nicht über mein eigenes.

Die zweite Schülergruppe war sehr klein. Sie hatte nur drei Mitglieder: eine Träumerin, Florinda Donner-Grau; eine Pirscherin, Taisha Abelar; und eine Nagual-Frau, Carol Tiggs.

Wir interagierten nur in der zweiten Aufmerksamkeit miteinander. In der alltäglichen Welt kannten wir uns nicht einmal von ungefähr. In unseren Beziehungen zu Don Juan aber gab es nichts Unbestimmtes: er gab sich die größte Mühe, uns alle gleich gründlich auszubilden. Doch zum Ende hin, als Don Juans Zeit zu Ende ging, begann der psychische Druck seiner bevorstehenden Abreise die festen Schranken der zweiten Aufmerksamkeit aufzulösen. Die Folge war, daß unsere Interaktionen auf die Alltagswelt übergriffen und wir uns scheinbar zum erstenmal kennenlernten.

Bewußt aber hatte keiner von uns eine Ahnung von unseren Interaktionen im Zustand der zweiten Aufmerksamkeit. Nachdem wir uns alle mit wissenschaftlichen Studien befaßten, waren wir mehr als überrascht, als wir feststellten, daß wir uns schon früher begegnet waren. Dies war und ist natürlich eine intellektuell unhaltbare Annahme, und doch wissen wir, daß es für uns empirische Erfahrung war. Seither bleibt uns die beunruhigende Gewißheit, daß die menschliche Psyche unendlich viel komplizierter ist, als unsere weltliche oder wissenschaftliche Vernunft uns glauben machte.

Einmal bestürmten wir alle Don Juan, doch etwas Licht in unser Dilemma zu bringen. Er könne nur zwei Erklärungen anbieten, sagte Don Juan. Einerseits könne er unserem – durch solche Erfahrungen verletzten – Vernunftprinzip schmeicheln und behaupten, die zweite Aufmerksamkeit sei ein Bewußtseinszustand, so illusorisch wie am Himmel fliegende Elefanten und alles, was wir in diesem Zustand erfahren zu haben glaubten, sei nur das Produkt hypnotischer Suggestionen. Andererseits aber könne er diesen Zustand so erklären, wie Zauberer und Träumer ihn verstehen: als eine energetische Konfiguration des Bewußtseins.

Bei meinen Übungen im Träumen blieb jedoch die Barriere der zweiten Aufmerksamkeit immer unverändert erhalten. Jedesmal wenn ich in den Zustand des Träumens eintrat, geriet ich auch in die zweite Aufmerksamkeit, und wenn ich vom Träumen erwachte, so bedeutete dies nicht unbedingt, daß ich auch den Zustand der zweiten Aufmerksamkeit verließ. Jahrelang konnte ich mich nur teilweise an meine Traumerfahrungen erinnern. Der größte Teil dessen, was ich erlebte, blieb mir energetisch unzugänglich. Es brauchte fünfzehn Jahre ununterbrochener Arbeit, von 1973 bis 1988, bis ich genügend Energie gespeichert hatte, um alles geistig in eine lineare Reihenfolge zu bringen. Dann aber erinnerte ich mich an immer neue Abschnitte meiner Traumerfahrungen, und es gelang mir endlich, gewisse scheinbare Gedächtnislücken aufzufüllen. Auf diese Weise erkannte ich auch, welcher Zusammenhang den Unterweisungen Don Juans in der Kunst des Träumens innewohnte: ein Zusammenhang, der mir entgangen war, da er mich stets zwischen dem alltäglichen Bewußtsein und der Bewußtheit der zweiten Aufmerksamkeit pendeln ließ. Aus solcher Aufarbeitung ist dieses Buch hervorgegangen.

Und damit bin ich beim Kern dessen, was ich sagen wollte: nämlich dem Grund, warum ich dieses Buch schreiben mußte. Nachdem mir Don Juans Lehren über die Kunst des Träumens nun in fast allen Teilen geläufig sind, möchte ich gerne in einer künftigen Studie berichten, welche Positionen und Interessen seine vier letzten Schüler gegenwärtig vertreten: Florinda Donner-Grau, Taisha Abelar, Carol Tiggs und ich selbst. Doch bevor ich schildern und erklären kann, zu welchen Ergebnissen Don Juans Einfluß uns führte, muß ich im Lichte dessen, was ich heute weiß, jene Teile der Lehren Don Juans über das Träumen darstellen, die mir vorher unzugänglich waren.

Den entscheidenden Anstoß zu diesem Buch gab mir aber Carol Tiggs. Die Welt zu erklären, die Don Juan uns hinterlassen hat, so glaubt sie, ist höchster Ausdruck unserer Dankbarkeit ihm gegenüber und unserer Verpflichtung für sein Streben.

1. Die Zauberer der Vorzeit: eine Einführung

Don Juan betonte immer wieder, daß alles, was er mich lehrte, von Menschen erdacht und erarbeitet worden sei, die er die Zauberer der Vorzeit nannte. Dabei stellte er kategorisch klar, es gebe grundlegende Unterschiede zwischen jenen alten Zauberern und den Zauberern moderner Zeiten. Die Zauberer der Vorzeit bezeichnete er als Menschen, die wohl Jahrtausende vor der Eroberung Mexikos durch die Spanier lebten; es waren Menschen, deren große Leistung es war, die Grundlagen der Zauberei zu legen, wobei sie vor allem auf praktische Anwendbarkeit und Konkretheit Wert legten. Er schilderte sie als hervorragend begabte Leute, denen es aber an Weisheit fehlte. Die modernen Zauberer hingegen bezeichnete Don Juan als Leute von ausgewogenem Sinn, die imstande seien, die Entwicklung der Zauberei zu korrigieren, falls sie dies für notwendig hielten.

Don Juan erklärte mir, daß die Prämissen der Zauberei, soweit sie für das Träumen gelten, auf ganz natürliche Weise von den alten Zauberern erdacht und weiterentwickelt wurden. Diese Prämissen muß ich zwangsläufig – weil sie den Schlüssel zum Verständnis und zur Erklärung der Zauberei bieten – noch einmal darstellen und diskutieren. Vieles, was ich früher schon beschrieben habe, wird daher in diesem Buch wieder aufgegriffen und weiterentwickelt.

Um das Träumen und die Träumer richtig einzuschätzen, sagte Don Juan in einem unserer Gespräche, müsse man das Bemühen der modernen Zauberer würdigen, die Zauberei von jener einstigen Konkretheit wegzuführen – hin zum Abstrakten.

»Was bezeichnest du als Konkretheit, Don Juan?« fragte ich.

»Den praktischen Teil der Zauberei«, sagte er. »Diese zwanghafte Beschäftigung mit Praktiken und Techniken; diese unverantwortliche Beeinflussung anderer Menschen. All dies gehörte zur Zauberei früherer Zeiten.«

»Und was ist für dich das Abstrakte?«

»Das Streben nach Freiheit. Nach der Freiheit nämlich, alles, was Menschen möglich ist, ohne zwanghafte Vorurteile wahrzunehmen. Die heutigen Zauberer, sage ich, streben nach dem Abstrakten, weil sie nach Freiheit streben. Es geht ihnen nicht um konkrete Vorteile. Sie erfüllen auch keine soziale Funktion mehr, wie die Zauberer alter Zeiten. Sie treten nicht als offizielle Seher oder Dorfzauberer auf.«

»Glaubst du, Don Juan, daß die Vergangenheit bedeutungslos für die modernen Zauberer ist?«

»Gewiß ist sie von Bedeutung. Aber wir lehnen die Atmosphäre dieser Vergangenheit ab. Was mich betrifft, so lehne ich die dunklen, morbiden Aspekte des Geistigen ab. Ich bevorzuge die Grenzenlosigkeit des Denkens. Doch abgesehen von meinen Vorlieben und Abneigungen, muß ich den Zauberern der Vorzeit doch gerecht werden: sie waren die ersten, die all das entdeckten und taten, was wir heute wissen und tun.«

Ihre wichtigste Leistung war, so erklärte mir Don Juan, daß sie die energetische Beschaffenheit aller Dinge erkannten. Diese Erkenntnis war so bedeutsam, daß sie zur Grundprämisse der Zauberei erhoben wurde. Heute aber, sagte er, erreichten die Zauberer nur nach lebenslanger Schulung und Übung diese Fähigkeit, das Wesen der Dinge wahrzunehmen – eine Fähigkeit, die sie als *Sehen* bezeichnen.

»Was würde es für mich bedeuten, das energetische Wesen der Dinge wahrzunehmen?« fragte ich Don Juan einmal.

»Es würde bedeuten, daß du Energie unmittelbar wahrnimmst«, antwortete er. »Durch Abtrennung des sozial bedingten Teils der Wahrnehmung kannst du das Wesen der Dinge erkennen. All dies, was wir wahrnehmen, ist Energie. Aber weil wir Energie nicht unmittelbar wahrnehmen können, konditionieren wir unsere Wahrnehmung in der Weise, daß sie sich einer Form anpaßt. Diese Form ist der soziale Teil der Wahrnehmung, den du abtrennen mußt.«

»Warum sollte ich ihn abtrennen?«

»Weil er den Umfang dessen, was wir wahrnehmen können, willkürlich einschränkt und uns glauben macht, daß die Form, in die wir unsere Wahrnehmungen pressen, das einzige sei, was es gibt. Wenn der Mensch heute überleben will, davon bin ich überzeugt, wird er die soziale Grundlage seiner Wahrnehmung verändern müssen.«

14

»Was ist die soziale Grundlage der Wahrnehmung, Don Juan?«

»Die physische Gewißheit, daß die Welt aus konkreten Objekten besteht. Dies bezeichne ich als soziale Grundlage, weil alle in dieser Gesellschaft uns zwingen wollen, die Welt so wahrzunehmen, wie wir sie eben kennen.«

»Wie aber sollten wir die Welt wahrnehmen?«

»Alles ist Energie. Das ganze Universum ist Energie. Die soziale Grundlage unserer Wahrnehmung sollte die physische Gewißheit sein, daß es nichts andres gibt als Energie. Wir sollten alles tun und die Fähigkeit schulen, Energie als Energie wahrzunehmen. Dann hätten wir beide Alternativen zur Auswahl.«

»Ist es denn möglich, Menschen in solchen Dingen zu schulen?« fragte ich.

Ja, es sei möglich, antwortete Don Juan, und nichts anderes täte er mit mir und seinen anderen Schülern. Er wolle uns eine neue Art der Wahrnehmung lehren: erstens, indem er uns erkennen lasse, daß wir unsere Wahrnehmung so konditionieren, daß sie sich einer Form anpaßt, und zweitens, indem er unsere Fähigkeit schule, Energie unmittelbar als Energie wahrzunehmen. Seine Lehrmethode, sagte er, unterscheide sich gar nicht sehr von jener anderen Methode, nach der man uns beigebracht habe, die Alltagswelt wahrzunehmen.

Die Konditionierung unserer Wahrnehmung im Sinne der Anpassung an eine soziale Form, so glaubte Don Juan, verliert aber ihre Macht über uns, sobald wir erkennen, daß wir diese Form als Erbe unserer Ahnen unbesehen übernommen haben, ohne ihre Tauglichkeit zu prüfen.

»Es war überlebenswichtig für unsere Vorfahren, eine Welt von festen Objekten wahrzunehmen, die entweder positiven oder negativen Wert hatten«, sagte Don Juan. »Und nach Jahrtausenden einer solchen Wahrnehmung sind wir nun gezwungen anzunehmen, daß die Welt aus festen Objekten besteht.«

»Ich kann mir die Welt nicht anders vorstellen, Don Juan«, wandte ich ein. »Es ist doch zweifellos eine Welt fester Objekte. Den Beweis haben wir, sobald wir mit ihnen zusammenstoßen.«

»Sicher ist es eine Welt von festen Objekten. Das will ich nicht bestreiten.«

»Was willst du also behaupten?«

»Ich behaupte, daß die Welt in erster Linie aus Energie besteht; und erst in zweiter Linie aus Objekten. Wenn wir nicht von der Prämisse ausgehen, daß die Welt aus Energie besteht, wird es uns nie gelingen, Energie unmittelbar wahrzunehmen. Was uns dann hindert, ist die physische Gewißheit einer Welt von festen Objekten, von der du eben noch gesprochen hast.«

Seine Auffassung war mir unbegreiflich. Damals konnte ich mir einfach keinen anderen Weg zum Verständnis der Welt denken als jenen, der mir vertraut war. Don Juans Behauptungen und Ideen waren mir so fremd, daß ich sie weder annehmen noch widerlegen konnte.

»Unsere Wahrnehmung ist die Wahrnehmung eines Raubtiers«, sagte er mir bei anderer Gelegenheit. »Sehr nützlich, um Nahrung zu finden und Gefahr zu erkennen. Aber dies ist nicht die einzig mögliche Art der Wahrnehmung. Es gibt noch eine andere Methode, mit der ich dich vertraut machen möchte: die unmittelbare Wahrnehmung des Wesens der Dinge – der Energie selbst. Erst wenn wir das Wesen der Dinge wahrnehmen, wird es uns gelingen, die Welt in einer neuen, vielschichtigeren und interessanteren Sprache zu erforschen und zu beschreiben«, behauptete Don Juan. Und die vielschichtigere Sprache, an die er dachte, war diejenige, die seine Vorfahren ihn gelehrt hatten: eine Sprache im Einklang mit jenen Wahrheiten der Zauberei, die keine rationale Begründung brauchen und unabhängig sind von den Fakten der Alltagswelt – selbst-evidente Wahrheiten für die Zauberer, die Energie unmittelbar wahrnehmen und das Wesen der Dinge *sehen*.

Das Wesen des Universums selbst zu *sehen* sei für diese Zauberer die wichtigste Tat der Zauberei. Wie Don Juan sagte, hatten die Zauberer der Vorzeit als erste das Wesen des Universums *gesehen* und es auf die bestmögliche Art und Weise beschrieben. Das Wesen des Universums, behaupteten sie, gleiche einer Konfiguration von weißglühenden Fasern, die sich ins Unendliche erstreckten, leuchtende Gespinste, die auf eine dem menschlichen Denken unvorstellbare Art mit Bewußtsein begabt sind.

Nachdem die Zauberer der Vorzeit das Wesen des Universums *sahen*, gingen sie einen Schritt weiter und *sahen* auch das energetische Wesen des Menschen. Sie hätten die Menschen in Gestalt von leuchtenden großen Eiern *gesehen*, sagte Don Juan, und sie folglich als leuchtende Eier beschrieben.

»Wenn Zauberer einen Menschen *sehen*«, sagte Don Juan, »*sehen* sie eine große leuchtende Gestalt, die dahinschwebt und bei ihrer Fortbewegung eine tiefe Furche in der Energie der Erde hinterläßt, als hätte die leuchtende Gestalt eine nachschleppende Pfahlwurzel.«

Don Juan meinte, daß unsere Energiegestalt sich mit der Zeit verändert habe. Denn alle Seher, die er kannte – und auch er selbst –, hätten die Menschen wohl eher in Kugelgestalt oder sogar in Form von eckigen Grabsteinen *gesehen*, nicht in eiförmiger Gestalt. Es komme aber immer wieder vor, daß Zauberer einen Menschen *sehen*, dessen Energiefeld wie ein Ei geformt ist. Heutige Menschen, deren Energiefeld wie ein Ei geformt ist, sagte Don Juan, hätten eben Ähnlichkeit mit den Menschen früherer Zeiten.

Immer wieder kam Don Juan bei seinen Lehren auf die – wie er glaubte – wichtigste Entdeckung der alten Zauberer zu sprechen. Sie hätten nämlich in der leuchtenden Kugelgestalt des Menschen ein besonderes Merkmal gefunden: einen runden Fleck von stärkerer Leuchtkraft, nicht größer als ein Tennisball, und immer im Inneren der leuchtenden Kugel lokalisiert und von deren Glanz überstrahlt – etwa einen halben Meter hinter dem rechten Schulterblatt des Betreffenden.

Dies konnte ich mir nur schwer bildlich vorstellen, als Don Juan es mir zum erstenmal beschrieb, und darum betonte er, daß die leuchtende Kugel natürlich viel größer sei als der menschliche Körper, den sie einhülle. Jener stärker leuchtende Punkt sei aber Bestandteil der Energie-Kugel und befinde sich in Höhe der Schulterblätter, etwa eine Armeslänge hinter dem Körper des Menschen. Weil nun die alten Zauberer *sahen*, was dieser leuchtende Punkt macht, nannten sie ihn den Montagepunkt.

»Also, was macht der Montagepunkt?«

»Nun, er macht, daß wir wahrnehmen«, antwortete er. »Die alten Zauberer *sahen*, daß an diesem Punkt die Wahrnehmung des Menschen zusammengesetzt, sozusagen ›montiert‹ wird. Und weil die alten Zauberer *sahen*, daß nicht nur Menschen, sondern alle Lebewesen solch einen leuchtenden Punkt haben, vermuteten sie, daß Wahrnehmung generell an diesem Punkt stattfindet, wie auch immer.«

»Was *sahen* die alten Zauberer? Und wieso kamen sie zu dem Schluß, daß die Wahrnehmung im Montagepunkt zusammengesetzt wird?« fragte ich.

Sie *sahen*, erstens, erzählte Don Juan, daß unter Millionen leuchtender Fäden, die durch die leuchtende Kugelgestalt hindurchgehen, nur ein kleiner Teil direkt den Montagepunkt schneidet – wie auch zu erwarten, nachdem er ja, im Vergleich zum Ganzen, viel kleiner sei.

Sie *sahen*, zweitens, daß der Montagepunkt immer von einer weiteren Sphäre glühender Leuchtkraft umgeben ist, ein wenig größer als er selbst, wodurch das Licht der direkt durch diese Glut hindurchgehenden Fasern ganz wesentlich verstärkt werde.

Und schließlich *sahen* sie noch zwei Dinge: zum einen, daß der Montagepunkt eines Menschen sich von der Stelle lösen kann, wo er normalerweise lokalisiert ist; und zum anderen, daß Wahrnehmung und Bewußtsein, solange der Montagepunkt in seiner gewohnten Position ruht, anscheinend normal sind, soweit man dies nach dem normalen Verhalten der beobachteten Personen beurteilen kann. Wenn aber der Montagepunkt und die ihn umgebende glühende Sphäre sich in einer anderen als der üblichen Position befinden, scheint ihr ungewöhnliches Verhalten zu beweisen, daß ihr Bewußtsein anders beschaffen ist; daß sie Wahrnehmungen von ungewöhnlicher Art haben.

Aus alledem zogen die alten Zauberer die Schlußfolgerung: je größer die Verschiebung des Montagepunkts aus seiner gewohnten Position, desto ungewöhnlicher ist das daraus folgende Verhalten – und offenbar auch die daraus folgende Bewußtheit und Wahrnehmung.

»Bedenke aber«, ermahnte mich Don Juan, »daß ich, wenn ich von *sehen* spreche, immer sage: ›Es hatte den Anschein als ob‹, oder ›Es schien wie‹. Alles, was man *sieht*, ist so einzigartig, daß man unmöglich darüber sprechen kann – außer, man vergleicht es mit etwas uns Bekanntem.«

Das passendste Beispiel für dieses Dilemma, so sagte er, sei die Art, wie die Zauberer über den Montagepunkt und die ihn umgebende Glut sprächen. Sie bezeichneten beide als Helligkeit, und doch könne es keine Helligkeit sein, weil die Seher sie nicht mit den Augen sähen. Irgendwie aber müßten sie das Unvereinbare überbrücken, und darum sagten sie, daß der Montagepunkt ein

18

Lichtfleck sei, umgeben von einem glühenden Hof. Wir Menschen stünden so stark unter dem Diktat des Visuellen, unter der Herrschaft unserer Raubtier-Wahrnehmung, daß alles, was wir sehen, im Sinne dessen interpretiert werden müsse, was das Raubtierauge normalerweise sieht.

Nachdem die alten Zauberer nun *sahen*, was der Montagepunkt und die ihn umgebende Glut anscheinend bewirken, versuchten sie, so erzählte Don Juan, eine Erklärung zu finden. Und sie behaupteten, daß der Montagepunkt beim Menschen, indem er seine glühende Sphäre auf jene Energiefasern des Universums konzentriert, die direkt durch ihn hindurchgehen, ganz automatisch und unvermittelt diese Fasern zu einer stabilen Wahrnehmung der Welt zusammensetzt.

»Wie werden diese Fasern, von denen du sprichst, zu einer stabilen Wahrnehmung der Welt montiert?« fragte ich.

»Das weiß niemand«, antwortete er mit Nachdruck. »Die Zauberer *sehen* die Bewegung der Energie. Doch wenn sie die Bewegung der Energie lediglich *sehen*, wissen sie noch lange nicht, wie oder warum Energie sich bewegt.«

Nachdem die alten Zauberer *sahen*, fuhr Don Juan fort, daß Millionen von Fasern bewußter Energie durch den Montagepunkt hindurchgehen, behaupteten sie, daß diese Fasern, indem sie durch diesen Punkt hindurchgehen, sich vereinigen – zusammengefügt durch die Glut der ihn umgebenden Sphäre. Und nachdem sie *sahen*, daß diese Glut bei bewußtlosen oder sterbenden Menschen sehr schwach ist und bei Toten sogar ganz fehlt, waren sie überzeugt, daß diese Glut die Bewußtheit sei.

»Aber der Montagepunkt? Fehlt er bei einer Leiche?« fragte ich.

Und er antwortete, daß es bei einem Toten keine Spur eines Montagepunktes gebe, denn der Montagepunkt und die ihn umgebende Glut seien das Zeichen von Leben und Bewußtheit. Daraus zogen die Zauberer der Vorzeit den Schluß, daß Bewußtsein und Wahrnehmung untrennbar zusammengehören und mit dem Montagepunkt und der ihn umgebenden Glut verbunden sind.

»Besteht die Möglichkeit, daß jene Zauberer sich bei ihrem *Sehen* irrten?« fragte ich.

»Ich kann dir nicht erklären, warum, aber es ist ganz unmöglich, daß Zauberer sich beim *Sehen* irren«, sagte Don Juan in einem

Ton, der keine Einwände duldete. »Nun ja, die Schlußfolgerungen, die sie aus ihrem *Sehen* ziehen, könnten wohl falsch sein, aber nur weil diese Leute manchmal naiv und ungebildet sind. Um solch ein Dilemma zu vermeiden, müssen Zauberer ihren Verstand auf jede nur mögliche Art entwickeln.«

Mit sanfterer Stimme meinte er dann, daß es für Zauberer gewiß sehr viel sicherer wäre, sich einzig auf die Beschreibung dessen zu beschränken, was sie *sehen*; daß aber die Versuchung, Schlußfolgerungen und Erklärungen zu suchen, wenn auch nur für sich selbst, viel zu groß sei, um ihr zu widerstehen.

Der Effekt jener Verschiebung des Montagepunktes sei aber eine weitere Energie-Konfiguration, die die Zauberer der Vorzeit *sehen* und studieren konnten. Wird der Montagepunkt in eine andere Position verschoben, sagte Don Juan, so tritt dort ein neues Konglomerat von Millionen leuchtender Energiefasern zusammen. Dies *sahen* die Zauberer der Vorzeit und schlossen daraus, daß die Wahrnehmung, da die Glut der Bewußtheit immer dort ist, wo der Montagepunkt sich befindet, automatisch dort »montiert«, also zusammengesetzt wird. Wegen der unterschiedlichen Position des Montagepunktes kann die daraus resultierende Welt aber nicht unsere Alltagswelt sein.

Die alten Zauberer, erklärte Don Juan, unterschieden zwei Arten von Verschiebung des Montagepunktes. Zum einen eine Verschiebung in irgendeine Position an der Oberfläche oder im Innern der leuchtenden Kugel; diese Verschiebung nannten sie die Verlagerung des Montagepunktes. Zum anderen eine Verschiebung in eine Position außerhalb der leuchtenden Kugel; diese Verschiebung nannten sie Bewegung des Montagepunktes. Der Unterschied zwischen einer Verlagerung und einer Bewegung, so stellten sie fest, liege in der Natur der Wahrnehmung, die beide ermöglichen.

Weil es sich bei Verlagerungen des Montagepunktes um Verschiebungen innerhalb der leuchtenden Kugel handelt, sind die dadurch erzeugten Welten, wie bizarr oder wunderlich oder unglaublich sie auch sein mögen, gleichwohl Welten, die im Bereich des Menschlichen liegen. Der Bereich des Menschlichen, das sind die Energiefasern, die durch die gesamte leuchtende Kugel hindurchgehen. Bewegungen des Montagepunktes hingegen, weil sie Verschiebungen in Positionen außerhalb der leuchtenden Kugel

20

sind, aktivieren Energiefasern von jenseits des menschlichen Bereichs. Solche Fasern wahrzunehmen, erzeuge Welten, die völlig unvorstellbar sind – unbegreifliche Welten, ohne jede Spur menschlicher Präzedenz.

Zu jener Zeit kreisten meine Gedanken stets um das Problem der Überprüfbarkeit wissenschaftlicher Befunde. »Entschuldige, Don Juan«, sagte ich einmal zu ihm, »aber die Sache mit dem Montagepunkt ist eine so ausgefallene Idee, empirisch so unzulässig, daß ich nicht weiß, wie ich damit umgehen oder was ich davon halten soll.«

»Da bleibt dir nur eines übrig«, erwiderte er, »nämlich, den Montagepunkt zu *sehen*. Das *Sehen* ist nicht so schwer. Die Schwierigkeit liegt darin, die begrenzende Mauer zu durchbrechen, die wir in Gedanken errichten und die uns an unserem Ort hält. Um sie aufzubrechen, brauchen wir nur Energie. Sobald wir Energie haben, geschieht das *Sehen* uns wie von selbst. Der Trick besteht darin, unsere Festung der Selbstzufriedenheit und falschen Sicherheit zu verlassen.«

»Mir ist klar, Don Juan, daß das *Sehen* viel Wissen voraussetzt. Es kann doch nicht nur darum gehen, ob man Energie hat.«

»Glaube mir, es geht nur darum, daß man Energie hat. Schwieriger ist es, sich zu überzeugen, daß man es kann. Dazu muß man dem Nagual vertrauen. Das Erstaunliche an der Zauberei ist, daß jeder Zauberer sich alles durch eigene Erfahrung beweisen muß. Wenn ich dir von den Prinzipien der Zauberei erzähle, so nicht in der Hoffnung, daß du sie auswendig lernst, sondern daß du sie praktizieren wirst.«

Was die Notwendigkeit des Vertrauens betrifft, hatte Don Juan sicherlich recht. Zu Anfang meiner dreizehnjährigen Lehrzeit bei ihm war es das Schwerste für mich, seine Welt und seine Person anzunehmen. Solches Annehmen bedeutete, daß ich lernen mußte, ihm stillschweigend zu vertrauen und ihn vorbehaltlos als den Nagual zu akzeptieren.

Überhaupt war Don Juans Rolle in der Welt der Zauberer in dem Titel zusammengefaßt, den seine Genossen ihm zuerkannten: sie nannten ihn den *Nagual*. Dieser Begriff, so erklärte man mir, bezeichne eine Person, ob männlich oder weiblich, die eine bestimmte Art von Energie-Konfiguration besitzt, von der Art, die einem Seher als doppelte leuchtende Kugel erscheint. Die Seher glauben nämlich, daß diese zusätzliche Energieladung, sobald ein solcher Mensch in die Welt der Zauberer eintritt, sich in einer gewissen Stärke und in der Fähigkeit zur Führung anderer äußert. Der Nagual ist also der natürliche Führer, das Haupt einer Gruppe von Zauberern. Don Juan solches Vertrauen entgegenzubringen empfand ich anfangs als fragwürdig, wenn nicht sogar abstoßend. Doch als ich mit ihm darüber sprach, versicherte er mir, daß es ihm ebenso schwergefallen sei, seinem Lehrer in solchem Maß zu vertrauen.

»Ich sagte meinem Lehrer dasselbe, was du mir jetzt sagst«, meinte Don Juan. »Und er antwortete mir, daß es ohne den Nagual keine Möglichkeit der Befreiung gibt, und daher keine Möglichkeit, all den Schutt unseres Lebens abzutragen, um frei zu werden.«

Don Juan wiederholte, wie recht sein Lehrer gehabt habe. Und ich wiederholte meine grundsätzliche Ablehnung. Meine Erziehung in einem bedrückenden religiösen Milieu, so sagte ich ihm, habe schlimme Folgen für mich gehabt, und seine Aussagen als Lehrer sowie seine eigene Unterwerfung unter seinen Lehrer erinnerten mich an den dogmatischen Gehorsam, den ich als Kind lernen mußte und den ich verabscheute. »Wenn du vom Nagual sprichst, klingt es, als äußertest du einen religiösen Glaubenssatz«, sagte ich.

»Glaube nur, was du willst«, antwortete Don Juan ungerührt. »Tatsache ist, daß es ohne den Nagual nichts zu gewinnen gibt. Das weiß ich, und das sage ich. Und das sagten alle Naguals, die mir vorausgegangen sind. Aber sie sagten es nicht aus einer Haltung des Eigendünkels, und ich auch nicht. Die Aussage, daß es keinen Weg ohne Nagual gibt, bezieht sich ausschließlich auf die Tatsache, daß die betreffende Person, der Nagual, ein Nagual ist, weil er das Abstrakte, den Geist besser reflektieren kann als andere. Das ist aber auch alles. Unsere Verbindung besteht mit dem Geist selbst, und nur nebenbei mit der Person, die uns dessen Botschaft bringt.«

Dann lernte ich tatsächlich, Don Juan stillschweigend als Nagual zu vertrauen, und dies brachte mir, wie er gesagt hatte, eine ungeheure Befreiung und eine gesteigerte Fähigkeit, anzunehmen, was er mich zu lehren versuchte.

Viel Nachdruck legte er bei seinen Lehren auf das Erklären und

Erörtern des Montagepunktes. So fragte ich ihn einmal, ob der Montagepunkt etwas mit dem physischen Körper zu tun hätte.

»Er hat nichts damit zu tun, was wir normalerweise als Körper wahrnehmen«, sagte er. »Er ist Teil der leuchtenden Eigestalt, das heißt, unserer Energie selbst.«

»Auf welche Weise wird er verschoben?« fragte ich.

»Durch Energieströme. Durch Stromstöße einer Energie, deren Ursprung außerhalb oder innerhalb unserer Energiegestalt liegen kann. Dies sind meist unvorhersehbare Ströme, die zufällig auftreten, aber bei Zauberern sind es höchst vorhersehbare Ströme, die der Absicht des Zauberers gehorchen.«

»Kannst auch du diese Ströme fühlen?«

»Jeder Zauberer kann es, ja jedes menschliche Wesen. Aber die Durchschnittsmenschen sind zu emsig mit ihren eigenen Angelegenheiten beschäftigt, um auf solche Gefühle zu achten.«

»Wie fühlen solche Ströme sich an?«

»Wie ein leichtes Unbehagen, ein unbestimmtes Gefühl der Traurigkeit, unmittelbar gefolgt von einer Euphorie. Weil aber weder die Traurigkeit noch die Euphorie erklärbare Ursachen haben, betrachten wir sie niemals als authentische Angriffe des Unbekannten, sondern als unerklärliche, unbegründete Stimmungen.«

»Was geschieht, wenn der Montagepunkt sich außerhalb der Energiegestalt bewegt? Schwebt er dort draußen? Oder ist er mit der leuchtenden Kugel verbunden?«

»Er beult die Kontur der Energiegestalt aus, ohne deren energetische Grenzen aufzubrechen.«

Das Endergebnis einer Bewegung des Montagepunkts, erklärte Don Juan, sei eine völlige Veränderung der Energiegestalt eines Menschen. Statt einer Kugel- oder einer Eiform nehme er das Aussehen etwa einer Pfeife an. Das Ende des Mundstücks bildet der Montagepunkt, und der Pfeifenkopf wäre das, was von der leuchtenden Kugel bleibe. Wenn der Montagepunkt sich weiterbewegt, kommt ein Augenblick, da die leuchtende Kugel zu einer dünnen Energielinie wird.

Weiter erklärte Don Juan, die alten Zauberer wären die einzigen gewesen, denen diese großartige Verwandlung ihrer Energiegestalt gelang. Ich fragte ihn, ob diese Zauberer, in ihrer neuen Energiegestalt, noch Menschen gewesen wären?

»Natürlich waren sie noch Menschen«, sagte er. »Aber mir scheint, du möchtest eigentlich wissen, ob sie noch vernunftbegabte Menschen waren, vertrauenswürdige Personen. Nun, nicht ganz.«

»In welcher Hinsicht waren sie anders?«

»In ihren Interessen. Menschliche Sorgen und Bestrebungen hatten für sie keinerlei Bedeutung mehr. Auch hatten sie definitiv ein neues Aussehen.«

»Du meinst, sie sahen nicht mehr aus wie Menschen?«

»Schwer zu sagen, wie es um diese Zauberer stand. Gewiß sahen sie noch aus wie Menschen. Wie hätten sie denn aussehen sollen? Aber sie waren nicht ganz das, was du und ich erwarten würden. Wenn ich sagen sollte, in welcher Hinsicht sie anders waren, müßte ich mich im Kreis drehen wie ein Hund, der sich in den Schwanz beißen will.«

»Hast du einen dieser Männer gekannt, Don Juan?«

»Ja, ich habe einen kennengelernt.«

»Wie sah er aus?«

»Was das Äußere betrifft, sah er aus wie ein normaler Mensch. Sein Verhalten allerdings war ungewöhnlich.«

»In welcher Hinsicht war es ungewöhnlich?«

»Ich kann dir nur sagen, daß das Verhalten des Zauberers, den ich kennenlernte, jeder Vorstellung spottet. Doch es wäre irreführend, es nur als eine Frage des Verhaltens aufzufassen. Tatsächlich ist es etwas, das du *sehen* mußt, um es zu würdigen.«

»Waren alle Zauberer wie jener, den du gekannt hast?«

»Sicherlich nicht. Ich weiß nicht, wie die anderen waren, abgesehen von Zaubergeschichten, die über die Generationen überliefert werden. Und diese Geschichten schildern sie als ziemlich bizarr.«

»Du meinst, monströs?«

»Ganz und gar nicht. Es heißt, sie wären sehr liebenswürdig gewesen, aber unheimlich. Sie waren irgendwie unbekannte Wesen. Was die Menschheit zu einer homogenen Gattung macht, ist die Tatsache, daß wir alle leuchtende Kugeln sind. Und diese Zauberer waren keine Energiekugeln mehr, sondern Linien von Energie, die versuchten, sich zum Kreis zu biegen, was ihnen nicht ganz gelang.«

24

»Was geschah endlich mit ihnen, Don Juan? Sind sie gestorben?«
»Die Zauberergeschichten sagen, daß sie, weil sie ihre Gestalt
strecken konnten, auch fähig waren, die Dauer ihres Bewußtseins
auszudehnen. Darum sind sie bis zum heutigen Tag bewußt und
lebendig. Es gibt Geschichten über ihr periodisches Erscheinen
auf Erden.«
»Was hältst du selbst von alledem, Don Juan?«
»Für mich ist es zu absurd. Ich brauche Freiheit. Die Freiheit,
mein Bewußtsein zu behalten und dennoch fortzugehen in die
Unendlichkeit. Meiner Meinung nach waren diese alten Zauberer
zügellose und kapriziöse Leute, die ihren eigenen Intrigen zum
Opfer gefallen sind.
Aber laß dich nicht von meinen persönlichen Ansichten beeinflussen. Die Leistung der alten Zauberer ist dennoch beispiellos.
Zumindest haben sie uns bewiesen, daß man die Möglichkeiten
des Menschen nicht unterschätzen sollte.«
Ein weiteres Thema, das Don Juan mir erklärte, war die Notwendigkeit energetischer Kohäsion und Gleichförmigkeit als Voraussetzung der Wahrnehmung. Er behauptete, daß wir Menschen
unsere Welt, wie wir sie kennen, nur deshalb so wahrnehmen, wie
wir es tun, weil uns Kohäsion und energetische Gleichförmigkeit
gemeinsam sind. Diese beiden Energie-Zustände erreichen wir
ganz automatisch im Verlauf unserer Erziehung und halten sie für
so selbstverständlich, daß wir ihre große Bedeutung nicht erkennen, bis wir mit der Möglichkeit konfrontiert sind, andere Welten
wahrzunehmen als diese eine, die wir kennen. In solchen Augenblicken zeige sich aber, daß wir eine angemessene, neue energetische Gleichförmigkeit und Kohäsion brauchen, um zusammenhängend und umfassend wahrzunehmen.
Ich fragte ihn, was solche Gleichförmigkeit und Kohäsion denn
seien, und er erklärte mir, daß die Energiegestalt der Menschen
insofern gleichförmig sei, als alle Menschen auf dieser Erde die
Form einer Kugel oder eines Eis hätten. Die Tatsache, daß die
Energie des Menschen in Ei- oder Kugelform zusammengehalten
werde, sei doch Beweis für ihre Kohäsion. Ein Beispiel für eine
neue Gleichförmigkeit und Kohäsion, sagte er, wäre die Energiegestalt der alten Zauberer, wenn sie sich zur Linie streckten: jeder
von ihnen wurde gleichförmig zu einer Linie, und blieb zusammenhängend als Linie. Gleichförmigkeit und Zusammenhalt als

Linie erlaubten es diesen alten Zauberern, eine homogene neue Welt wahrzunehmen.

»Wie kann man Gleichförmigkeit und Kohäsion erwerben?« fragte ich.

»Der Schlüssel ist die Position des Montagepunktes, oder vielmehr die Fixierung des Montagepunktes«, sagte er.

Dies wollte er damals nicht weiter erläutern, und darum fragte ich ihn, ob jene alten Zauberer zur Eigestalt hätten zurückkehren können.

Irgendwann hätten sie dies gekonnt, sagte er, aber sie taten es nicht. Und dann setzte die Kohäsion der Linie ein und machte es ihnen unmöglich, zurückzukehren. Was aber eigentlich diesen Zusammenhalt als Linie herbeiführte und mithin die Zauberer hinderte, einen Rückweg zu finden, hatte etwas mit Unbescheidenheit und Willkür zu tun. Der Umfang dessen, was diese Zauberer als Energielinien wahrnehmen und bewirken konnten, war unermeßlich viel weiter als das, was ein durchschnittlicher Mensch oder durchschnittlicher Zauberer tun oder wahrnehmen könnte.

Bei einer kugelförmigen Energieformation, erklärte er mir, bestünde der menschliche Bereich aus jenen Energiefasern, die durch den Raum innerhalb des Kugelumfangs hindurchgingen. Normalerweise nähmen wir nämlich nicht den ganzen menschlichen Bereich war, sagte er, sondern vielleicht ein Tausendstel davon. Dies allein zeige die Ungeheuerlichkeit dessen, was die alten Zauberer taten; sie streckten sich zu einer Linie, tausendmal weiter als der Kugelumfang menschlicher Energie, wobei sie sämtliche Energiefasern wahrnehmen konnten, die diese Linie schnitten.

Von Don Juan angeleitet, gab ich mir die allergrößte Mühe, dieses von ihm entworfene Modell der Energie-Konfiguration zu begreifen. Und endlich kapierte ich die Vorstellung von Energiefasern im Inneren wie außerhalb der menschlichen Kugelgestalt. Wenn ich mir aber eine Mehrzahl leuchtender Kugeln dachte, brach das Modell für mich zusammen. Bei vielen Kugeln nebeneinander, so dachte ich, müßten jene Energiefasern, die außerhalb einer Kugel sind, zwangsläufig im Inneren einer angrenzenden Kugel sein. Also konnte es bei einer Mehrzahl von Kugeln keine Energiefäden außerhalb von leuchtenden Kugeln geben.

»Gewiß ist es eine Zumutung für deine Rationalität, all dies zu verstehen«, antwortete Don Juan, nachdem er sich meinen Einwand angehört hatte. »Ich kann dir nicht erklären, was die Zauberer unter solchen Fasern im Inneren und außerhalb der menschlichen Gestalt verstehen. Wenn Seher die menschliche Energiegestalt *sehen*, dann *sehen* sie eine einzelne Energiekugel. Gibt es daneben noch eine weitere Kugel, so wird diese Kugel wiederum als einzelne Energiekugel *gesehen*. Die Vorstellung einer Mehrzahl leuchtender Kugeln stammt aus deiner Kenntnis menschlicher Massen. Im Universum der Energie gibt es nur einzelne Individuen – allein, umgeben vom Grenzenlosen. Und dies mußt du selbst *sehen*!«

Damals widersprach ich Don Juan und meinte, daß es sinnlos sei, mir zu sagen, ich solle es selbst *sehen*, da er doch wisse, daß ich dies nicht könne. Und er schlug vor, ich solle mir seine Energie borgen und sie zum *Sehen* benutzen.

»Wie kann ich das tun? Deine Energie borgen?«

»Ganz einfach. Ich kann bewirken, daß dein Montagepunkt sich in eine andere Position verlagert, die besser geeignet ist, Energie unmittelbar wahrzunehmen.«

Dies war das erste Mal, soweit ich mich erinnere, daß er ausdrücklich über etwas sprach, das er schon die ganze Zeit getan hatte: nämlich mich in einen unbegreiflichen Bewußtseinszustand zu versetzen, der meiner Vorstellung von der Welt und mir selbst widersprach – einen Zustand, den er die zweite Aufmerksamkeit nannte. Um also meinen Montagepunkt in eine Position zu verlagern, die besser geeignet war, Energie direkt wahrzunehmen, gab Don Juan mir einen Schlag auf den Rücken, zwischen den Schulterblättern, und mit solcher Gewalt, daß ich den Atem anhalten mußte. Ich glaubte, ich wäre ohnmächtig geworden, oder sei durch die Wirkung des Schlages in den Schlaf versetzt. Plötzlich sah ich etwas, oder träumte, etwas zu sehen, das buchstäblich mit Worten nicht zu beschreiben war. Strahlende Lichtfäden kamen von überallher, gingen überallhin – unvergleichbar mit allem, was ich mir je vorgestellt hätte.

Als ich wieder atmen konnte, oder als ich erwachte, fragte mich Don Juan erwartungsvoll: »Was hast du gesehen?« Und er bog sich vor Lachen, als ich ihm wahrheitsgemäß antwortete: »Ich habe Sterne gesehen – von deinem Schlag.«

Dann sagte er, daß ich noch nicht bereit sei, die außerordentliche Erfahrung zu verstehen, die ich eben gehabt hätte. »Ich habe bewirkt, daß dein Montagepunkt sich verlagerte«, fuhr er fort, »und für einen Augenblick träumtest du die Energiefasern des Universums. Was dir aber fehlte, war Energie oder Entschlossenheit, deine Kohäsion und Gleichförmigkeit neu zu arrangieren. Die alten Zauberer waren Meister solchen Neu-Arrangierens. Darum *sahen* sie alles, was Menschen *sehen* können.«

»Was bedeutet es, Gleichförmigkeit und Zusammenhalt neu zu arrangieren?«

»Es bedeutet, in die zweite Aufmerksamkeit einzutreten, indem man den Montagepunkt in seiner neuen Position festhält und ihn daran hindert, an seine ursprüngliche Stelle zurückzugleiten.«

Dann gab mir Don Juan eine überlieferte Definition der zweiten Aufmerksamkeit. Die alten Zauberer, sagte er, bezeichneten das Resultat solcher Fixierung des Montagepunktes in neuen Positionen als zweite Aufmerksamkeit und behandelten die zweite Aufmerksamkeit als eine Sphäre allumfassender Aktivität, ähnlich wie die Aufmerksamkeit des Alltagslebens es ist. Er betonte, daß die Zauberer eigentlich zwei abgeschlossene Bereiche ihres Strebens kennen: einen kleineren, den sie als erste Aufmerksamkeit bezeichnen – als Alltagsbewußtsein oder Fixierung des Montagepunktes in seiner gewohnten Position; und einen viel größeren Bereich, nämlich die zweite Aufmerksamkeit – die Bewußtheit anderer Welten oder die Fixierung des Montagepunktes in einer von unzähligen neuen Positionen.

Im Zustand der zweiten Aufmerksamkeit ließ Don Juan mich unbegreifliche Dinge erleben, und zwar durch einen Kunstgriff der Zauberer, wie er es nannte: er gab mir einen leichten Schlag auf den Rücken, manchmal auch einen kräftigen Schlag, etwa in Höhe der Schulterblätter. Dadurch verschob er meinen Montagepunkt, wie er erklärte. Aus meiner Erfahrung betrachtet, bedeuteten solche Verschiebungen, daß mein Bewußtsein in einen höchst unheimlichen Zusand nie gekannter Klarheit geriet – ein Zustand der Überbewußtheit, in dem ich zeitweilig alles voraussetzungslos verstand. Es war kein ganz angenehmer Zustand. Meistens war es wie ein seltsamer Traum, so intensiv, daß normale Bewußtheit im Vergleich dazu verblaßte.

Don Juan erklärte mir, daß ein solcher Kunstgriff unverzichtbar sei. Denn im normalen Bewußtseinszustand müsse ein Zauberer seinen Schülern die Grundbegriffe und praktischen Übungen vermitteln und in der zweiten Aufmerksamkeit dann die abstrakten, ausführlicheren Erklärungen geben.

Normalerweise erinnerten sich die Schüler gar nicht an diese Erklärungen, sagte er, aber irgendwie könnten sie diese speichern und wortgetreu im Gedächtnis bewahren. Die Zauberer nutzten dabei eine scheinbare Besonderheit unseres Gedächtnisses und hätten folglich die Erinnerung all dessen, was ihnen in der zweiten Aufmerksamkeit widerfahre, zu einer der schwierigsten und komplexesten traditionellen Aufgaben der Zauberei entwickelt.

Diese scheinbare Besonderheit des Gedächtnisses und die Arbeit des Erinnerns erklärten die Zauberer nun in der Weise, daß der Montagepunkt jedesmal, wenn man in die zweite Aufmerksamkeit eintritt, eine andere Position einnimmt. Erinnern bedeute also, den Montagepunkt in genau die Position zurückzubringen, die er zu dem Zeitpunkt einnahm, als jenes Eintreten in den Zustand der zweiten Aufmerksamkeit stattfand. Don Juan überzeugte mich, daß die Zauberer nicht nur das totale und absolute Gedächtnis hätten, sondern daß sie auch jede Erfahrung erinnern könnten, die sie im Zustand der zweiten Aufmerksamkeit machten: nämlich indem sie ihren Montagepunkt in die entsprechende Position zurückführten. Dieser Arbeit des Erinnerns, versicherte er mir, widmeten die Zauberer sich Zeit ihres Lebens.

Im Zustand der zweiten Aufmerksamkeit gab Don Juan mir sehr ausführliche Erklärungen der Zauberei, wobei er wußte, daß diese Unterweisungen bei mir wortgetreu erhalten bleiben würden, für die Zeit meines Lebens.

Zur Qualität solcher wortgetreuen Erinnerung bemerkte er: »Im Zustand der zweiten Aufmerksamkeit etwas zu lernen, ist genauso, wie wenn wir als Kinder etwas lernen. Was wir lernen, bleibt uns ein Leben lang erhalten. ›Es ist mir zur zweiten Natur geworden‹, sagen wir etwa, wenn wir etwas meinen, das wir sehr früh im Leben gelernt haben.«

Von meinem heutigen Standpunkt betrachtet, erkenne ich, daß Don Juan mich so oft wie möglich in die zweite Aufmerksamkeit eintreten ließ und mich zwang, für lange Zeitspannen neue Positionen meines Montagepunktes festzuhalten und in diesem Zustand kohärente Wahrnehmungen zu machen; das heißt, er wollte mich dazu zwingen, meine Gleichförmigkeit und Kohäsion neu zu arrangieren.

Es gelang mir unzählige Male, alles so exakt wahrzunehmen, wie ich im Alltag wahrzunehmen pflege. Mein Problem lag in meiner Unfähigkeit, eine Brücke zwischen meinem Handeln in der zweiten Aufmerksamkeit und meinem Alltagsbewußtsein herzustellen. Es kostete mich viel Zeit und Mühe, bis ich verstand, was die zweite Aufmerksamkeit sei. Weniger wegen der Kompliziertheit des Sachverhalts, die allerdings beträchtlich ist, sondern weil es mir, wieder zurück in meinem normalen Bewußtseinszustand, unmöglich war, mich zu erinnern: nicht nur, daß ich in die zweite Aufmerksamkeit eingetreten war, sondern daß es überhaupt einen solchen Zustand gab.

Eine weitere große Entdeckung der alten Zauberer war, so erklärte mir Don Juan, daß der Montagepunkt sich im Schlaf sehr leicht verschiebt. Dies führte sie zu einer weiteren Erkenntnis: daß die Träume durchaus etwas mit dieser Verschiebung zu tun haben. Die alten Zauberer *sahen*: je größer die Verschiebung, desto ungewöhnlicher der Traum – und umgekehrt; je ungewöhnlicher der Traum, desto größer die Verschiebung. Diese Beobachtung veranlaßte sie, wie Don Juan sagte, raffinierte Techniken zu ersinnen, um eine Verschiebung des Montagepunktes zu erzwingen. So etwa nahmen sie Pflanzen ein, die veränderte Bewußtseinszustände hervorrufen können; sie setzten sich Zuständen wie Hunger, Erschöpfung oder Streß aus; und sie suchten vor allem ihre Träume zu kontrollieren. Auf diese Weise, und vielleicht ganz unwissentlich, begründeten sie die Kunst des Träumens.

Eines Tages, während wir um die Plaza der Stadt Oaxaca schlenderten, gab mir Don Juan die klarste Definition des Träumens, vom Standpunkt des Zauberers.

»Die Zauberer betrachten das Träumen als eine hochentwickelte Kunst«, sagte er. »Nämlich die Kunst, den Montagepunkt absichtlich aus seiner üblichen Position zu verschieben, um den Bereich dessen zu steigern und zu erweitern, was der Mensch wahrnehmen kann.«

Er sagte mir, daß die alten Zauberer die Kunst des Träumens auf fünf Bedingungen gründeten, die sie im Energiefluß menschlicher Wesen *sahen*.

Sie *sahen*, erstens, daß nur jene Energiefasern, die direkt durch den Montagepunkt hindurchgehen, zu kohärenten Wahrnehmungen zusammengesetzt werden können.

Sie *sahen*, zweitens, daß – wenn der Montagepunkt in eine andere Position verschoben wird, und sei die Verschiebung noch so gering – andere und ungekannte Energiefasern durch ihn hindurchgehen, die das Bewußtsein aktivieren; dadurch kommt es zu einer Zusammensetzung dieser ungekannten Energiefelder zu einer klaren, kohärenten Wahrnehmung.

Sie *sahen*, drittens, daß der Montagepunkt – bei gewöhnlichen Träumen – sich leicht von selbst in eine andere Position an der Oberfläche oder im Innern der leuchtenden Eigestalt verschiebt.

Sie *sahen*, viertens, daß der Montagepunkt veranlaßt werden kann, sich in Positionen außerhalb der leuchtenden Eigestalt zu bewegen: in die Energiefasern des gesamten Universums.

Und sie *sahen*, fünftens, daß es durch Disziplin möglich ist, im Schlaf, bei gewöhnlichen Träumen, eine systematische Verschiebung des Montagepunktes zu erreichen und einzuüben.

2. Die erste Pforte des Träumens

Der ersten Lektion in der Kunst des Träumens schickte Don Juan die Worte voraus, daß ich mir die zweite Aufmerksamkeit als Progression denken müsse: anfangs nur eine Idee, die uns eher kurios denn als wirkliche Möglichkeit erscheint, wird sie für uns zur körperlichen Empfindung, und schließlich zu einem Daseinszustand, zur praktischen Anwendung einer überlegenen Macht, die uns Welten jenseits unserer kühnsten Phantasie eröffnet.

Zwei Möglichkeiten haben die Zauberer, um die Zauberei zu erklären. Zum einen können sie metaphorisch von einer Welt magischer Dimensionen sprechen; zum anderen können sie ihr Anliegen in abstrakten Begriffen der Zauberei erklären. Ich bevorzuge stets die letztere, obwohl keine der beiden Möglichkeiten das rationale Denken eines im Sinne westlicher Kultur gebildeten Menschen befriedigen kann.

Wenn Don Juan die zweite Aufmerksamkeit metaphorisch im Sinne einer Progression beschrieb, so deshalb, weil diese – als Nebenprodukt der Verschiebung des Montagepunktes – sich nicht von selbst einstellt, sozusagen natürlich, sondern beabsichtigt werden muß. Dabei wird sie anfangs als Vorstellung intendiert, und schließlich als eine stetige, bewußt kontrollierte Verschiebung des Montagepunktes.

»Ich werde dich also den ersten Schritt zur Kraft lehren«, sagte Don Juan am Anfang seiner Unterweisung in der Kunst des Träumens. »Ich werde dich lehren, das Träumen zu arrangieren.«

»Was bedeutet es, das Träumen zu arrangieren?«

»Das Träumen zu arrangieren bedeutet, eine exakte und praktische Kontrolle über die allgemeine Situation eines Traumes zu haben. Du träumst zum Beispiel, du bist in deinem Hörsaal an der Universität. Das Träumen zu arrangieren bedeutet nun, daß du diesen Traum nicht in einen anderen abgleiten läßt. Du springst also nicht etwa vom Hörsaal in die Berge. Mit anderen Worten, du kontrollierst den Anblick des Hörsaals und läßt ihn nicht los, bevor du dies willst.«

»Ist so etwas aber möglich?«

»Natürlich ist es möglich. Solch eine Kontrolle unterscheidet sich nicht von der Kontrolle über jede beliebige Situation des täglichen Lebens. Aufgrund ihrer Übung können die Zauberer diese Kontrolle ausüben, wann immer sie wollen. Um dich selbst zu üben, sollst du am Anfang etwas ganz Einfaches tun. Heute abend sollst du zum Beispiel im Traum deine Hände anschauen.«

Viel mehr wurde darüber, im Zustand des Alltagsbewußtseins, nicht gesprochen. Als ich mich aber an meine Erfahrungen in der zweiten Aufmerksamkeit erinnerte, wurde mir klar, daß wir ein viel ausführlicheres Gespräch hatten. Ich kritisierte zum Beispiel die Absurdität eines solchen Vorhabens, und Don Juan empfahl mir, die Sache doch als einen unterhaltsamen Versuch aufzufassen, nicht so ernst und schwer.

»Solange wir über das Träumen sprechen, kannst du tiefgründig sein, wie du willst«, sagte er. »Erklärungen verlangen stets schwierige Gedanken. Wenn du aber träumst, sollst du dich ganz leicht machen. Das Träumen soll ernsthaft betrieben werden, aber fröhlich und mit der Zuversicht eines sorglosen Menschen. Nur unter dieser Bedingung können sich deine Träume tatsächlich zum Träumen weiterentwickeln.«

Don Juan versicherte, daß er mir ganz willkürlich den Rat gegeben habe, im Traum meine Hände anzusehen. Etwas anderes wäre genausogut geeignet. Ziel der Übung sei nicht, etwas Bestimmtes zu suchen, sondern meine Traum-Aufmerksamkeit zu aktivieren.

Die Traum-Aufmerksamkeit sei eine Art von Kontrolle über die eigenen Träume, sagte Don Juan, die wir ausüben, um unseren Montagepunkt in einer neuen Position, in die er sich beim Träumen verschoben hat, zu fixieren. Er nannte die Traum-Aufmerksamkeit eine unbegreifliche Fähigkeit unseres Bewußtseins, die immer vorhanden ist und nur darauf wartet, daß wir sie aktivieren: das heißt ihr ein Ziel geben. Diese geheime Fähigkeit hätten wir alle in Reserve, ohne daß wir je die Chance hätten, sie im Alltagsleben zu nutzen.

Meine ersten Versuche, im Traum nach meinen Händen zu suchen, waren ein Fiasko. Nach Monaten erfolgloser Mühen gab ich auf und und klagte wieder bei Don Juan über die Absurdität eines solchen Vorhabens.

»Es gibt sieben Pforten des Träumens«, antwortete er, »und die Träumer müssen alle sieben aufstoßen, eine nach der anderen. Du stehst vor der ersten Pforte, die sich auftun muß, damit du träumen kannst.«

»Warum hast du das nicht früher gesagt?«

»Es hätte keinen Sinn gehabt, dir von den Pforten des Träumens zu erzählen, bevor du nicht selbst mit dem Kopf gegen die erste ranntest. Jetzt weißt du, sie ist ein Hindernis, das du überwinden mußt.«

Don Juan erklärte, daß es im Energiefluß des Universums so etwas wie Ein- und Ausgänge gibt, und im Fall des Träumens eben sieben Eingänge, die wir als Hindernisse erleben und die der Zauberer als die sieben Pforten des Träumens bezeichnet.

»Die erste Pforte ist eine Schwelle, die wir überschreiten, indem wir uns vor dem Einschlafen eine bestimmte Empfindung bewußt machen«, sagte er. »Eine Empfindung, die wie ein angenehmes Schweregefühl ist und uns nicht erlaubt, die Augen zu öffnen. Die erste Pforte haben wir erreicht, wenn wir bewußt einschlafen und uns auflösen in Dunkelheit und Schwere.«

»Wie kann ich mir bewußt machen, daß ich einschlafe? Gibt es da Regeln zu befolgen?«

»Nein, es gibt keine Regeln. Man beabsichtigt einfach, bewußt einzuschlafen. Doch über die Absicht und das Beabsichtigen können wir noch nicht sprechen: es wäre zu schwierig. Jeder Versuch, es zu erklären, wäre lächerlich. Darum wundere dich nicht, wenn ich dir sage: Die Zauberer beabsichtigen alles, was sie beabsichtigen wollen, einfach indem sie es beabsichtigen.«

»Das besagt doch nichts, Don Juan.«

»Paß auf. Eines Tages wirst du an der Reihe sein, es anderen zu erklären. Dieser Satz kommt dir sinnlos vor, weil du ihn nicht in den richtigen Kontext stellst. Du glaubst, Verstehen sei nur eine Sache der Vernunft, des rationalen Denkens.

Für die Zauberer ist Verstehen – und hier spreche ich von Absicht und Beabsichtigen – eine Sache der Energie. Die Zauberer glauben, daß dieser Satz, wenn du ihn für den Energiekörper beabsichtigst, vom Energiekörper ganz anders aufgefaßt wird als vom Verstand. Du mußt den Energiekörper erreichen, und dazu brauchst du Energie.«

»Wie faßt der Energiekörper diesen Satz auf, Don Juan?«

»Als eine körperliche Empfindung, die schwer zu beschreiben ist. Du mußt es selbst erleben, dann weißt du, was ich meine.«

Ich wünschte mir präzisere Erklärungen, aber Don Juan gab mir einen Schlag auf den Rücken und versetzte mich in die zweite Aufmerksamkeit. Was er da machte und wie er es machte, war mir damals noch völlig rätselhaft. Ich hätte geschworen, daß er mich durch den körperlichen Kontakt hypnotisierte. Mir war also, als habe er mich augenblicklich in Schlaf versetzt, und ich träumte, daß ich, mit ihm zusammen, auf einer breiten, baumbestandenen Allee spazierenging, in einer mir unbekannten Stadt.

Der Traum war so lebhaft, und alles war mir so klar bewußt, daß ich mich gleich zu orientieren suchte, indem ich die Straßenschilder las und neugierig die Menschen anschaute. Es war keine Stadt der englisch- oder spanischsprechenden Welt, sondern es war eine Stadt des westlichen Kulturkreises. Die Menschen wirkten wie Nordeuropäer – vielleicht waren es Litauer. Ich beschäftigte mich noch immer mit dem Entziffern von Straßenschildern und Reklametafeln.

Don Juan stieß mich leicht in die Seite. »Halte dich mit so etwas nicht auf«, sagte er. »Wir sind an keinem bestimmbaren Ort. Ich habe dir meine Energie geborgt, damit du deinen Energiekörper erreichen kannst, und mit ihm bist du eben in eine andere Welt übergewechselt. Es wird nicht lange dauern, darum nutze klug die Zeit.

Schau dir alles an, und tu es unauffällig. Gib acht, daß dich niemand entdeckt.«

Schweigend gingen wir ein paar Straßen weiter, was eine sonderbare Wirkung auf mich hatte. Je weiter wir gingen, desto stärker machte sich ein Angstgefühl in der Magengrube bemerkbar. Mein Verstand war neugierig, aber mein Körper war alarmiert. Mir war völlig klar, daß ich mich nicht in dieser unserer Welt befand. Als wir an eine Kreuzung kamen und stehenblieben, sah ich, daß die Bäume an dieser Straße sorgfältig beschnitten waren. Es waren kleine Bäume mit harten, eingerollten Blättern. Alle Bäume hatten unten, wohl zur Bewässerung, ein großes Rechteck offener Erde. Dort gab es kein Unkraut und keine Abfälle, wie man sie unter städtischen Alleebäumen findet, nur diese kohlschwarze, lockere Erde rund um den Stamm.

Als ich nun meinen Blick auf den Bordstein richtete, kurz bevor ich auf die Straße treten wollte, fiel mir auf, daß es hier keine Autos gab. Ich beobachtete die vorbeikommenden Menschen, um vielleicht etwas zu entdecken, das meine Angst erklären konnte. Während ich sie anstarrte, begannen sie auch mich anzustarren. Sofort bildete sich ein Kreis von hart blickenden, blauen und braunen Augen um uns.

Plötzlich hatte ich die Gewißheit, daß dies kein Traum war! Wir waren in einer anderen Realität als jener, die ich als meine Realität kannte. Ich sah mich um nach Don Juan. Mir war, als wüßte ich nun, was an diesen Menschen so fremd war – aber jetzt fuhr mir ein sonderbar trockener Wind ins Gesicht, bis hinauf in die Nasenhöhlen, und nahm mir die Sicht: und ich vergaß, was ich zu Don Juan sagen wollte. Im nächsten Augenblick war ich wieder dort, wo alles angefangen hatte, nämlich in Don Juans Haus. Ich lag zusammengekrümmt auf der Seite, auf einer Strohmatte.

»Ich habe dir meine Energie geborgt, und du hast deinen Energiekörper erreicht«, sagte Don Juan wie selbstverständlich.

Ich hörte ihn sprechen, aber ich war wie betäubt. Ein sonderbares Kribbeln im Zwerchfell zwang mich zu flachen, schmerzhaften Atemzügen. Ich wußte, ich war im Begriff gewesen, etwas Transzendentales über das Träumen und über die Menschen herauszufinden, die ich gesehen hatte. Aber ich konnte mich nicht konzentrieren auf das, was ich wußte.

»Wo waren wir, Don Juan?« fragte ich. »War dies alles nur ein Traum, ein hypnotischer Zustand?«

»Es war kein Traum«, antwortete er, »es war das Träumen. Ich habe dir geholfen, die zweite Aufmerksamkeit zu erreichen, damit du begreifst, was Absicht ist – nicht als Sache des Verstandes, sondern des Energiekörpers.

Einstweilen wirst du die Bedeutung all dessen noch nicht verstehen; nicht nur, weil du noch nicht genügend Energie hast, sondern weil du noch nicht beabsichtigst. Sonst würde dein Energiekörper unmittelbar verstehen, daß die einzige Art des Beabsichtigens darin besteht, deine Absicht auf das zu richten, was du beabsichtigen willst. Dieses Mal habe ich deine Absicht auf das Erreichen deines Energiekörpers gerichtet.«

»Ist es das Ziel des Träumens, den Energiekörper zu beabsichtigen?« fragte ich, einem sonderbaren Gedanken folgend.

»Ja, so könnte man es ausdrücken«, sagte er. »In diesem Fall, da wir über die erste Pforte des Träumens sprechen, ist es das Ziel des Träumens, zu beabsichtigen, daß dein Energiekörper sich des Einschlafens bewußt wird. Gib dir aber keine Mühe, dir bewußt zu machen, daß du einschläfst. Laß deinen Energiekörper dies tun. Beabsichtigen heißt Wünschen, ohne zu wünschen, und Tun, ohne zu tun.

Akzeptiere einfach das Beabsichtigen«, fuhr er fort. »Sei im Stillen, und ohne jeden Gedanken, davon überzeugt, daß du deinen Energiekörper erreicht hast und daß du ein Träumer bist. Dies wird dich automatisch in die Lage versetzen, dir bewußt zu machen, daß du einschläfst.«

»Wie kann ich mich überzeugen, daß ich ein Träumer bin, wenn ich es doch nicht bin?«

»Sobald du hörst, daß du dich von etwas überzeugen sollst, flüchtest du dich zu deiner Vernunft. Ja, wie kannst du dich überzeugen, daß du ein Träumer bist, wenn du weißt, daß du es nicht bist? Beabsichtigen ist beides: das Dich-Überzeugen, daß du ein Träumer bist, auch wenn du noch nie geträumt hast, und das Überzeugtsein davon.«

»Du meinst also, ich soll mir sagen, ich sei ein Träumer, und mir alle Mühe geben, es zu glauben? Ist es so?«

»Nein, so ist es nicht. Beabsichtigen ist viel einfacher und zugleich unendlich viel komplizierter. Es verlangt Vorstellungskraft, Disziplin und Zielstrebigkeit. In deinem Fall verlangt das Beabsichtigen unbedingtes Wissen deines Körpers, daß du ein Träumer bist. Mit allen Zellen deines Körpers mußt du fühlen und wissen, daß du ein Träumer bist.«

Scherzend meinte Don Juan, er habe nicht genügend Energie, um mir noch einmal welche zu borgen. Ich solle selbst lernen, zu beabsichtigen und aus eigener Kraft meinen Energiekörper zu erreichen. Das Beabsichtigen der ersten Pforte des Träumens, sagte er, hätten die alten Zauberer als ein Mittel entdeckt, um die zweite Aufmerksamkeit und den Energiekörper zu erreichen.

Mit diesen Worten warf er mich praktisch aus dem Haus und befahl mir, nicht wiederzukehren, bevor ich die erste Pforte des Träumens beabsichtigt hätte.

Ich fuhr also wieder nach Hause, und monatelang legte ich mich jeden Abend mit der Absicht zu Bett, mir mühsam bewußt zu

machen, daß ich einschlief, um im Traum meine Hände zu sehen.
Der andere Teil der Aufgabe – mich zu überzeugen, daß ich ein
Träumer sei und meinen Energiekörper erreicht hätte – war mir
ganz unmöglich.

Eines Tages dann, bei einem kurzen Mittagsschlaf, träumte mir,
ich sähe meine Hände. Es schockierte mich so sehr, daß ich aufwachte. Doch wie sich zeigte, blieb dies ein einmaliger Traum, der
sich nicht wiederholte. Wochen vergingen, und es gelang mir
nicht, bewußt einzuschlafen oder im Traum meine Hände zu suchen. Irgendwann merkte ich aber, daß ich beim Träumen ein
vages Gefühl hatte, als sollte ich etwas tun, woran ich mich nicht
erinnern konnte. Das Gefühl wurde so stark, daß es mich fast jede
Nacht weckte.

Als ich Don Juan von meinen vergeblichen Anstrengungen berichtete, die erste Pforte des Träumens zu durchschreiten, gab er
mir wenigstens ein paar Hinweise. »Wenn wir die Träumer auffordern, im Traum bestimmte Gegenstände zu suchen, so ist dies ein
Vorwand«, sagte er. »Tatsächlich geht es nur darum, sich bewußt
zu machen, daß man einschläft. Dies geschieht aber seltsamerweise nicht, indem man sich zwingt, sich das Einschlafen bewußt
zu machen, sondern indem man das Bild festhält, das man im
Traum sieht.«

Und er erzählte mir, daß die Träumer mit raschen Blicken alles
registrieren, was in einem Traum vorkommt. Wenn sie ihre
Traum-Aufmerksamkeit auf einen bestimmten Gegenstand richten, so dient ihnen dieser nur als Ausgangspunkt. Nun richten die
Träumer ihren Blick auch auf andere Gegenstände, kehren aber
möglichst oft zu ihrem Ausgangspunkt zurück.

Mit einiger Mühe fand ich tatsächlich Hände im Traum, aber nie
waren es meine. Es waren Hände, die nur scheinbar zu mir gehörten. Sie veränderten dauernd ihre Form und wurden manchmal
alptraumhaft bedrohlich. Sonst war der Inhalt meiner Träume
meist angenehm gleichmäßig. Fast immer konnte ich das Bild dessen festhalten, worauf ich meine Aufmerksamkeit richtete.

Wieder vergingen Monate, bis mein Träumen sich eines Tages
scheinbar von selbst veränderte. Ich hatte nichts Besonderes getan – abgesehen von meinem festen Entschluß, mir bewußt zu
machen, daß ich einschlief, um meine Hände zu finden.

Und nun träumte mir, ich sei zu Besuch in meiner Heimatstadt.

38

Dabei war die Stadt, von der ich träumte, meiner Heimatstadt gar nicht ähnlich; aber irgendwie war ich überzeugt, daß dies die Stadt meiner Geburt sei. Es begann wie ein gewöhnlicher, wenn auch sehr lebhafter Traum. Dann veränderte sich das Licht im Traum. Die Bilder wurden schärfer. Die Straße, durch die ich ging, wurde viel wirklicher, als sie es eben noch gewesen war. Meine Füße schmerzten. Und ich spürte eine absurde Härte der Dinge im Traum. Wenn ich zum Beispiel gegen eine Tür stieß, empfand ich nicht nur den Schmerz im Knie, sondern auch Wut über meine Ungeschicklichkeit.

So spazierte ich ganz real durch diese Stadt, bis ich erschöpft war. Ich sah die Stadt, wie ein Tourist sie gesehen hätte, der durch ihre Straßen gelaufen wäre. Es gab keinen Unterschied zwischen diesem Traum-Spaziergang und einem Spaziergang, den ich in einer Stadt gemacht hätte, wo ich zum erstenmal zu Besuch wäre.

»Ich glaube, diesmal bist zu weit gegangen«, sagte Don Juan, nachdem er sich meinen Bericht angehört hatte. »Du brauchtest nichts anderes zu tun, als dir des Einschlafens bewußt zu werden. Was du getan hast, war, als würdest du eine Wand umwerfen, nur um eine Mücke zu zerquetschen.«

»Glaubst du, Don Juan, ich habe die Sache verpatzt?«

»Nein, das nicht. Aber offenbar wolltest du eine frühere Erfahrung wiederholen. Damals, als ich deinen Montagepunkt verschob und wir beide in jener geheimnisvollen Stadt landeten, da schliefst du nicht. Du träumtest, aber nicht im Schlaf. Das bedeutet, daß dein Montagepunkt diese Position nicht durch einen normalen Traum erreicht hatte. Ich hatte ihn zu dieser Verlagerung gezwungen. Natürlich kannst du diese Position auch beim Träumen erreichen, aber vorläufig empfehle ich es dir nicht.«

»Ist es so gefährlich?«

»Ja, sehr! Das Träumen muß eine ganz nüchterne Angelegenheit bleiben. Man darf sich keinen falschen Schritt leisten. Das Träumen ist ein Prozeß des Erwachens, der allmählichen Selbstkontrolle. Wir müssen unsere Traum-Aufmerksamkeit systematisch trainieren, denn sie ist die Pforte zur zweiten Aufmerksamkeit.«

»Welchen Unterschied gibt es zwischen Traum-Aufmerksamkeit und zweiter Aufmerksamkeit?«

»Die zweite Aufmerksamkeit ist wie ein Ozean, und die Traum-Aufmerksamkeit ist wie ein Fluß, der in diesen einmündet. Die zweite Aufmerksamkeit ist ein Zustand der Bewußtheit ganzer Welten, genauso absolut, wie deine Welt absolut ist; während die Traum-Aufmerksamkeit ein Zustand ist, in dem uns die Gegenstände unserer Träume bewußt werden.«

Sehr nachdrücklich betonte er, daß die Traum-Aufmerksamkeit der Schlüssel zu jedem Schritt in der Welt der Zauberer sei. Unter der Vielzahl von Gegenständen in unseren Träumen, sagte er, gebe es reale energetische Interferenzen – Dinge also, die durch fremde Kräfte von außen in unsere Träume eingeführt werden. Diese aufzufinden und zu verfolgen, darin bestehe die Zauberei.

Er legte so viel Nachdruck auf diese Feststellungen, daß ich ihn bat, sie mir genauer zu erklären. Er zögerte eine Weile, bevor er antwortete.

»Die Träume sind zwar nicht das Tor, aber das Schlupfloch zu anderen Welten«, begann er. »Ein Schlupfloch mit Zweibahnverkehr. Unser Bewußtsein schlüpft durch diese Lücke in andere Sphären, und jene anderen Sphären schicken Scouts in unsere Träume.«

»Was sind diese Scouts?«

»Energieladungen, die sich mit den Gegenständen unserer normalen Träume verbinden. Es sind Ausbrüche fremder Energie, die in unsere Träume eindringen, und wir interpretieren sie als Gegenstände, die uns manchmal vertraut, manchmal fremd sind.«

»Tut mir leid, Don Juan, aber ich kann mit deiner Erklärung nichts anfangen.«

»Du kannst es nicht, weil du darauf beharrst, dir Träume vorzustellen, wie du sie kennst: als etwas, das uns im Schlaf widerfährt. Ich aber will dir eine andere Vorstellung vermitteln: Träume als Schlupfloch in andere Sphären der Wahrnehmung. Durch dieses Schlupfloch sickern Ströme einer unbekannten Energie ein. Dann übernimmt unser Geist oder das Gehirn oder was immer, diese Energieströme und verwandelt sie in Bestandteile unserer Träume.«

Er machte eine Pause, offenbar um mir Zeit zu lassen, verstandesmäßig aufzunehmen, was er gesagt hatte. »Die Zauberer machen sich diese fremden Energieströme bewußt«, fuhr er fort. »Sie bemerken sie und isolieren sie von den normalen Gegenständen ihrer Träume.«

»Warum isolieren, Don Juan?«

»Weil diese Ströme aus anderen Sphären kommen. Wenn wir ihnen bis zu ihrem Ursprung folgen, können sie uns als Führer in andere Regionen dienen – so geheimnisvolle Regionen, daß es die Zauberer schaudert, wenn sie nur an die Möglichkeit denken.«

»Wie isolieren die Zauberer sie von den normalen Gegenständen ihrer Träume?«

»Durch Übung und Kontrolle ihrer Traum-Aufmerksamkeit. Irgendwann entdeckt unsere Traum-Aufmerksamkeit sie unter den Gegenständen eines Traums und konzentriert sich auf sie; dann bricht der ganze Traum ab, und es bleibt nur die fremde Energie.«

Don Juan wollte nicht weiter auf dieses Thema eingehen. Er sprach dann wieder von meinem Traum, den ich ihm erzählt hatte, und meinte, es sei – alles in allem – mein erster Versuch zu wirklichem Träumen gewesen. Dies bedeute aber, daß es mir gelungen sei, die erste Pforte des Träumens zu erreichen.

In einem anderen Gespräch, zu einem anderen Zeitpunkt, kam er plötzlich auf das Thema zurück. Er sagte:»Ich wiederhole dir noch einmal, was du beim Träumen tun mußt, um die erste Pforte des Träumens zu passieren. Erstens mußt du deinen Blick auf irgend etwas fixieren, das du dir zum Ausgangspunkt wählst. Dann wende dich anderen Gegenständen zu und beobachte sie, mit kurzen Blicken. Richte deinen Blick auf so viele Dinge, wie es dir möglich ist. Bedenke, wenn du nur kurz hinschaust, verändern die Bilder sich nicht. Dann kehre zu dem Gegenstand zurück, den du zuerst angeschaut hast.«

»Was bedeutet es, die erste Pforte des Träumens zu passieren?«

»Wir erreichen die erste Pforte des Träumens, indem uns bewußt wird, daß wir einschlafen, oder indem wir einen ungeheuer realen Traum haben, wie du ihn hattest. Sobald wir die Pforte erreicht haben, müssen wir sie durchschreiten: dies gelingt uns, indem wir das Bild jedes Gegenstandes in unserem Traum festhalten.«

»Beinah schaffe ich es, die Gegenstände meiner Träume ruhig anzuschauen, aber sie lösen sich zu schnell auf.«

»Genau das ist es, was ich dir sagen wollte. Um die Flüchtigkeit der Träume auszugleichen, sind die Zauberer darauf verfallen, irgendeinen Gegenstand als Ausgangspunkt zu benutzen. Immer wenn du diesen Gegenstand isolierst und ansiehst, flutet dir eine Welle von Energie entgegen, und darum solltest du anfangs nicht zu viele Dinge in deinen Träumen ansehen. Vier Gegenstände genügen für den Anfang. Später kannst du den Rahmen erweitern und alles betrachten, was dir gefällt. Aber sobald die Bilder sich verändern und du spürst, daß du die Kontrolle verlierst, sollst du zum Ausgangspunkt zurückkehren und noch einmal von vorne anfangen.«

»Glaubst du, daß ich wirklich die erste Pforte des Träumens erreicht habe?«

»Ja, und das war ein großer Schritt. Wenn du weitermachst, wirst du feststellen, wie leicht das Träumen dir jetzt fällt.«

Ich glaubte, daß Don Juan übertrieb oder mir schmeicheln wollte. Aber er versicherte, daß er es aufrichtig meine.

»Merkwürdig ist«, sagte er, »daß die Träumer, wenn sie die erste Pforte erreichen, auch den Energiekörper erreichen.«

»Was genau ist der Energiekörper?«

»Er ist das Gegenstück zum physischen Körper. Eine geisterhafte Konfiguration, bestehend aus reiner Energie.«

»Besteht aber nicht auch der physische Körper aus Energie?«

»Ja, gewiß. Der Unterschied ist, daß der Energiekörper nur Erscheinung hat, aber keine Masse. Da er reine Energie ist, kann er Taten vollbringen, die dem physischen Körper unmöglich wären.«

»Was zum Beispiel, Don Juan?«

»Zum Beispiel, sich im Handumdrehen ans Ende des Universums zu versetzen. Und das Träumen ist die Kunst, den Energiekörper zu schulen, ihn durch allmähliche Übung geschmeidig und kohärent zu machen.

Durch das Träumen verdichten wir den Energiekörper, bis er zu eigener Wahrnehmung fähig wird. Diese Wahrnehmung, obwohl beeinflußt durch unsere normale Art der alltäglichen Wahrnehmung, ist dennoch eine ganz unabhängige Wahrnehmung. Sie hat ihre eigene Sphäre.«

»Was ist ihre Sphäre, Don Juan?«

»Energie. Der Energiekörper arbeitet mit Energie als Energie.

42

Auf dreierlei Arten arbeitet er beim Träumen mit Energie: er kann die fließende Energie wahrnehmen; er kann Energie benutzen, um sich wie eine Rakete in unerwartete Regionen zu katapultieren; oder er kann wahrnehmen, wie wir für gewöhnlich die Welt wahrnehmen.«

»Was bedeutet es, fließende Energie wahrzunehmen?«

»Es bedeutet, zu *sehen*. Es bedeutet, daß der Energiekörper Energie unmittelbar als Licht oder als vibrierenden Strom oder als Turbulenz sieht. Und er spürt sie – als unmittelbaren Stromstoß oder als körperliche Empfindung, die sogar schmerzhaft sein kann.«

»Was ist mit jener anderen Möglichkeit, von der du sprachst, Don Juan? Wenn der Energiekörper die Energie als Katapult benützt?«

»Weil Energie seine Sphäre ist, kann der Energiekörper mühelos jene im Universum fließenden Energieströme nutzen, um sich vorantreiben zu lassen. Er braucht sie nur zu isolieren – und los geht die Fahrt.«

Don Juan hielt unentschlossen inne. Mir schien, er wollte noch etwas sagen, dessen er sich aber nicht sicher war. Er lächelte mir zu, und gerade als ich ihm eine Frage stellen wollte, fuhr er fort mit seiner Erklärung.

»Ich sagte dir früher schon, daß die Zauberer in ihren Träumen Scouts aus anderen Sphären isolieren. Das tut ihr Energiekörper. Er erkennt die Energie und folgt ihr. Es ist aber nicht gut, wenn ein Träumer sich an die Suche nach solchen Scouts verliert. Ich zögerte, dir davon zu erzählen, weil man sich bei einer solchen Suche leicht verirren kann.«

Dann wechselte Don Juan rasch das Thema. Ausführlich schilderte er mir einen ganzen Block von Übungen. Damals fand ich dies alles, auf einer gewissen Ebene, völlig unbegreiflich; doch auf einer anderen Ebene erschien es mir vollkommen logisch und verständlich. Wenn man, so wiederholte er, mit überlegter Kontrolle die erste Pforte des Träumens erreicht habe, so habe man seinen Energiekörper erreicht. Ob man diesen Vorteil festhalten könne, sei nur eine Frage der Energie. Die Zauberer aber könnten sich zusätzliche Energie verschaffen, indem sie die Energie klug einsetzen, die ihnen für die Wahrnehmung der alltäglichen Welt zur Verfügung steht.

Ich bat Don Juan, mir dies genauer zu erklären, und so fügte er hinzu, daß wir alle eine gewisses Grundmenge an Energie hätten – die einzige Energie, die wir besitzen. Und diese Energie müßten wir ganz verausgaben für die Wahrnehmung unserer engen Welt, für unser Überleben in ihr. Nirgendwo sonst, wiederholte er, gäbe es noch Energie für uns, und wenn wir unsere verfügbare Grundmenge bereits darin verausgabt hätten, dann bleibe nichts mehr übrig für außerordentliche Wahrnehmungen, etwa beim Träumen.

»Was bedeutet das für uns?« fragte ich.

»Es bedeutet, daß wir selbst Energie auftreiben müssen, wo immer wir sie finden.«

Und Don Juan erklärte, daß die Zauberer eine gewisse Methode hätten, Energie aufzutreiben. Dabei arrangieren sie ihre verfügbare Energie intelligent um und werfen alles Überflüssige in ihrem Leben ab. Dies nennen sie den Weg der Zauberer. Don Juan schilderte mir den Weg der Zauberer als eine Folge von praktischen Entscheidungen: und zwar intelligentere Entscheidungen, als unsere Erzieher sie uns lehrten. Diese lebenspraktischen Entscheidungen der Zauberer dienten dazu, unser Leben umzustrukturieren, indem sie unsere Grundeinstellung zum Leben verändern.

»Welche Grundeinstellung, Don Juan?« fragte ich.

»Wir haben zwei Arten, auf die Tatsache zu reagieren, daß wir lebendig sind. Zum einen können wir uns blind unterwerfen, indem wir den Forderungen des Lebens gehorchen, oder indem wir sie bekämpfen. Zum anderen können wir unsere Lebensumstände so gestalten, daß sie unserer eigenen Konfiguration entsprechen.«

»Können wir tatsächlich unsere Lebensumstände gestalten, Don Juan?«

»Doch, wir können unsere Situation so gestalten, daß sie unseren eigenen Bedingungen entspricht«, beharrte Don Juan. »Und dies tun die Träumer. Ist das vermessen? Bestimmt nicht, wenn du bedenkst, wie wenig wir über uns selbst wissen.«

Als mein Lehrer habe er die Pflicht, sagte er, mich mit dem Unterschied zwischen dem Leben und dem Lebendigsein vertraut zu machen: zwischen dem bloßen Leben, als Resultat biologischer Kräfte, und dem bewußten Lebendigsein als Akt der Erkenntnis.

44

»Wenn Zauberer davon sprechen, die eigene Lebenssituation zu gestalten«, erklärte Don Juan, »so meinen sie die Gestaltung des Bewußtseins, lebendig zu sein. Solche Gestaltung des Bewußtseins liefert uns genügend Energie, um den Energiekörper zu erreichen und festzuhalten. Auf diese Weise können wir die ganze Richtung und Konsequenz unseres Lebens verändern.«

Zum Abschluß unseres Gesprächs über das Träumen ermahnte mich Don Juan, nicht nur über seine Worte nachzudenken, sondern sie, durch immerwährende Wiederholung, in meine Lebenspraxis einzubauen. Alles Neue im Leben, sagte er, so auch die Ideen der Zauberei, die er mich lehrte, müßte uns dauernd wiederholt werden, bis wir es annehmen könnten. Solche Wiederholung sei schließlich auch die Methode, durch die wir von unseren Erziehern sozialisiert werden, um in der Welt unseres Alltags zu funktionieren.

Als ich dann meine Traumübungen fortsetzte, lernte ich, mir des Einschlafens voll bewußt zu werden; und ich lernte auch, in einem Traum innezuhalten, um bewußt alles zu untersuchen, was zum Inhalt dieses Traums gehörte. Diese Erfahrung war für mich ein echtes Wunder.

Don Juan hatte gesagt, daß wir, wenn wir unsere Träume zu kontrollieren lernen, auch unsere Traum-Aufmerksamkeit zu beherrschen lernen. Er hatte recht, wenn er sagte, daß die Traum-Aufmerksamkeit immer dann aktiv wird, wenn wir sie wachrufen und ihr ein Ziel setzen. Diese Aktivierung ist eigentlich nicht das, was wir als einen Prozeß verstehen: nämlich eine Reihe von Operationen oder Funktionen, die schließlich zu einem Resultat führen. Vielmehr ist es wie ein Erwachen. Etwas, das in uns schlummerte, wird plötzlich aktiv und wirksam.

3. Die zweite Pforte des Träumens

Mit Hilfe meiner Traumübungen fand ich heraus, daß ein Traumlehrer eine didaktische Synthese herstellen muß, um einen bestimmten Sachverhalt hervorzuheben. So stellte mir Don Juan
zunächst die Aufgabe, meine Traum-Aufmerksamkeit zu üben,
indem ich sie auf verschiedene Gegenstände meiner Träume konzentrierte. Als Hilfsmittel schlug er mir dabei vor, mir des Einschlafens bewußt zu werden. Es war nur ein Vorwand, wenn er
behauptete, wir hätten, um uns des Einschlafens bewußt zu werden, nur die Möglichkeit, die Inhalte unserer Träume zu untersuchen.

Denn kaum hatte ich mit den Traumübungen angefangen, als mir
klarwurde, daß die Einübung der Traum-Aufmerksamkeit überhaupt das Entscheidende beim Träumen ist. Verstandesmäßig
scheint es unmöglich, im Traum das Bewußtsein zu trainieren.
Aber die treibende Kraft eines solchen Trainings, sagte Don Juan,
sei die Wahrnehmung. Sie sei viel ausdauernder als der Verstand
mitsamt seinen rationalen Vorbehalten. Unter dem Ansturm der
Wahrnehmung müßten die rationalen Barrieren irgendwann fallen – und dann könne sich die Traum-Aufmerksamkeit entfal-
ten.

Ich übte mich also darin, meine Traum-Aufmerksamkeit auf die
verschiedenen Gegenstände meiner Träume zu konzentrieren und
deren Bild festzuhalten. Dabei empfand ich allmählich ein so bemerkenswertes Selbstvertrauen, daß ich Don Juan um eine Erklärung bitten mußte.

»Du bist in den Zustand der zweiten Aufmerksamkeit eingetreten, und dies gibt dir ein solches Selbstvertrauen«, sagte er. »Was
du jetzt brauchst, ist noch mehr nüchterne Besonnenheit. Geh
langsam voran, bleibe aber nicht stehen, und vor allem: sprich
nicht darüber; tu es einfach.«

Daraufhin erzählte ich ihm, daß ich praktische Bestätigung gefunden hätte für etwas, das er mir schon früher einmal sagte: näm-

lich, daß die Bilder im Traum sich nicht auflösen, wenn man die Gegenstände eines Traumes nur mit flüchtigen Blicken betrachtet. Schwierig sei nur, meinte ich, eine anfängliche Barriere zu überwinden, die uns hindere, uns die Träume bewußt zu machen. Ich fragte Don Juan nach seiner Meinung, denn ich glaubte ernstlich, daß es sich um eine psychologische Barriere handele, entstanden durch unsere Sozialisierung, die uns ja lehrt, Träume zu unterschätzen.

»Diese Barriere ist mehr als bloße Sozialisierung«, antwortete er. »Es ist die erste Pforte des Träumens. Jetzt, da du sie überwunden hast, bist du erstaunt, daß wir im Traum nicht innehalten können, um bewußt die Gegenstände unserer Träume zu betrachten. Aber wiege dich nicht in falscher Sicherheit. Die erste Pforte des Träumens hat etwas mit dem Energiestrom im Universum zu tun. Sie ist ein natürliches Hindernis.«

Don Juan und ich vereinbarten dann, daß wir nur im Zustand der zweiten Aufmerksamkeit über das Träumen sprechen wollten – und nur dann, wenn er es für nötig hielt. Einstweilen ermutigte er mich, ruhig weiterzuüben, und versprach mir auch, sich nicht einzumischen.

Es gelang mir nun immer besser, meine Träume zu arrangieren. Dabei erlebte ich manchmal Gefühle, denen ich große Bedeutung beimaß – zum Beispiel das Gefühl, in einen Graben zu rollen, während ich eben einschlief. Don Juan hatte mir nie gesagt, daß solche Gefühle nichts zu bedeuten hätten; er ließ mich sogar in meinen Notizen ausführlich darüber berichten. Heute ist mir klar, wie komisch es für ihn gewesen sein muß. Wenn ich Traumlehrer wäre, würde ich von solchem Verhalten eindeutig abraten. Don Juan aber lachte mich nur aus. Ich litte an heimlichem Größenwahn, meinte er, hätte mich dem Kampf gegen die eigene Wichtigkeit verschrieben und führte dennoch ein Tagebuch mit dem Titel »Meine Träume«.

Bei jeder Gelegenheit betonte Don Juan, daß wir die Energie, die wir brauchen, um unsere Traum-Aufmerksamkeit aus den Fesseln unserer Sozialisation zu befreien, nur dadurch gewinnen, daß wir unsere vorhandene Energie umgruppieren. Auch dies konnte ich bestätigen. Denn die Aufmerksamkeit beim Träumen ergibt sich unmittelbar aus der Umstrukturierung des eigenen Lebens. Weil wir unsere Energie aber nicht aus äußeren Quellen vermehren können, wie Don Juan sagte, müssen wir immer bemüht sein, unsere verfügbare Energie entsprechend umzugruppieren.

Der Weg der Zauberer sei das beste Mittel, sagte Don Juan, um gewissermaßen »die Räder zu ölen« für eine solche Umgruppierung der Energie. Und der wichtigste Kunstgriff der Zauberei sei das »Verlieren der eigenen Wichtigkeit«. Don Juan sah darin die wichtigste Voraussetzung der Zauberei, und folglich hielt er alle seine Schüler streng dazu an, diese Voraussetzung zu erfüllen. Eigendünkel hielt er nicht nur für einen Feind der Zauberer, sondern für die Nemesis der Menschheit überhaupt.

Don Juan glaubte nämlich, daß wir den größten Teil unserer Energie zur Aufrechterhaltung unserer eigenen Wichtigkeit verbrauchen. Das beste Beispiel sei unsere endlose Sorge um unser äußeres Image und um die Frage, ob wir geliebt und bewundert werden oder nicht. Könnten wir diesen Eigendünkel ablegen, dann würden zwei bedeutsame Dinge mit uns geschehen. Erstens wäre unsere Energie von der Aufgabe befreit, unsere Größen-Illusionen aufrechtzuerhalten. Und zweitens hätten wir genügend Energie, um in die zweite Aufmerksamkeit einzutreten und etwas von der wahren Größe des Universums zu erahnen.

Mehr als zwei Jahre dauerte es, bis ich meine Aufmerksamkeit im Traum auf alles konzentrieren konnte. Am Ende gelang es mir so gut, als hätte ich mein Leben lang nichts anderes getan. Merkwürdig war, daß ich mir kaum vorstellen konnte, ich hätte diese Fähigkeit nicht schon immer gehabt. Dennoch hatte ich nicht vergessen, wie schwer es mir anfangs gefallen war, mir solche Möglichkeiten auch nur vorzustellen. Vielleicht, dachte ich, gehört die Fähigkeit, den Inhalt der eigenen Träume zu untersuchen, zur natürlichen Ausstattung unserer Existenz – etwa wie der aufrechte Gang. Wir sind körperlich dazu geschaffen, auf zwei Beinen zu laufen. Und dennoch, welche Anstrengung braucht ein Kind, um laufen zu lernen!

Meine neue Fähigkeit, mit kurzen Blicken die Gegenstände meiner Träume zu betrachten, war aber mit einem unangenehmen Phänomen verbunden: mit einer dauernd nörgelnden Stimme, die mich ermahnte, auch wirklich alle Elemente meiner Träume zu untersuchen. Ich kannte meinen obsessiven Charakter, aber in meinen Träumen wurde diese Obsession ungemein verstärkt. Dies nahm solche Formen an, daß ich meine nörgelnde Stimme, die mich dauernd kritisierte, nicht mehr hören konnte. Und ich mußte mich fragen, ob nicht am Ende doch etwas anderes dahinter steckte? Ich fürchtete sogar, den Verstand zu verlieren.

»Ich rede in meinen Träumen unentwegt auf mich ein; ich ermahne mich dauernd, die Dinge zu betrachten«, sagte ich zu Don Juan.

Bislang hatte ich unsere Vereinbarung eingehalten, nur dann über das Träumen zu sprechen, wenn er selbst das Thema anschnitt. Dies aber, glaubte ich, war eine Notlage.

»Hört es sich vielleicht an, als ob du es gar nicht wärest, sondern ein anderer?« fragte er.

»Ja, wenn ich es recht bedenke. Es hört sich so an, als ob gar nicht ich es wäre.«

»Dann bist du es auch nicht. Die Zeit ist noch nicht gekommen, dir solche Dinge zu erklären. Einstweilen tröste dich, daß du nicht allein bist auf der Welt. Es gibt noch andere Welten, die einem Träumer zugänglich sind, ganze Welten. Aus diesen anderen Welten kommen manchmal Energie-Wesen zu uns. Wenn du das nächste Mal im Traum deine Stimme hörst, die auf dich einredet, dann werde einfach wütend und rufe: Hör auf!«

Nun hatte ich eine neue Aufgabe beim Träumen, nämlich mich zu erinnern, daß ich diesen Befehl rufen sollte. Wahrscheinlich aber war ich so wütend über das dauernde Nörgeln, daß ich mich tatsächlich erinnerte und rief: »Hör auf!« Das Nörgeln hörte sofort auf und wiederholte sich nie wieder.

»Haben alle Träumer solche Erfahrungen?« fragte ich Don Juan, als ich ihn wiedersah.

»Manche ja«, antwortete er gleichgültig.

Ich wollte schon anfangen zu erzählen, wie merkwürdig dies alles gewesen sei. Aber er unterbrach mich und sagte: »Du bist jetzt bereit für die zweite Pforte des Träumens.«

Dies war für mich die Chance, endlich Antworten auf Fragen zu finden, die ich ihm schon lange stellen wollte. Vor allem beschäftigte mich noch immer das Erlebnis, als er mich zum erstenmal in den Zustand des Träumens versetzt hatte. Damals konnte ich die Elemente des Traumes mit solcher Leichtigkeit beobachten, sagte ich zu Don Juan. Nie wieder hätte ich solch eine Klarheit und Genauigkeit aller Details erlebt.

»Je länger ich darüber nachdenke«, sagte ich, »desto erstaunlicher kommt es mir vor. Als ich in diesem Traum die Menschen beobachtete, empfand ich eine unerklärliche Angst und Abneigung. Was war das für ein Gefühl, Don Juan?«

»Ich glaube, dein Energiekörper hatte sich damals in die fremde Energie dieser Stadt eingeschaltet und sich gut amüsiert. Deine Angst und Abneigung waren ganz natürlich: zum erstenmal lerntest du fremde Energie kennen.

Übrigens zeigst du ähnliche Neigungen wie die Zauberer der Vorzeit. Sowie die Gelegenheit sich bietet, läßt du deinen Montagepunkt los. Damals verlagerte er sich sehr weit. Folglich bist du – wie einst die alten Zauberer – über die Grenzen der uns bekannten Welt hinausgereist. Eine reale, aber sehr gefährliche Reise.«

So aufschlußreich Don Juans Worte auch sein mochten, mußte ich ihm doch eine Frage stellen, die mich noch stärker bewegte: »War diese Stadt etwa auf einem anderen Planeten?«

»Man kann das Träumen nicht mit bekannten oder scheinbar bekannten Vorstellungen erklären« sagte er. »Nur dies kann ich dir verraten: die Stadt, die du damals besuchtest, gehörte nicht zu dieser Welt.«

»Wo war sie denn?«

»Natürlich jenseits dieser Welt. Begreifst du nicht? Es war das erste, was dir auffiel. Aber du tapptest im Dunkeln, weil du dir jenseits dieser Welt nichts vorstellen kannst.«

»Wo ist denn dieses ›jenseits dieser Welt‹, Don Juan?«

»Das Unheimlichste an der ganzen Zauberei, glaube mir, ist jene Konfiguration, die wir ›jenseits dieser Welt‹ nennen. Du nahmst zum Beispiel an, ich hätte dieselben Dinge gesehen wie du. Der Beweis? Du hast mich niemals gefragt, was ich eigentlich gesehen habe. Du – nur Du – sahst eine Stadt und Menschen in dieser Stadt. Ich sah nichts dergleichen. Ich *sah* Energie. ›Jenseits dieser Welt‹ war also für dich – und einzig bei dieser Gelegenheit – eine Stadt.«

»Dann aber, Don Juan, war es keine wirkliche Stadt. Dann existierte sie nur für mich, in meinem Kopf.«

»Nein, das nicht. Du versuchst jetzt, etwas Transzendentes auf etwas Irdisches zurückzuführen. Das ist unzulässig. Diese Reise war real. Du sahst sie als Stadt. Ich *sah* sie als Energie. Keiner von uns hat recht oder unrecht.«

50

»Es verwirrt mich immer, wenn du von Dingen sprichst, die real sein sollen. Vorhin sagtest du, wir hätten einen realen Ort jenseits dieser Welt erreicht. Doch wenn er real war, wie können wir dann zwei verschiedene Bilder davon haben?«

»Ganz einfach. Wir haben zwei Bilder, weil wir damals zwei verschiedene Grade von Gleichförmigkeit und Kohäsion hatten. Ich habe dir doch erklärt, daß diese zwei Eigenschaften der Schlüssel zur Wahrnehmung sind.«

»Glaubst du, ich kann diese Stadt noch einmal besuchen?«

»Da bin ich überfragt; ich weiß es nicht. Oder vielleicht weiß ich es, will es aber nicht erklären. Oder vielleicht könnte ich es erklären, will aber nicht. Du wirst also warten und selbst herausfinden müssen, wie es sich verhält.«

Und er war nicht bereit, weiter über das Thema zu sprechen.

»Zurück zur Sache«, forderte er mich auf. »Die zweite Pforte der Wahrnehmung ist erreicht, wenn wir aus einem Traum in einen anderen Traum erwachen. Wir mögen so viele Träume träumen, wie wir wollen. Aber wir müssen sie kontrollieren und dürfen nicht in dieser uns bekannten Welt aufwachen.«

Ich geriet in Panik. »Willst du damit sagen, daß ich nie wieder in dieser Welt aufwachen soll?« fragte ich.

»Nein, das nicht. Jetzt aber, wo du es sagst, muß ich gestehen, daß es wohl eine Möglichkeit wäre. Dies taten die alten Zauberer. Sie erwachten nie wieder in dieser Welt, die wir kennen. Manche Zauberer meiner Linie haben es ebenfalls getan. Ja, es ist möglich, aber ich möchte es nicht empfehlen. Ich möchte, daß du nach dem Träumen ganz natürlich erwachst. Aber solange du träumst, sollst du träumen, daß du in einem anderen Traum erwachst.«

Ich hörte mich die gleiche Frage stellen, die ich ihm gestellt hatte, als er mir zum erstenmal vom Arrangieren des Träumens erzählte: »Ist so etwas aber möglich?«

Anscheinend ertappte mich Don Juan bei meiner Gedankenlosigkeit und wiederholte mir lachend die Antwort, die er mir damals gegeben hatte. »Natürlich ist es möglich. Solch eine Kontrolle unterscheidet sich nicht von der Kontrolle über jede beliebige Situation des täglichen Lebens.«

Rasch überwand ich meine Verlegenheit und war bereit, weitere Fragen zu stellen, aber Don Juan kam mir zuvor und begann gewisse Aspekte der zweiten Pforte des Träumens zu erklären – eine Erklärung, bei der mir noch unbehaglicher wurde.

»Ein Problem gibt es bei der zweiten Pforte«, sagte er. »Ein Problem, das schwierig werden kann, je nach der Charakterneigung des Betreffenden. Falls du die Neigung hast, dich gehenzulassen oder dich an Dinge und Situationen zu klammern, könnte es gefährlich werden.«

»Warum, Don Juan?«

»Überlege einmal. Erinnerst du dich an deine sonderbare Freude beim Untersuchen des Inhalts deiner Träume? Stell dir nun vor, man wechselt von Traum zu Traum und beobachtet alles, untersucht jedes Detail. Dabei könnte man, das ist doch klar, in tödliche Tiefen versinken. Vor allem wenn man die Neigung hat, sich gehenzulassen.«

»Können nicht der Körper oder der Verstand dies ganz natürlich verhindern?«

»Ja, gewiß, falls es eine natürliche, das heißt eine normale Schlafsituation ist. Dies aber ist keine normale Situation. Dies ist das Träumen. Der Träumer hat beim Durchschreiten der ersten Pforte bereits den Energiekörper erreicht. Was da in Wirklichkeit durch die zweite Pforte schreitet und von Traum zu Traum wechselt, ist der Energiekörper.«

»Was hat das für Folgen, Don Juan?«

»Die Folge ist, daß du beim Durchschreiten der zweiten Pforte noch mehr, noch bewußtere Kontrolle über deine Traum-Aufmerksamkeit beabsichtigen mußt: es ist das einzige Sicherheitsventil, das Träumer haben.«

»Ein Sicherheitsventil?«

»Du wirst noch merken, daß es das eigentliche Ziel des Träumens ist, den Energiekörper zu schulen. Ein geschulter Energiekörper hat eine solche Kontrolle über die Traum-Aufmerksamkeit, daß er sie notfalls bremsen könnte. Dies ist das Sicherheitsventil, das Träumer haben. Wie sehr sie sich auch beim Träumen gehenlassen – irgendwann bringt ihre Traum-Aufmerksamkeit sie wieder an die Oberfläche.«

Nun begann für mich wieder ein neuer Abschnitt meiner Traumarbeit. Diesmal war das Ziel noch unbestimmter, die Schwierigkeit noch größer. Wie bei meiner ersten Aufgabe hatte ich keine Vorstellung, um was es eigentlich ging. Und ich fürchtete, daß all mein Üben mir diesmal nicht helfen würde. Nach vielen Mißerfolgen gab ich auf und begnügte mich damit, meine Übungen einfach fortzusetzen und meine Traum-Aufmerksamkeit auf alle Gegenstände meiner Träume zu konzentrieren. Daß ich mein Scheitern akzeptierte, gab mir doch Kraft, und es gelang mir anscheinend besser, die Bilder meiner Trauminhalte festzuhalten.

So blieb es ein Jahr, ohne Veränderung. Dann aber, eines Tages, veränderte sich etwas. Während ich im Traum aus dem Fenster sah und festzustellen versuchte, ob ich die Landschaft draußen erkennen könnte, zog eine Kraft, die ich als Wind und als Brausen in den Ohren empfand, mich durchs Fenster hinaus. Kurz zuvor hatte ich ein sonderbares Gebilde gesehen, vielleicht einen Traktor, das meine Traum-Aufmerksamkeit erregte. Im nächsten Moment stand ich davor und untersuchte es.

Ich war mir durchaus bewußt, daß ich träumte. Ich drehte mich um und wollte feststellen, aus welchem Fenster ich geschaut hatte. Der Schauplatz erinnerte an eine Farm auf dem flachen Land. Häuser waren nicht zu sehen. Schon wollte ich anfangen, über diese Tatsache nachzugrübeln, aber die vielen landwirtschaftlichen Geräte, die wie verlassen herumstanden, fesselten meine Aufmerksamkeit. Ich untersuchte Mähmaschinen, Traktoren, Getreidestapler, Scheibenpflüge, Dreschmaschinen. Es waren so viele, und ich vergaß meinen ursprünglichen Traum. Dann versuchte ich mich zu orientieren, indem ich die Umgebung beobachtete. Dort in der Ferne stand ein Gebilde, das aussah wie eine Reklametafel, umgeben von Telegrafenmasten.

Kaum hatte ich meine Aufmerksamkeit auf diese Reklametafel gerichtet, stand ich auch schon davor. Das Stahlgerüst machte mir angst. Es war irgendwie bedrohlich. Auf der Tafel selbst war ein Gebäude abgebildet. Ich las den Text; es war Werbung für ein Motel. Ich hatte die sonderbare Gewißheit, mich im Staat Oregon zu befinden, oder im Norden Kaliforniens.

Dann suchte ich die Umgebung im Traum nach anderen Merkmalen ab. In der Ferne sah ich Berge, und etwas näher abgeflachte Hügel. Baumgruppen standen auf den Hügeln: kalifornische Eichen, vermutete ich. Ich wünschte mir, zu diesen grünen Hügeln hingezogen zu werden – aber es zog mich gleich zu den fernen Bergen. Ich war mir sicher, daß es die Sierra Nevada sei.

Über diesen Bergen verließ mich meine Traumenergie. Vorher

aber zog es mich nach allen möglichen Punkten der Landschaft. Mein Traum hörte auf, ein Traum zu sein. Was meine Wahrnehmung betraf, so befand ich mich wirklich in der Sierra und schwebte zwischen Schluchten, Felsblöcken und Höhlen umher. Ich segelte über Felsklippen zu den Gipfeln hinauf, bis ich keinen Auftrieb mehr spürte und meine Traum-Aufmerksamkeit nicht mehr konzentrieren konnte. Ich spürte, wie ich die Kontrolle verlor. Schließlich gab es keine Landschaft mehr, nur noch Dunkelheit.

»Du hast die zweite Pforte des Träumens erreicht«, sagte Don Juan, als ich ihm meinen Traum erzählte. »Als nächstes solltest du sie durchschreiten. Es ist aber gefährlich, die zweite Pforte zu durchschreiten, und es erfordert viel Disziplin.«

Ich wußte nicht, ob ich die mir gestellte Aufgabe erfüllt hatte. Denn eigentlich war ich nicht in einem anderen Traum erwacht. Also befragte ich Don Juan nach dieser Unregelmäßigkeit.

»Es war mein Fehler«, sagte er. »Ich hatte dir gesagt, daß man in einem anderen Traum erwachen muß; aber ich meinte nur, daß man auf ordentliche, korrekte Art die Träume wechseln muß, wie du es getan hast.

Bei der ersten Pforte hast du viel Zeit damit vergeudet, ausschließlich nach deinen Händen zu suchen. Diesmal bist du direkt zur Lösung vorgestoßen, ohne dich lange zu fragen, ob du die Anweisung befolgtest und auch wirklich in einem anderen Traum erwachtest.«

Zwei Möglichkeiten gebe es, sagte Don Juan, um die zweite Pforte des Träumens korrekt zu passieren. Einerseits könne man in einem anderen Traum erwachen – das heißt träumen, man sei in einem Traum, und dann träumen, daß man aus ihm erwacht. Andererseits könne man mit Hilfe der Gegenstände eines Traumes einen anderen Traum auslösen, wie ich es getan hätte.

Don Juan ließ mich weiter üben, wie bisher, ohne sich einzumischen. Ich fand die beiden Möglichkeiten bestätigt, die er geschildert hatte. Entweder träumte ich, daß ich in einem Traum sei, aus dem ich zu erwachen träumte, oder ich schwebte von einem bestimmten, meiner unmittelbaren Traum-Aufmerksamkeit zugänglichen Gegenstand zu einem anderen, noch nicht ganz zugänglichen Gegenstand. Oder ich erlebte eine leichte Abwandlung dieser zweiten Möglichkeit: ich starrte auf irgendeinen

Traum-Gegenstand, hielt den Blick eine Weile aus, bis der Gegenstand seine Form veränderte und mich, indem er seine Form veränderte, durch einen brausenden Wirbel in einen anderen Traum zog. Nie konnte ich aber im voraus entscheiden, welche der drei Möglichkeiten ich wählen würde. Meine Traumübungen endeten immer damit, daß meine Traum-Aufmerksamkeit verebbte und ich schließlich aufwachte oder in tiefen, dunklen Schlaf versank.

Alles ging glatt bei meinen Übungen. Die einzige Störung, die ich erlebte, war eine eigenartige Belästigung, ein Anfall von Angst oder Unbehagen, den ich nun mit zunehmender Häufigkeit erlebte. Ich versuchte die Sache abzutun und mir einzureden, es habe etwas mit meinen schrecklichen Eßgewohnheiten zu tun – oder mit der Tatsache, daß Don Juan mir zu jener Zeit – als Teil meiner Ausbildung – öfter halluzinogene Pflanzenextrakte gab. Die Anfälle störten mich doch so sehr, daß ich Don Juan um Rat fragen mußte.

»Du bist jetzt zu einem gefährlichen Teil im Wissen der Zauberer gelangt«, erklärte er. »Es ist das nackte Grauen, ein Alptraum. Ich könnte Witze machen und sagen, daß ich diese Möglichkeit mit Rücksicht auf deine hochgelehrte Vernunft nicht erwähnen wollte. Aber solche Scherze verbieten sich von selbst. Jeder Zauberer muß sich mit diesem Aspekt des Wissens auseinandersetzen. Und dabei könntest du, fürchte ich, leicht das Gefühl haben, den Verstand zu verlieren.«

Und nun setzte mir Don Juan in sehr ernstem Ton auseinander, daß Leben und Bewußtsein nicht einfach Eigenschaften der Organismen sind, sondern eine Frage der Energie. Die Zauberer hätten *gesehen*, sagte er, daß es zwei Arten von bewußten Wesen auf Erden gibt, die organischen und die anorganischen. Und als sie die beiden miteinander verglichen, hätten sie auch *gesehen*, daß es sich bei beiden um leuchtende Ansammlungen von Energiefasern des Universums handelt, die sich millionenfach in jedem nur denkbaren Winkel überschneiden. Demnach unterscheiden sich beide Formen vor allem in ihrer Gestalt und im Grad ihrer Leuchtkraft. Anorganische Wesen sind länglich, wie Kerzen geformt, aber dunkel, während die organischen Wesen rund und wesentlich heller sind. Ein weiterer wichtiger Unterschied, den die Zauberer *sahen*, wie Don Juan sagte, liege darin, daß die organischen Wesen nur ein kurzes Leben und Bewußtsein hätten, während das Leben der anorganischen Wesen unendlich viel länger dauert und ihr Bewußtsein unendlich viel tiefer und ruhiger ist.

»Die Zauberer können mühelos mit ihnen kommunizieren«, fuhr Don Juan fort. »Denn die anorganischen Wesen haben die entscheidende Voraussetzung zur Kommunikation, nämlich Bewußtsein.«

»Existieren diese anorganischen Wesen aber wirklich, wie du und ich existieren?« fragte ich.

»Natürlich existieren sie«, antwortete er. »Du kannst mir glauben, die Zauberer sind nicht so dumm, ihr Denken auf Irrwege zu schicken und diese für Wirklichkeit zu halten.«

»Warum behauptest du aber, daß diese Wesen lebendig sind?«

»Lebendig zu sein heißt für die Zauberer, Bewußtsein zu haben. Und dies bedeutet, einen Montagepunkt zu haben, umgeben von einer Glut der Bewußtheit; dieser Zustand zeigt den Zauberern, daß das Wesen, das sie vor sich haben, mag es organisch oder anorganisch sein, durchaus zur Wahrnehmung fähig ist. Wahrnehmung ist für die Zauberer die Voraussetzung des Lebendigseins.«

»Also müssen auch die anorganischen Wesen sterben, nicht wahr, Don Juan?«

»Natürlich. Sie verlieren ihr Bewußtsein, genau wie wir. Nur daß die Dauer ihres Bewußtseins unermeßlich ist.«

»Erscheinen diese anorganischen Wesen den Zauberern?«

»Man kann nie wissen, woran man bei ihnen ist. Ich könnte sagen, diese Wesen werden von uns angelockt. Oder besser gesagt, sie werden von uns gezwungen, mit uns zu kommunizieren.«

Don Juan sah mich gespannt an. »Du begreifst das alles gar nicht«, sagte er – in einem Tonfall, als sei er zu einem Entschluß gelangt.

»Ich kann es mir tatsächlich kaum rational vorstellen«, sagte ich.

»Ich habe dich gewarnt, daß dein Verstand hier überfordert sein könnte. Am besten stellst du also dein Urteil zurück und läßt den Dingen ihren Lauf. Und das heißt, du läßt die anorganischen Wesen zu dir kommen.«

»Ist das dein Ernst, Don Juan?«

»Allerdings. Das Problem bei den anorganischen Wesen ist nur, daß ihr Bewußtsein, verglichen mit unserem, sehr langsam ist. Es dauert Jahre, bis die anorganischen Wesen auf einen Zauberer aufmerksam werden. Also sollte man Geduld haben und warten. Früher oder später stellen sie sich ein. Aber anders, als du oder ich uns einstellen würden. Sie haben eine eigentümliche Art, sich bemerkbar zu machen.«

»Wie locken die Zauberer sie an? Gibt es ein Ritual?«

»Na, sie werden sich gewiß nicht auf die Straße stellen und, Schlag Mitternacht, mit bebender Stimme nach ihnen rufen – falls es das ist, was du meinst.«

»Was tun sie denn?«

»Sie locken sie im Träumen an. Ich sagte dir doch, es geht um mehr als ein bloßes Anlocken; durch das Träumen zwingen die Zauberer diese Wesen, mit ihnen in Interaktion zu treten.«

»Wie zwingen die Zauberer sie durch das Träumen?«

»Sie träumen beharrlich die Position, in die der Montagepunkt sich beim Träumen verlagert hat. Dies erzeugt eine bestimmte Energieladung, was die Aufmerksamkeit dieser Wesen weckt. Es wirkt wie ein Köder auf Fische; sie fallen darauf herein. Indem die Zauberer die ersten zwei Pforten des Träumens erreichen und durchschreiten, ködern sie solche Wesen und zwingen sie, zu erscheinen.

Indem du die beiden Pforten durchschreitest, machst du ihnen dein Angebot bekannt. Dann mußt du auf ein Zeichen von ihnen warten.«

»Was wäre das für ein Zeichen, Don Juan?«

»Vielleicht, daß eines von ihnen auftaucht; obwohl dies zu rasch wäre. Ich glaube, sie werden dir ein Zeichen geben, indem sie in deine Träume eingreifen. Ich glaube, daß die Angstanfälle, die du zur Zeit erlebst, keine Verdauungsbeschwerden sind, sondern Stromstöße fremder Energie, die dir von den anorganischen Wesen geschickt werden.«

»Was soll ich tun?«

»Du mußt deine Erwartungen mäßigen.«

Ich verstand nicht gleich, was er damit meinte, aber dann fand er sich zu einer ausführlicheren Erklärung bereit. Wenn wir mit unseren Mitmenschen oder anderen organischen Wesen in Kontakt treten wollen, erwarten wir eine unmittelbare Antwort auf unser

Angebot, sagte er. Bei anorganischen Wesen aber, weil sie durch eine sehr starke Barriere von uns getrennt sind – nämlich durch Energie, die sich mit anderer Geschwindigkeit bewegt – , müßten die Zauberer ihre Erwartungen mäßigen und ihr Angebot so lange aufrechterhalten, bis sie von diesen Wesen zur Kenntnis genommen werden.

»Du meinst also, Don Juan, es geht um dieselbe Frage wie bei den Traumübungen?«

»Ja. Um aber die gewünschten Resultate zu erzielen, mußt du deine Übungen um die Absicht ergänzen, diese anorganischen Wesen zu erreichen. Sende ihnen ein Gefühl von Kraft und Zuversicht, Stärke und Unabhängigkeit. Vermeide um jeden Preis, ihnen ängstliche und morbide Gefühle zu senden. Sie sind selbst ziemlich morbid; ihrer Düsterheit noch die unsere aufzuladen wäre doch unnötig, nicht wahr?«

»Ich kann mir nicht vorstellen, Don Juan, wie sie den Zauberern erscheinen. Auf welche eigentümliche Art machen sie sich bemerkbar?«

»Manchmal materialisieren sie sich, direkt vor uns, in der Alltagswelt. Meist aber macht sich ihre Anwesenheit durch ein körperliches Erschrecken bemerkbar, durch einen Schauder, der uns durch Mark und Bein fährt.«

»Wie ist es beim Träumen, Don Juan?«

»Beim Träumen ist es genau umgekehrt. Manchmal fühlen wir sie, wie du eben jetzt, als Anfall von Angst. Meistens materialisieren sie sich direkt vor uns. Weil wir, wenn wir mit dem Träumen anfangen, keinerlei Erfahrung mit ihnen haben, können sie uns einen heillosen Schrecken einjagen. Dies ist eine Gefahr für uns. Mittels dieser Angst können sie uns in den Alltag folgen – mit verheerenden Folgen für uns.«

»Folgen welcher Art, Don Juan?«

»Die Angst kann sich in unserem Leben einnisten, und auf so etwas dürfen wir uns nicht einlassen. Die anorganischen Wesen sind manchmal schlimmer als die Pest. Mittels der Angst können sie uns in den Wahnsinn treiben.«

»Was tun die Zauberer mit den anorganischen Wesen?«

»Sie verbinden sich mit ihnen. Sie machen sie zu Verbündeten. Sie bilden Vereinigungen, gehen ungewöhnliche Freundschaften ein. Es sind weitgespannte Bestrebungen, meine ich, wobei die Wahrnehmung die wichtigste Rolle spielt. Wir sind gesellige Wesen. Wir suchen stets die Gesellschaft anderer Arten von Bewußtsein.

Das Entscheidende beim Kontakt mit den anorganischen Wesen ist, sie nicht zu fürchten. Und zwar von Anfang an. Man muß ihnen eine Absicht von Kraft und Unabhängigkeit schicken. In diese Absicht muß man die Botschaft verschlüsseln: ›Ich fürchte dich nicht; komm zu mir. Falls du kommst, bist du mir willkommen. Falls nicht, werde ich dich vermissen.‹ Solch eine Botschaft wird sie so neugierig machen, daß sie sich bestimmt einstellen.«

»Warum sollten sie zu mir kommen, oder warum sollte ich sie aufsuchen, um Himmels willen?«

»Beim Träumen suchen die Träumer, ob sie es wollen oder nicht, Verbindung mit anderen Wesen. Vielleicht erschreckt es dich – aber die Träumer sind immer bereit, Gruppen mit anderen Wesen zu bilden, sich auch mit anorganischen Wesen zu verbinden. Die Träumer sind geradezu erpicht darauf.«

»Das finde ich eiganartig, Don Juan. Warum tun die Träumer so etwas?«

»Die anorganischen Wesen haben für uns den Reiz des Neuen. Und für sie liegt der Reiz des Neuen in der Art, wie wir die Grenzen ihrer Sphäre überschreiten. Vergiß nicht: die anorganischen Wesen, mit ihrem anders gearteten Bewußtsein, üben einen ungeheuren Sog auf Träumer aus und können sie leicht in ungeahnte Welten versetzen.

Die Zauberer der Vorzeit bedienten sich ihrer, und sie waren es auch, die den Namen ›Verbündete‹ prägten. Ihre Verbündeten lehrten sie, den Montagepunkt über die Grenzen der Eigestalt hinaus in das nicht-menschliche Universum zu verschieben. Wenn sie also einen Zauberer in andere Welten versetzen, dann sind dies Welten jenseits des menschlichen Bereichs.«

Noch während ich ihm zuhörte, plagten mich sonderbare Befürchtungen und Ahnungen, was er sofort merkte.

»Du bist letzten Endes ein religiöser Mensch«, sagte er. »Jetzt glaubst du den Atem des Teufels im Nacken zu spüren. Stell dir das Träumen doch folgendermaßen vor: Träumen heißt, mehr wahrzunehmen, als wir für möglich halten.«

In meinen wachen Stunden beunruhigte mich der Gedanke, ein

solches anorganisches Bewußtsein könne tatsächlich existieren. Wenn ich aber träumte, blieben meine Skrupel ziemlich belanglos. Die Anfälle körperlicher Angst hielten an, doch wenn sie eintraten, waren sie stets von einer seltsamen Ruhe gefolgt – einer Ruhe, die mich durchdrang und mich weitermachen ließ, als hätte ich die Angst nie gekannt.

Damals schien es mir, als stellten sich alle Fortschritte im Träumen ganz plötzlich bei mir ein, ohne Vorankündigung. So war es auch mit dem Auftreten anorganischer Wesen in meinen Träumen. Es geschah, während ich von einem Zirkus träumte, den ich als Kind besucht hatte. Der Schauplatz erinnerte an eine kleine Stadt in den Bergen Arizonas. Ich beobachtete die Leute und hegte wie stets die unbestimmte Hoffnung, jene Menschen wiederzusehen, die ich sah, als Don Juan mich zum erstenmal in die zweite Aufmerksamkeit versetzte.

Während ich sie beobachtete, überfiel mich, schlagartig, eine starke Nervosität in der Magengrube. Es war wie ein Fausthieb. Der Stoß lenkte mich ab, und ich verlor die Leute, den Zirkus und die Stadt in den Bergen Arizonas aus dem Blick. Statt dessen sah ich nun zwei sonderbar aussehende Gestalten vor mir stehen. Sie waren schmal, kaum einen Fuß breit, aber langgestreckt, über zwei Meter hoch. So ragten sie wie zwei riesige Regenwürmer vor mir auf.

Ich wußte, es war ein Traum, aber ich wußte auch, daß ich *sah*. Über das *Sehen* hatte Don Juan mit mir in meinem normalen Bewußtseinszustand und auch in der zweiten Aufmerksamkeit gesprochen. Obwohl ich es noch nicht selbst erfahren hatte, glaubte ich die Idee einer direkten Wahrnehmung von Energie doch zu verstehen. In diesem Traum, während ich jene zwei sonderbaren Erscheinungen anschaute, wurde mir klar, daß ich die energetische Essenz von etwas Unglaublichem *sah*.

Ich blieb ganz ruhig. Ich bewegte mich nicht. Das Merkwürdigste war aber, daß die Gestalten sich nicht auflösten oder in etwas anderes verwandelten. Es waren kohärente Wesen, die ihre kerzenförmige Gestalt beibehielten. Irgend etwas in ihnen zwang irgend etwas in mir, ihren Anblick auszuhalten. Das wußte ich wohl, denn irgend etwas sagte mir, daß sie, wenn ich mich nicht bewegte, sich ebenfalls nicht bewegen würden.

All dies endete irgendwann, als ich mit einem Schreck aufwachte.

Sofort überfiel mich die Angst. Tiefe Unruhe erfaßte mich. Es war keine psychische Unruhe, sondern ein Gefühl körperlicher Beklommenheit, eine Traurigkeit ohne ersichtlichen Grund.

Von nun an erschienen die beiden seltsamen Gestalten bei jeder meiner Traumübungen vor mir. Schließlich war es, als träumte ich nur, um ihnen zu begegnen. Dabei versuchten sie nie, sich mir zu nähern oder mich irgendwie zu belästigen. Sie standen nur reglos vor mir, solange mein Traum andauerte. Und ich unterließ nicht nur jeden Versuch, meine Träume zu wechseln, sondern vergaß sogar die ursprüngliche Aufgabe meiner Traumübungen.

Als ich endlich mit Don Juan darüber sprach, was da mit mir geschah, hatte ich monatelang nichts andres getan, als die zwei Gestalten zu betrachten.

»Du stehst vor einem gefährlichen Scheideweg«, sagte Don Juan. »Es wäre nicht richtig, diese Wesen fortzujagen, aber es ist auch nicht richtig, sie bleiben zu lassen. Zum gegenwärtigen Zeitpunkt ist ihre Anwesenheit ein Hindernis für dein Träumen.«

»Was kann ich tun, Don Juan?«

»Tritt ihnen entgegen, sofort und in deiner normalen Lebenswelt, und sage ihnen, sie sollen später wiederkommen, wenn du mehr Traumenergie haben wirst.«

»Wie soll ich ihnen entgegentreten?«

»Es ist nicht leicht, aber es ist möglich. Voraussetzung ist nur, daß man genügend Mut hat – den du natürlich hast.«

Noch bevor ich ihm sagen konnte, daß ich überhaupt keinen Mut zu haben glaubte, führte er mich hinaus in die Berge. Er lebte im Norden Mexikos, und stets hatte er mir den Eindruck gemacht, als sei er ein einsamer Zauberer, ein von allen vergessener alter Mann, völlig außerhalb des allgemeinen Lebens stehend. Dennoch hielt ich ihn für einen Mann von überragender Intelligenz. Und darum war ich bereit, mich mit manchen seiner Eigenheiten abzufinden, die ich für exzentrische Marotten hielt.

Die Schläue der Zauberer, in Jahrhunderten geschärft, war Don Juans hervorstechendster Wesenszug. Er sorgte dafür, daß ich in meinem normalen Bewußtseinszustand möglichst viel verstand, und dann versetzte er mich in die zweite Aufmerksamkeit, wo ich schier alles, was er mich lehrte, verstand oder zumindest bereitwillig aufnahm. Dies führte nachgerade zu einer Zweiteilung bei mir. Bei normalem Bewußtsein verstand ich nicht, wieso ich gerne bereit war, seine exzentrische Art ernstzunehmen. In der zweiten Aufmerksamkeit verstand ich alles.

Er war überzeugt, daß die zweite Aufmerksamkeit uns allen zugänglich sei; daß wir aber, indem wir eigensinnig an unserer unbedarften Rationalität festhalten, die zweite Aufmerksamkeit mehr oder minder entschlossen von uns fernhielten. Er stellte sich vor, daß das Träumen imstande sei, jene Schranken zu durchbrechen, die uns die zweite Aufmerksamkeit versperren.

An jenem Tag, als er mich in die Hügel der Wüste von Sonora führte, zu einer Begegnung mit den anorganischen Wesen, war ich in meinem normalen Bewußtseinszustand. Und doch wußte ich irgendwie, daß mir etwas Unglaubliches bevorstand.

In der Wüste hatte es leicht geregnet. Der rötliche Sand war noch feucht und haftete beim Gehen an den Gummisohlen meiner Stiefel. Immer wieder mußte ich gegen Steine treten, um die schweren Stollen abzulösen. Wir wanderten in östlicher Richtung, gegen die Hügel hinauf. Als wir eine enge Schlucht zwischen zwei Bergkuppen erreichten, blieb Don Juan stehen.

»Dies ist ein idealer Platz, um deine Freunde herbeizurufen«, sagte er.

»Warum nennst du sie meine Freunde?«

»Sie selbst haben dich ausgesucht. Wenn sie so etwas tun, so heißt dies, daß sie eine Verbindung wünschen. Ich sagte dir doch, daß die Zauberer freundschaftliche Bindungen mit diesen Wesen eingehen. Dein Fall ist ganz vorbildlich. Du brauchtest ihnen nicht mal ein Angebot zu machen.«

»Worin besteht solch eine Freundschaft, Don Juan?«

»Sie besteht in wechselseitigem Austausch von Energie. Die anorganischen Wesen liefern ihr hohes Bewußtsein, und die Zauberer geben ihr gesteigertes Bewußtsein und ihre große Energie. Das positive Ergebnis ist ein gleichwertiger Tausch. Das negative besteht in Abhängigkeit auf beiden Seiten.

Die alten Zauberer liebten ihre Verbündeten. Tatsächlich liebten sie ihre Verbündeten mehr als ihre Mitmenschen. Darin sehe ich eine furchtbare Gefahr.«

»Was rätst du mir zu tun, Don Juan?«

»Rufe sie herbei. Lerne sie kennen, und dann entscheide selbst, was du zu tun hast.«

»Was soll ich tun, um sie herbeizurufen?«

»Stelle dir vor deinem inneren Auge ihr Bild vor. Sie haben dich im Traum an ihre Gegenwart gewöhnt, weil sie bei dir eine Erinnerung an ihre Gestalt hinterlassen wollten. Und jetzt ist es Zeit, diese Erinnerung wachzurufen.«

Don Juan befahl mir, die Augen zu schließen und sie geschlossen zu halten. Dann führte er mich zu ein paar Felsblöcken und hieß mich niedersitzen. Ich spürte die Härte und Kälte der Steine. Ihre Oberfläche war leicht abschüssig. Ich konnte mich kaum im Gleichgewicht halten.

»Bleib sitzen und visualisiere ihre Gestalt, bis sie genauso aussehen wie in deinen Träumen«, flüsterte mir Don Juan ins Ohr. »Laß es mich wissen, wenn du sie vor dir siehst.«

Schnell und mühelos gelang es mir, ein vollständiges Bild ihrer Gestalt vor meinem inneren Auge wachzurufen, genau wie in meinen Träumen. Ich war gar nicht überrascht, daß es so leicht ging. Was mich aber erschreckte, war, daß ich kein Wort hervorbringen, auch die Augen nicht öffnen konnte, so verzweifelt ich mich auch bemühte, Don Juan wissen zu lassen, daß ich ihr Bild vor mir sah. Dabei war ich eindeutig wach, und ich hörte alles.

Ich hörte Don Juan sagen: »Jetzt darfst du die Augen öffnen.« Ich öffnete sie mühelos. Ich saß mit gekreuzten Beinen auf den Steinen, aber es waren nicht dieselben, die ich unter mir gespürt hatte, als ich mich setzte. Don Juan stand rechts hinter mir. Ich wollte mich umdrehen und ihn ansehen, aber er zwang meinen Kopf nach vorne. Und dann sah ich zwei dunkle Gestalten, wie zwei dünne Baumstämme, direkt vor mir.

Verblüfft starrte ich sie an; sie waren nicht mehr so hoch wie in meinen Träumen; sie waren auf die Hälfte ihrer Größe geschrumpft. Auch waren es keine Gestalten von düsterer Leuchtkraft mehr, sondern zwei dichte, dunkle, beinah bedrohliche Pflöcke.

»Steh auf und packe einen von ihnen«, befahl mir Don Juan, »und laß nicht los, ganz gleich, wie er dich schüttelt.«

So etwas hatte ich nun gar nicht im Sinn, doch eine unbekannte Kraft hieß mich gegen meinen Willen aufstehen. In diesem Moment war mir völlig klar, daß ich schließlich tun würde, was er mir befohlen hatte, auch wenn ich nicht die bewußte Absicht hatte, es zu tun.

Mechanisch näherte ich mich den beiden Gestalten, und das Herz pochte mir bis zum Hals hinauf. Ich packte mir die Gestalt rechts von mir. Und dann spürte ich einen elektrischen Schlag, der mich beinah zwang, das schwarze Gebilde fallenzulassen. Wie aus weiter Ferne drang Don Juans Stimme zu mir. »Wenn du ihn fallen läßt, ist es um dich geschehen«, sagte er.

Ich umklammerte die Gestalt, die sich wand und aufbäumte. Nicht etwa wie ein kräftiges Tier, sondern eher wie etwas Luftiges und Leichtes, das aber stark elektrisch aufgeladen war. Eine ganze Weile rollten und wälzten wir uns über den Sand am Boden der Schlucht. Das Wesen versetzte mir einen Stromschlag nach dem anderen – eine widerliche Art von Elektrizität. Ich fand sie widerlich, weil ich sie ganz anders empfand als die Elektrizität, die ich aus unserer normalen Welt kannte. Wenn sie in meinen Körper fuhr, kitzelte es und zwang mich, wie ein Tier aufzuheulen und zu knurren, nicht vor Qual, sondern aus einer sonderbaren Wut.

Endlich wurde das Wesen zu einer reglosen, beinah festen Form unter mir. Es lag ruhig da. Ich fragte Don Juan, ob es tot sei, hörte aber meine eigene Stimme nicht.

»Ausgeschlossen«, sagte irgend jemand lachend – jemand, der nicht Don Juan war. »Du hast nur seine Energieladung erschöpft. Steh aber nicht auf. Bleib noch einige Zeit dort liegen.«

Ich sah Don Juan fragend an. Er musterte mich neugierig. Dann half er mir auf die Beine. Die dunkle Gestalt blieb am Boden liegen. Ich wollte Don Juan fragen, ob alles in Ordnung sei mit dem dunklen Wesen. Wieder konnte ich meine Frage nicht äußern. Dann tat ich etwas sehr Ungewöhnliches. Ich nahm dies alles, was hier geschah, für Realität. Bis zu diesem Moment hatte sich irgend etwas in mir an meine Vernunft geklammert und das Geschehen als Traum gewertet, als einen von Don Juans Zaubertricks ausgelösten Traum.

Ich trat zu der Gestalt am Boden und versuchte sie hochzuheben. Ich konnte sie aber nicht mit den Armen umfangen, weil sie keine feste Masse hatte. Ich war verwirrt. Die gleiche Stimme wie vorhin, nicht aber Don Juans Stimme, befahl mir, mich auf das anorganische Wesen zu legen. Ich tat es, und mit einer einzigen Bewegung standen wir beide auf, das anorganische Wesen wie ein dunkler Schatten an mir haftend. Es löste sich dann von mir und verschwand – und hinterließ mir ein äußerst angenehmes Gefühl der Vollständigkeit.

64

Ich brauchte länger als vierundzwanzig Stunden, um meine Selbstkontrolle ganz wiederzufinden. Die meiste Zeit schlief ich. Don Juan schaute manchmal nach mir und stellte immer wieder die gleiche Frage: »War die Energie des anorganischen Wesens eher wie Feuer oder wie Wasser?«

Meine Kehle schien wie versengt. Ich konnte ihm nicht sagen, daß die Stromstöße, die ich gespürt hatte, sich wie Strahlen elektrisierten Wassers angefühlt hatten. Ich habe nie im Leben so etwas wie Strahlen elektrisierten Wassers gespürt. Ich weiß nicht, ob es möglich ist, so etwas herzustellen oder zu fühlen, aber dies war die Vorstellung, die mir vor Augen stand, jedesmal wenn Don Juan mich mit seiner Frage bedrängte.

Don Juan schlief, als ich endlich wußte, daß ich ganz wiederhergestellt war. Weil ich glaubte, daß seine Frage sehr wichtig war, weckte ich ihn und erzählte ihm, was ich empfunden hatte.

»Du wirst keine hilfreichen Freunde unter den anorganischen Wesen finden, sondern Beziehungen von quälender Abhängigkeit«, stellte er fest. »Sei also äußerst vorsichtig. Wäßrige anorganische Wesen neigen eher zu Exzessen. Die alten Zauberer glaubten, sie wären liebevoller, eher zur Nachahmung begabt, vielleicht sogar fähig zu Gefühlen: im Gegensatz zu den feurigen, die man für ernsthafter hielt, für beherrschter als die anderen, aber auch für überheblich.«

»Was hat dies alles für mich zu bedeuten, Don Juan?«

»Die Bedeutung ist zu weitreichend, als daß wir jetzt darüber sprechen könnten. Ich empfehle dir nur, alle Furcht aus deinem Leben und aus deinen Träumen zu verbannen, um deine Kohärenz zu schützen. Das anorganische Wesen, dem du zu einer Energie-Entladung verholfen und das du dann wieder aufgeladen hast, war ganz begeistert davon. Es wird wiederkommen und mehr von dir verlangen.«

»Warum hast du mich nicht zurückgehalten, Don Juan?«

»Du hast mir keine Zeit gelassen. Außerdem hast du nicht mal gehört, wie ich dich anschrie, das anorganische Wesen am Boden liegenzulassen.«

»Du hättest mich im voraus, wie du es immer tust, über alle Möglichkeiten unterrichten sollen.«

»Ich kannte doch selbst nicht alle Möglichkeiten. Was die anorganischen Wesen betrifft, bin ich fast ein Neuling. Diesen Teil vom

Wissen der Zauberer lehne ich ab, weil es zu aberwitzig und zu hinderlich ist. Ich möchte nicht irgendwelchen Wesen ausgeliefert sein, egal ob organischen oder anorganischen.«

Damit endete unser Gespräch. Ich hätte mir Sorgen machen können, weil er so eindeutig negativ reagiert hatte; aber ich tat es nicht. Irgendwie war ich überzeugt, daß es ganz in Ordnung sei, was ich getan hatte.

Und ich setzte meine Traumübungen fort, ohne weitere Einmischung irgendwelcher anorganischer Wesen.

4. Die Fixierung des Montagepunktes

Da wir vereinbart hatten, nur dann über das Träumen zu sprechen, wenn Don Juan es für nötig hielt, befragte ich ihn selten und beharrte niemals länger auf meinen Fragen. Darum hörte ich gerne zu, wenn er von sich aus das Thema aufgriff. Seine Erklärungen des Träumens waren immer in andere Aspekte seiner Lehren eingebettet und wurden immer spontan und unvermittelt eingeflochten.

Einmal, während ich bei ihm zu Besuch war, unterhielten wir uns über irgendwelche anderen Dinge, als er unvermittelt sagte, daß die alten Zauberer durch ihre Traum-Kontakte mit anorganischen Wesen große Geschicklichkeit im Manipulieren des Montagepunktes entwickelt hätten. Im übrigen sei dies ein weites und gefahrvolles Feld.

Sofort nutzte ich meine Chance und fragte Don Juan, um welche Zeit ungefähr diese alten Zauberer gelebt hätten. Schon früher hatte ich, bei verschiedenen Gelegenheiten, dieselbe Frage gestellt, aber nie gab er mir eine befriedigende Antwort. Diesmal, so hoffte ich, würde er, vielleicht weil er das Thema selbst angeschnitten hatte, meinen Wunsch erfüllen.

»Eine sehr schwierige Frage«, sagte er. Es klang, als wolle er meine Neugier wieder einmal zurückweisen. Darum war ich überrascht, als er fortfuhr: »Sie wird deine Vernunft strapazieren, ähnlich wie das Problem der anorganischen Wesen. Übrigens, was hältst du nun von ihnen?«

»Laß mich bitte aus dem Spiel«, sagte ich. »Ich kann mir dazu keine Meinung erlauben.«

Meine Antwort gefiel ihm. Lachend erzählte er, wieviel Angst und Abneigung die anorganischen Wesen ihm selbst einflößten.

»Sie waren nie mein Fall«, sagte er. »Und der Hauptgrund war meine Angst vor ihnen. Ich konnte sie nicht überwinden, als ich's hätte tun sollen, und nun ist sie regelrecht zur Fixierung geworden.«

»Fürchtest du sie noch immer, Don Juan?«

»Es ist nicht eigentlich Furcht, was ich empfinde, sondern Abneigung. Ich will mit ihnen nichts zu tun haben.«

»Gibt es einen bestimmten Grund für diese Abneigung?«

»Den besten Grund überhaupt: wir sind gegensätzlich. Sie lieben die Sklaverei; ich liebe die Freiheit. Sie möchten kaufen, und ich verkaufe nicht.«

Nun geriet ich in unerklärliche Erregung und erklärte ihm schroff, das ganze Thema sei mir allzu überspannt, als daß ich es ernst nehmen könnte.

Er sah mich an, lächelte und sagte: »Am besten hält man es mit den anorganischen Wesen, wie du es tust: du leugnest ihre Existenz, triffst dich aber regelmäßig mit ihnen und behauptest, daß du nur träumst und daß im Traum alles möglich ist. Auf diese Weise brauchst du dich nicht festzulegen.«

Ich empfand ein sonderbares Schuldgefühl, auch wenn mir nicht klarwurde, warum eigentlich. Und so mußte ich fragen: »Worauf spielst du an, Don Juan?«

»Auf deine Begegnungen mit den anorganischen Wesen«, erwiderte er trocken.

»Machst du Spaß? Welche Begegnungen?«

»Ich wollte nicht darüber sprechen. Aber ich glaube, es wird Zeit, dir zu sagen, daß die nörgelnde Stimme, die du hörtest und die dich ermahnte, deine Traum-Aufmerksamkeit auf die Gegenstände deiner Träume zu fixieren, die Stimme eines anorganischen Wesens war.«

Ich fand Don Juans Bemerkung völlig abstrus. So wütend wurde ich, daß ich ihn sogar anbrüllte. Er lachte über mich und forderte mich dann auf, ihm von meinen unregelmäßigen Traumübungen zu berichten. Die Frage überraschte mich. Ich hatte niemandem erzählt, daß ich immer wieder aus einem Traum hinausschwebte, angezogen von einem bestimmten Gegenstand, aber statt nun den Traum zu wechseln, wie ich es hätte tun sollen, veränderte sich die ganze Stimmung des Traumes, und ich fand mich in einer mir unbekannten Dimension wieder. Dort flog ich umher, gelenkt von einem unsichtbaren Führer, der mich im Kreis herumwirbeln ließ. Stets erwachte ich aus einem solchen Traum, immer noch wirbelnd, und wälzte und rollte mich noch längere Zeit herum, bis ich vollends erwachte.

»Das sind unschuldige Begegnungen, die du mit deinen Freunden unter den anorganischen Wesen hast«, sagte Don Juan. Ich wollte ihm nicht widersprechen, wollte ihm aber auch nicht beipflichten. So schwieg ich. Meine Frage nach den alten Zauberern hatte ich vergessen, aber Don Juan kam wieder auf das Thema zurück.

»Ich bin überzeugt, daß die alten Zauberer schon vor etwa zehntausend Jahren lebten«, sagte er lächelnd und meine Reaktion beobachtend.

Gestützt auf die neuesten archäologischen Befunde über die Wanderungen asiatischer Nomadenstämme nach Amerika, bezweifelte ich die Richtigkeit dieses Datums. Zehntausend Jahre, das sei viel zu früh angesetzt.

»Du hast dein Wissen, und ich habe meines«, sagte er. »Mein Wissen besagt, daß die alten Zauberer viertausend Jahre lang herrschten, von vor siebentausend bis vor dreitausend Jahren. Vor dreitausend Jahren verschwanden sie von der Erde. Seither haben die Zauberer umgruppiert – und wieder aufgebaut, was die alten Zauberer hinterlassen hatten.«

»Wie kannst du dir deiner Zeitangaben so sicher sein?« fragte ich.

»Wie kannst du dir der deinen so sicher sein?« erwiderte er.

Ich sagte ihm, daß die Archäologen narrensichere Methoden hätten, die Daten früherer Kulturen festzustellen. Und er wiederum antwortete, daß die Zauberer ihre eigenen narrensicheren Methoden hätten.

»Ich will dir nicht widersprechen, oder mit dir streiten«, fuhr er fort, »aber vielleicht wirst du bald Gelegenheit haben, jemanden zu fragen, der es mit Sicherheit weiß.«

»Niemand kann dies mit Sicherheit wissen, Don Juan.«

»Vielleicht wirst du auch das nicht glauben, aber es gibt jemanden, der alles bestätigen kann. Eines Tages wirst du diesen Menschen kennenlernen.«

»Ach, komm, Don Juan, du machst Witze. Wer könnte bestätigen, was vor siebentausend Jahren geschah?«

»Sehr einfach. Einer der alten Zauberer, über die wir gesprochen haben. Derjenige, dem ich begegnet bin. Er ist es, der mir alles von den alten Zauberern erzählt hat. Ich hoffe, du wirst dich später an das erinnern, was ich dir jetzt über diesen Mann erzählen will. Er ist der Schlüssel zu vielen unserer Unternehmungen, und darum mußt du ihn kennenlernen.«

Ich versicherte Don Juan, daß ich begierig seinen Worten lauschte, auch wenn ich nicht verstand, was er sagte. Und er warf mir vor, ihm nur zu schmeicheln, während ich kein Wort über die alten Zauberer glaubte. Ich mußte zugeben, daß ich im Zustand alltäglicher Bewußtheit natürlich nicht an so überspannte Geschichten geglaubt hatte. Aber auch in der zweiten Aufmerksamkeit hatte ich nicht daran geglaubt, obwohl ich hier anders hätte reagieren sollen.

»Nur wenn du darüber nachgrübelst, was ich gesagt habe, wird es eine überspannte Geschichte. Wenn du deine Vernunft beiseite läßt, ist es nur noch eine Frage von Energie.«

»Wieso sagtest du, Don Juan, daß ich einen der alten Zauberer kennenlernen werde?«

»Weil du ihn kennenlernen wirst. Es ist von entscheidender Bedeutung, daß ihr beide euch eines Tages begegnet. Einstweilen will ich dir noch eine überspannte Geschichte über einen der Naguals meiner Linie erzählen, den Nagual Sebastian.«

Der Nagual Sebastian, sagte Don Juan, habe zu Anfang des achtzehnten Jahrhunderts als Küster an einer Kirche im Süden Mexikos gelebt. Don Juan betonte bei seinem Bericht, daß die früheren und auch die modernen Zauberer in etablierten Institutionen wie der Kirche Zuflucht suchen – und auch finden. Er vermutete, daß die Zauberer – wegen ihrer überlegenen Disziplin – als vertrauenswürdige Arbeitnehmer gelten und von Institutionen, die immer Bedarf an solchem Personal haben, gerne beschäftigt werden. Solange niemand etwas vom Tun und Treiben der Zauberer erfahre, meinte Don Juan, lasse ihr Mangel an ideologischen Neigungen sie als vorbildliche Arbeiter erscheinen.

Don Juan fuhr fort mit seiner Geschichte und sagte, daß eines Tages, während Sebastian seinen Küsterpflichten nachging, ein sonderbarer Mann in die Kirche gekommen sei, ein alter Indianer, der krank zu sein schien. Mit schwacher Stimme erzählte er Sebastian, er brauche Hilfe. Der Nagual glaubte, der Indianer wolle den Priester der Pfarrgemeinde sprechen, aber der Mann wandte sich mit großem Nachdruck an den Nagual. Streng und unverblümt sagte er ihm, er wisse, daß Sebastian nicht nur ein Zauberer, sondern auch ein Nagual sei.

70

Sebastian, sehr beunruhigt durch diese plötzliche Wendung der Dinge, zog den Indianer beiseite und verlangte eine Entschuldigung. Der Mann erwiderte, er habe keineswegs die Absicht, sich zu entschuldigen, sondern erwarte besondere Hilfe. Er brauche, sagte er, die Energie des Nagual, um sein Leben zu verlängern, das – wie er Sebastian beteuerte – schon Jahrtausende währte, aber sich damals zum Ende neigte.

Sebastian, ein sehr intelligenter Mann, war nicht bereit, sich solchen Unsinn anzuhören, und bat den Indianer, mit seinen Späßen aufzuhören. Der alte Mann wurde wütend und drohte Sebastian an, ihn und seine Gruppe bei der kirchlichen Obrigkeit anzuzeigen, wenn er seiner Forderung nicht nachkomme.

Dies geschah zu einer Zeit, erinnerte mich Don Juan, als die kirchlichen Behörden mit brutaler Härte die häretischen Bräuche und Kulte bei den Indianern der Neuen Welt systematisch auszurotten suchten. Die Drohung des Mannes war also nicht auf die leichte Schulter zu nehmen; der Nagual und seine Gruppe waren tatsächlich in ernster Gefahr. Sebastian fragte den Indianer, auf welche Weise er ihm Energie geben könne. Der Mann erklärte, daß die Naguals durch ihre Disziplin eine besondere Energie ansammeln, die sie in ihrem Körper speichern und die er schmerzlos aus Sebastians Energie-Zentrum, am Nabel gelegen, abziehen werde. Als Gegenleistung würde Sebastian nicht nur die Chance erhalten, seine Aktivitäten fortzusetzen, sondern zusätzlich auch ein Geschenk der Kraft.

Die Erkenntnis, von dem alten Indianer manipuliert zu werden, gefiel dem Nagual überhaupt nicht, aber der Mann war unerbittlich und ließ ihm keinen anderen Weg, als sein Ansinnen zu erfüllen.

Don Juan versicherte mir, daß der alte Indianer mit seinen Behauptungen keineswegs übertrieben habe. Er war, wie sich herausstellte, einer der Zauberer aus der Vorzeit, einer von denen, die bekannt sind als »jene, die dem Tode trotzen«. Anscheinend hatte er bis in die Gegenwart überlebt, indem er seinen Montagepunkt auf eine nur ihm bekannte Art manipulierte.

Was dann zwischen Sebastian und dem Mann geschah, sagte Don Juan, wurde später zur Grundlage für einen Vertrag, an den sich alle sechs Naguals, die Sebastian nachfolgten, gebunden fühlten. Jener, der dem Tode trotzte, hielt sein Wort: als Gegenleistung für die Energie, die er von jedem dieser Männer erhielt, machte er dem Spender ein Geschenk, eine Gabe der Kraft. Auch Sebastian hatte solch eine Gabe akzeptieren müssen, wenngleich widerstrebend; er stand mit dem Rücken zur Wand und hatte keine andere Wahl. Alle anderen Naguals, die ihm folgten, akzeptierten aber froh und stolz ihr Geschenk.

Damit beendete Don Juan seine Erzählung. Der dem Tode Trotzende, sagte er, sei dann als der *Mieter* bekannt geworden. Und mehr als zweihundert Jahre lang hätten die Naguals von Don Juans Linie diese bindende Vereinbarung eingehalten und eine symbiotische Beziehung gepflegt, die schließlich Entwicklung und Ziel ihrer Linie verändern sollte.

Don Juan war nicht bereit, diese Geschichte weiter zu erläutern; doch er vermittelte mir einen merkwürdigen Eindruck von Wahrheit, der beunruhigender war, als ich gedacht hätte.

»Wie konnte er so lange leben?« fragte ich.

»Das weiß niemand«, erwiderte Don Juan. »Seit Generationen wissen wir von ihm nur, was er uns erzählt. Der dem Tode trotzt ist derjenige, den ich über die alten Zauberer befragte, und er sagte mir, daß sie vor dreitausend Jahren den Gipfel ihrer Entwicklung überschritten hätten.«

»Woher weißt du, daß er die Wahrheit sprach?« fragte ich.

Don Juan schüttelte verwundert, sogar leicht mißbilligend den Kopf. »Angesichts des unvorstellbaren Unbekannten dort draußen«, sagte er, mit dem Arm in die Ferne deutend, »gibt man sich nicht mit kleinlichen Lügen ab. Kleinliche Lügen sind nur etwas für Leute, die niemals gesehen haben, was dort draußen ist und auf sie wartet.«

»Was wartet dort draußen auf uns, Don Juan?«

Seine Antwort, eine scheinbar harmlose Formulierung, war beängstigender für mich, als hätte er das Grauenhafteste beschrieben.

»Etwas völlig Unpersönliches«, sagte er.

Vielleicht hatte er bemerkt, daß ich die Fassung verlor. So versetzte er mich in einen anderen Bewußtseinszustand, um meine Furcht zu vertreiben.

Ein paar Monate später nahmen meine Traumübungen eine sonderbare Wendung. Es begann damit, daß ich in meinen Träumen auf einmal Antworten auf Fragen erhielt, die ich Don Juan hatte stellen wollen. Das Bemerkenswerteste an dieser Entwicklung war, daß sie bald auch auf meine wachen Stunden übergriff. Und eines Tages, während ich am Schreibtisch saß, erhielt ich Antwort auf eine unausgesprochene Frage nach der Realität anorganischer Wesen. So oft hatte ich anorganische Wesen im Traum *gesehen*, daß ich sie allmählich für ganz real hielt. Ich erinnerte mich, daß ich in einem Zustand halbnormaler Bewußtheit, in der Wüste von Sonora, eines von ihnen sogar körperlich berührt hatte. Und in meinen Träumen hatte es immer wieder Ausblicke auf Welten gegeben, die wohl kaum, so überlegte ich, Produkte meiner eigenen mentalen Prozesse sein konnten. Ich wollte Don Juan eine präzise Frage vorlegen, und so formulierte ich mein Problem folgendermaßen: Wenn man akzeptieren will, daß die anorganischen Wesen ebenso real sind wie Menschen – *wo* befindet sich in der physikalischen Realität des Universums dann die Sphäre, in der sie existieren?

Nachdem ich mir diese Frage im Kopf zurechtgelegt hatte, hörte ich ein merkwürdiges Gelächter, ähnlich wie ich es an jenem Tag hörte, als ich mit dem anorganischen Wesen rang. Dann antwortete mir die Stimme eines Mannes: »Diese Sphäre existiert in einer bestimmten Position des Montagepunktes«, sagte sie. »Ähnlich wie deine Welt in der gewohnten Position des Montagepunktes existiert.«

Ich hatte nicht im Sinn, einen Dialog mit einer körperlosen Stimme anzufangen, darum sprang ich auf und rannte aus dem Haus. Ich glaubte, den Verstand zu verlieren: eine Sorge mehr zu meinem Sorgenbündel. Die Stimme war so klar und so voller Autorität gewesen, daß sie mich nicht nur faszinierte, sondern auch erschreckte. Voll Bangen wartete ich auf weitere Überfälle dieser Stimme, doch der Vorgang sollte sich nie wiederholen. Bei der ersten Gelegenheit, die sich bot, holte ich mir Rat bei Don Juan.

Er schien nicht im mindesten beeindruckt. »Du mußt endlich begreifen, daß solche Dinge im Leben eines Zauberers ganz normal sind«, sagte er. »Du wirst keineswegs verrückt. Du hast lediglich die Stimme des Traum-Botschafters gehört. Beim Durchschreiten der ersten und zweiten Pforte des Träumens erreichen die Träumer einen Schwellenwert an Energie und beginnen Dinge zu sehen oder Stimmen zu hören. Nicht eigentlich mehrere Stimmen, sondern eine einzelne Stimme. Die Zauberer nennen sie die Stimme des Traum-Botschafters.«

»Was ist der Traum-Botschafter?«

»Fremde Energie, die Festigkeit angenommen hat. Fremde Energie, die den Träumern angeblich hilft, indem sie ihnen Dinge offenbart. Das Fragwürdige an der Stimme des Traumbotschafters ist, daß sie nur verraten kann, was die Zauberer bereits wissen oder wissen sollten, falls sie ihren Namen verdienen.«

»Mit deiner Beschreibung, daß es festgewordene fremde Energie ist, kann ich nichts anfangen, Don Juan. Was für eine Energie ist das: eine wohltätige, schädliche, richtige, falsche – oder was?«

»Es ist einfach fremde Energie, wie ich sagte. Eine unpersönliche Kraft, die wir zu einer persönlichen machen, weil sie eine Stimme hat. Manche Zauberer schwören darauf. Sie sehen sie sogar. Oder sie hören sie, wie du sie gehört hast, einfach als männliche oder weibliche Stimme. Und diese Stimme sagt ihnen Dinge, die diese Leute oft als geheiligte Ratschläge auffassen.«

»Warum hören manche von uns diese Energie als Stimme?«

»Wir sehen oder hören sie, weil wir unseren Montagepunkt in einer bestimmten, neuen Position fixiert halten; je stärker diese Fixierung ist, desto eindringlicher erleben wir den Botschafter. Paß nur auf! Am Ende siehst und fühlst du ihn als nacktes Weib.«

Don Juan lachte über seinen eigenen Spaß, doch ich war zu erschrocken für derlei Frivolitäten.

»Kann diese Kraft sich materialisieren?« fragte ich.

»Aber gewiß«, antwortete er. »Und alles hängt davon ab, wie stark der Montagepunkt fixiert ist. Doch sei beruhigt; falls du dir eine gewisse Überlegenheit bewahren kannst, wird nichts passieren. Dann bleibt der Botschafter, was er ist: eine unpersönliche Kraft, die aufgrund der Fixierung unseres Montagepunktes auf uns einwirkt.«

»Gibt er vernünftige Ratschläge?«

»Es können gar keine Ratschläge sein. Er sagt uns nur, was was ist, und dann ziehen wir unsere eigenen Schlüsse.«

Und nun erzählte ich Don Juan, was die Stimme mir gesagt hatte.

»Es ist so, wie ich dir sagte«, meinte Don Juan. »Der Botschafter hat dir nichts Neues gesagt. Seine Aussage war richtig, aber er hat dir nur scheinbar etwas offenbart. Der Botschafter hat nichts andres getan, als dir zu wiederholen, was du schon wußtest.«

»Tut mir leid, Don Juan, aber ich kann nicht behaupten, daß ich all dies bereits wußte.«

»Aber sicher. Du weißt unendlich viel mehr über das Mysterium des Universums, als du rational vermuten kannst. Aber das ist unsere menschliche Malaise – daß wir mehr über das Mysterium des Universums wissen, als wir annehmen.«

Die Tatsache, daß ich dieses unglaubliche Phänomen ganz allein entdeckt hatte, ohne Don Juans Anleitung, machte mich beinah euphorisch. Ich brauchte mehr Informationen über den Botschafter. So wollte ich Don Juan fragen, ob auch er die Stimme des Botschafters gehört hätte.

Er unterbrach mich und sagte mit breitem Grinsen: »Ja, ja. Der Botschafter spricht auch zu mir. In meiner Jugend sah ich ihn immer als Mönch mit schwarzer Kutte. Ein schwatzender Mönch, der mir jedesmal höllische Angst machte. Dann, als ich besser mit meiner Angst umgehen konnte, wurde er zur körperlosen Stimme, die mir bis heute Dinge verrät.«

»Was für Dinge, Don Juan?«

»Alles, worauf ich meine Absicht richte. Lauter Dinge, die herauszufinden ich zu faul bin. Zum Beispiel, was meine Schüler so treiben, wenn ich nicht da bin. Vor allem über dich erzählt sie mir gewisse Dinge. Der Botschafter verrät mir alles, was du tust.«

Mir war es inzwischen egal, welche Richtung unser Gespräch genommen hatte. Während er sich vor Lachen krümmte, kreisten meine Gedanken krampfhaft um andere Themen, zu denen ich ihm Fragen stellen wollte.

»Ist der Traumbotschafter ein anorganisches Wesen?« fragte ich.

»Sagen wir, der Traumbotschafter ist eine Kraft, die aus dem Reich der anorganischen Wesen kommt. Das ist der Grund, warum die Träumer ihm immer begegnen.«

»Willst du damit sagen, Don Juan, daß jeder Träumer den Botschafter hört oder sieht?«

»Jeder hört den Botschafter; nur wenige sehen oder fühlen ihn.«

»Hast du eine Erklärung dafür?«

»Nein. Außerdem ist mir der Botschafter ziemlich gleichgültig. Irgendwann in meinem Leben mußte ich die Entscheidung treffen, ob ich mich mit den anorganischen Wesen befassen und in die Fußstapfen der alten Zauberer treten – oder all dies ablehnen sollte. Mein Lehrer, der Nagual Julian, half mir, mich zu entscheiden und es abzulehnen. Diese Entscheidung habe ich nie bedauert.«

»Glaubst du, daß auch ich die anorganischen Wesen ablehnen sollte, Don Juan?«

Er antwortete nicht. Statt dessen erklärte er mir, daß die Sphäre der anorganischen Wesen stets bereit sei, uns etwas zu lehren. Vielleicht weil die anorganischen Wesen ein höheres Bewußtsein hätten als wir, fühlten sie sich gezwungen, uns unter ihre Fittiche zu nehmen.

»Für mich war es aber sinnlos, ihr Schüler zu werden«, fügte er hinzu. »Der Preis, den sie fordern, ist mir zu hoch.«

»Welches ist ihr Preis?«

»Unser Leben, unsere Energie, unsere Hingabe an sie. Mit anderen Worten, unsere Freiheit.«

»Aber was lehren sie uns?«

»Dinge, die mit ihrer Welt zu tun haben. Ganz ähnlich wie wir sie, falls wir sie lehren könnten, über Dinge unserer Welt belehren würden. Ihre Lehrmethode ist aber, unser innerstes Selbst zum Maßstab dessen zu nehmen, was wir benötigen, und uns entsprechend zu unterweisen. Ein sehr gefährliches Unterfangen.«

»Ich sehe nicht ein, warum es gefährlich sein sollte.«

»Wenn jemand dein innerstes Selbst zum Maßstab nähme, mit all deinen Ängsten und deiner Gier und deinem Neid und so weiter, und dich nur Dinge lehrte, die diesen schrecklichen Zustand befriedigten – was, glaubst du, wäre die Folge?«

Ich wußte nichts zu erwidern. Nun glaubte ich, die Gründe, warum er all dies abgelehnt hatte, vollkommen zu verstehen.

»Die Schwierigkeit bei den alten Zauberern war, daß sie wunderbare Dinge lernten, allerdings auf der Ebene ihres unverdorbenen, unentwickelten Selbst«, fuhr Don Juan fort. »Dann wurden die anorganischen Wesen ihre Verbündeten, und anhand klug ausgewählter Beispiele lehrten sie die alten Zauberer wahre Wunder. Die Verbündeten vollbrachten erstaunliche Taten, und die alten Zauberer wurden Schritt um Schritt angeleitet, diese Taten nachzuahmen, ohne an ihrem innersten Wesen etwas zu verändern.«

»Gibt es noch heute solche Beziehungen zu anorganischen Wesen?«

»Darauf kann ich nicht wahrheitsgemäß antworten. Ich kann nur sagen, daß ich mir nicht vorstellen kann, selbst eine solche Beziehung einzugehen. Solche Verstrickungen hemmen unser Streben nach Freiheit, indem sie all unsere verfügbare Energie verbrauchen. Um wirklich dem Beispiel der Verbündeten zu folgen, mußten die alten Zauberer ihr Leben im Reich der anorganischen Wesen verbringen. Und es ist verblüffend, welche Mengen an Energie solch eine lange Reise in eine andere Sphäre erfordert.«

»Willst du damit sagen, Don Juan, daß die alten Zauberer in jenen Sphären existieren konnten, genau wie wir hier existieren?«

»Nicht ganz so, wie wir hier existieren – aber sicherlich lebten sie: sie behielten ihr Bewußtsein, ihre Individualität. Der Traumbotschafter wurde für diese Zauberer zur wichtigsten Wesenheit. Wenn ein Zauberer im Reich der anorganischen Wesen leben will, ist der Botschafter der perfekte Mittler; er spricht und ist bereit zu lehren und zu führen.«

»Warst du je in diesem Reich, Don Juan?«

»Unzählige Male. Genau wie du. Doch es ist sinnlos, jetzt darüber zu sprechen. Du hast deine Traum-Aufmerksamkeit noch nicht von allem Ballast befreit. Eines Tages werden wir über diese Sphäre sprechen.«

»Verstehe ich dich richtig, Don Juan, daß du den Botschafter nicht liebst und nicht billigst?«

»Weder liebe noch billige ich ihn. Er gehört zu einer anderen Seinsweise – der Seinsweise der alten Zauberer. Außerdem sind seine Lehren und Ratschläge in unserer Welt nur Unsinn. Und für diesen Unsinn verlangt der Botschafter uns gewaltige Energien ab. Eines Tages wirst du mir beipflichten. Du wirst sehen.«

Der Ton, wie Don Juan all dies sagte, verriet mir seine Besorgnis, ich könnte über den Botschafter anders denken als er. Ich wollte ihn darauf ansprechen, als ich die Stimme des Botschafters in meinem Ohr hörte. »Er hat recht«, sagte die Stimme. »Du liebst mich, weil du bereit bist, alle Möglichkeiten zu erforschen. Du verlangst Wissen; und Wissen ist Macht. Du hast nicht den Wunsch nach Geborgenheit in der Routine und in den Ansichten deiner Alltagswelt.«

All dies sagte der Botschafter auf englisch, mit einem deutlichen Westküsten-Akzent. Dann fiel er ins Spanische. Ich hörte eine leicht argentinische Aussprache heraus. Niemals früher hatte ich den Botschafter so sprechen hören. Es faszinierte mich. Der Botschafter sprach zu mir von Selbstverwirklichung und Wissen; darüber, wie weit ich von meinem Geburtsland entfernt sei; über meine Sehnsucht nach Abenteuern und meine beinah besessene Suche nach Neuem, nach neuen Horizonten. Schließlich sprach die Stimme sogar auf Portugiesisch zu mir, mit einer eindeutigen Flexion aus der südlichen Pampa.

Daß diese Stimme mir so schamlos schmeichelte, erschreckte mich nicht nur, sondern war mir sogar widerwärtig. Ich sagte zu Don Juan, ich wolle meine Traumübungen sofort abbrechen. Er sah mich überrascht an. Doch als ich ihm wiederholte, was ich gehört hatte, pflichtete er mir bei, ich solle aufhören – auch wenn ich glaubte, er sage es nur, um mich zu beschwichtigen.

Einige Wochen später fand ich meine Reaktion einigermaßen hysterisch und meine Entscheidung, mich zurückzuziehen, sehr unvernünftig. Ich nahm meine Traumübungen wieder auf. Und war mir sicher, daß Don Juan wußte, daß ich meinen Verzicht widerrufen hatte.

Bei einem meiner Besuche kam er ganz unvermittelt auf die Träume zu sprechen: »Die Tatsache allein, daß wir nie gelernt haben, die Träume als Gegenstand ernster Forschung aufzufassen, hat nichts zu besagen«, erklärte er. »Man analysiert die Bedeutung der Träume, man nimmt sie als Omen, aber niemand begreift sie als Sphäre realer Ereignisse.

Dies aber taten die alten Zauberer, soviel ich weiß«, fuhr Don Juan fort. »Aber leider verpatzten sie schließlich alles. Sie wurden anmaßend, und als sie vor einem wichtigen Scheideweg standen, gingen sie in die falsche Richtung. Sie legten, sozusagen, alle Eier in einen Korb. Was ich meine, ist die Fixierung des Montagepunkts auf all die zahllosen Positionen, die er einnehmen kann.«

Don Juan wunderte sich, daß von all den Wundern, welche die

78

alten Zauberer beim Erforschen dieser unzähligen Positionen des Montagepunktes lernen durften, nur die Kunst des Träumens und die Kunst des Pirschens übriggeblieben seien. Bei der Kunst des Träumens, wiederholte er, ginge es um die Verschiebung des Montagepunkts. Die Kunst des Pirschens hingegen definierte er als die Kunst, den Montagepunkt an der Stelle zu fixieren, an die er sich verschoben hat.

»Den Montagepunkt an einer neuen Stelle zu fixieren bedeutet, Kohäsion oder Zusammenhalt zu gewinnen«, sagte er. »Genau dies tust du bei deinen Traumübungen.«

»Ich dachte, ich sollte meinen Energiekörper schulen«, sagte ich, leicht erstaunt über seine Worte.

»Ja, das tust du. Aber noch viel mehr. Du lernst dabei, Kohäsion zu gewinnen. Dies gelingt beim Träumen, denn der Träumer muß lernen, seinen Montagepunkt zu fixieren. Die Traum-Aufmerksamkeit, der Energiekörper, die zweite Aufmerksamkeit, die Beziehung zu anorganischen Wesens, der Traumbotschafter – all dies sind nur Nebenprodukte beim Erwerb von Kohäsion. Mit anderen Worten, sie alle sind Nebenprodukte der Fixierung des Montagepunktes auf eine Reihe von Traumpositionen.«

»Was ist eine Traumposition, Don Juan?«

»Eine neue Position, in die sich der Montagepunkt im Schlaf verschoben hat.«

»Wie fixieren wir den Montagepunkt in einer Traumposition?«

»Indem wir den Anblick irgendeines Gegenstandes in einem Traum festhalten, oder indem wir bewußt die Träume wechseln. Bei deinen Traumübungen übst du in Wirklichkeit deinen Zusammenhalt ein; das heißt, du übst deine Fähigkeit, neue Energiegestalten beizubehalten, indem du den Montagepunkt in der Position eines bestimmten Traums fixierst, den du gerade träumst.«

»Kann ich wirklich eine neue Energiegestalt beibehalten?«

»Nicht eigentlich; und nicht deshalb, weil du's nicht tun könntest, sondern nur, weil du den Montagepunkt verlagerst, statt ihn zu bewegen. Verlagerungen des Montagepunkts bewirken winzige Veränderungen, die praktisch unbemerkt bleiben. Die Herausforderung bei den Verlagerungen besteht darin, daß sie so klein und so zahlreich sind, daß es schon ein Triumph ist, bei alledem den Zusammenhalt zu wahren.«

»Wie erkennen wir, daß wir unseren Zusammenhalt wahren?«

»Wir erkennen es an der Klarheit unserer Wahrnehmungen. Je klarer der Anblick unserer Träume, desto größer ist unser Zusammenhalt.«

Und dann sagte er mir, es sei an der Zeit, daß ich eine praktische Anwendung fände für das, was ich beim Träumen gelernt hätte. Ohne mir die Chance zu weiteren Fragen zu lassen, forderte er mich auf, meine Aufmerksamkeit – ganz wie im Traum – auf das Laub eines Baumes zu konzentrieren, der nicht weit von uns in der Wüste stand, eines Mesquitestrauches.

»Soll ich ihn anstarren?« fragte ich.

»Du sollst ihn nicht einfach anstarren; du sollst etwas ganz Besonderes mit seinem Laub machen«, sagte er. »Erinnere dich daran, daß du in deinen Träumen, sobald du den Anblick eines Gegenstands festhalten kannst, in Wirklichkeit die Traumposition deines Montagepunktes beibehältst. Starre jetzt also auf dieses Laub, als ob du im Traum wärst, aber mit einer leichten, wenn auch wichtigen Abwandlung: du sollst deine Traum-Aufmerksamkeit auf die Blätter des Mesquitestrauchs richten, und zwar in deinem alltäglichen Bewußtseinszustand.«

Ich war zu nervös, um ihm zu folgen. Geduldig erklärte er mir noch einmal, daß ich, indem ich das Laub anstarrte, eine winzige Verschiebung meines Montagepunktes erzielen würde. Und dann würde ich, indem ich beim Anstarren einzelner Blätter meine Traum-Aufmerksamkeit aktivierte, tatsächlich diese winzige Verschiebung fixieren; und meine Kohäsion würde mir erlauben, mit Hilfe der zweiten Aufmerksamkeit wahrzunehmen. Lachend meinte er noch, die Sache sei so kinderleicht, daß sich Erklärungen erübrigten.

Nun ja, Don Juan hatte recht. Ich brauchte nur meinen Blick auf das Laub zu richten, ihn dort zu halten – und schon wurde ich in ein wirbelndes Gefühl hineingerissen, ganz ähnlich wie die Wirbel in meinen Träumen. Das Laub des Mesquitestrauchs wurde zu einem ganzen Universum von Sinnesdaten. Es war, als hätte das Laub mich verschluckt, aber nicht nur mein Blick war daran beteiligt. Wenn ich die Blätter berührte, spürte ich sie tatsächlich. Ich roch sie auch. Meine Traum-Aufmerksamkeit war multi-sensorisch, nicht nur visuell, wie in meinen normalen Träumen.

Was als ein Starren auf das Laub des Mesquitestrauchs begonnen hatte, war zum Traum geworden. Ich glaubte, ich sei in einem geträumten Baum, wie ich schon selbst in unzähligen Träumen in einem Baum gesessen hatte. Und natürlich verhielt ich mich in diesem geträumten Baum, wie ich mich in meinen Träumen zu verhalten gelernt hatte; ich wechselte von Gegenstand zu Gegenstand, angezogen von der Macht eines Wirbels, der in jedem Teil des Baumes Gestalt annahm, auf den ich meine multi-sensorische Traum-Aufmerksamkeit richtete. Wirbel bildeten sich nicht nur, wenn ich ein Objekt anstarrte, sondern auch, wenn ich es mit einem Teil meines Körpers berührte.

Mitten in dieser Vision, diesem Traum, bestürmten mich rationale Zweifel. Ich fragte mich, ob ich tatsächlich in betäubtem Zustand auf den Wipfel dieses Baumes geklettert war, ob ich tatsächlich die Blätter streichelte, ohne zu wissen, was ich tat. Oder ob ich eingeschlafen war, vielleicht hypnotisiert vom Rascheln der Blätter im Wind, und jetzt träumte? Aber, wie sonst beim Träumen, hatte ich nicht genug Energie für lange Überlegungen. Meine Gedanken flogen nur so dahin. Sie dauerten einen Augenblick, dann wurden sie durch die Macht der direkten Erfahrung gelöscht.

Plötzlich geriet alles ringsum in Bewegung, und ich tauchte aus dem Blätterdickicht auf, als hätte eine magnetische Anziehung des Baumes mich losgelassen. Jetzt überblickte ich, aus einiger Höhe, einen unermeßlichen Horizont. Dunkle Berge und grüne Vegetation umgaben mich. Wieder erschütterte mich ein Energiestoß bis ins Innerste, und ich war wieder woanders. Riesige Bäume ragten vor mir auf, höher als die Douglaskiefern von Oregon oder Washington. Nie hatte ich einen solchen Wald gesehen. Die Landschaft stand in so starkem Kontrast zur Trockenvegetation der Wüste von Sonora, daß ich nicht mehr bezweifeln konnte, daß ich in einem Traum war.

Ich hielt diesen verblüffenden Anblick fest, hatte Angst loszulassen, und wußte doch, daß es tatsächlich ein Traum war und verschwinden würde, sobald meine Traum-Aufmerksamkeit zu Ende ging. Aber die Bilder blieben, auch als ich glaubte, daß meine Traum-Aufmerksamkeit längst erschöpft sei. Und nun kam mir ein beängstigender Gedanke: Wie, wenn dies weder ein Traum noch die alltägliche Welt wäre?

Furchtsam – wie ein verängstigtes Tier – wich ich wieder ins Blätterdickicht zurück, aus dem ich aufgetaucht war. Der Schwung meiner Rückwärtsbewegung ließ mich immer weiter fliegen, durch das Laub und um die harten Äste des Baumes herum. Ich wurde fortgerissen von diesem Baum, und im Bruchteil einer Sekunde stand ich neben Don Juan, vor der Tür seines Hauses in der Wüste von Sonora.

Sofort merkte ich, daß ich wieder in einen Zustand geraten war, wo ich zwar zusammenhängend denken, aber nicht sprechen konnte. Don Juan meinte, ich solle mir keine Sorgen machen. Die Sprache sei eine gefährdete Sache, und Anfälle von Stummheit nicht selten bei Zauberern, die über die Grenzen normaler Wahrnehmung hinausgingen.

Insgeheim glaubte ich, Don Juan habe nur Mitleid mit mir und wolle mich trösten. Aber die Stimme des Traumbotschafters, die ich im selben Augenblick deutlich vernahm, sagte, ich würde mich nach einer Ruhepause wieder wohlfühlen.

Wieder erwacht, schilderte ich Don Juan in allen Einzelheiten, was ich gesehen und getan hatte. Er sagte, ich solle es aufgeben, meine Erfahrungen verstandesmäßig begreifen zu wollen. Nicht etwa, weil mein Verstand zu schwach wäre, sondern weil diese Phänomene außerhalb aller Logik und Rationalität lägen.

Ich wandte ein, es könne und dürfe nichts geben, was für die menschliche Vernunft unzugänglich sei. Auch wenn die Phänomene noch so unklar wären, finde die Vernunft stets einen Weg, alles aufzuklären. Dies war tatsächlich damals meine Überzeugung.

Mit größter Geduld entwickelte mir Don Juan dann seine Auffassung: der Verstand, sagte er, sei nur ein Nebenprodukt der gewohnten Position unseres Montagepunktes. Unsere Kenntnisse, unsere Logik, unser Gefühl, mit beiden Beinen auf der Erde zu stehen – worauf wir so stolz wären, die ganze Basis unseres Selbstwertgefühls –, ergäben sich aus der Fixierung des Montagepunktes an seinem gewohnten Platz. Je starrer und unverrückbarer dieser sei, desto größer sei unser Selbstvertrauen, unser Glaube, die Welt zu kennen und Vorhersagen machen zu können.

Das Träumen aber schenke uns die Beweglichkeit, sagte er, in andere Welten vorzudringen, und es erschüttere unsere Gewißheit, alles über diese unsere Welt zu wissen. Das Träumen sci eine

Reise in unvorstellbare Dimensionen, sagte Don Juan. Eine Reise, die – weil sie uns alles wahrnehmen läßt, was Menschen nur wahrnehmen können – unseren Montagepunkt aus dem menschlichen Bereich herauslöst und uns das Unvorstellbare wahrnehmen läßt.

»Und damit sind wir wieder am Ausgangspunkt angelangt«, sagte er, »und plagen uns mit dem wichtigsten Punkt im Weltbild der Zauberer, nämlich der Position des Montagepunktes. Diesem Fluch der alten Zauberer und Stachel im Fleisch der Menschheit.«

»Warum sagst du so etwas, Don Juan?«

»Weil beide, die Menschheit insgesamt und auch die alten Zauberer, auf die Position des Montagepunktes hereingefallen sind: die Menschheit, weil wir nichts von der Existenz des Montagepunktes wissen und gezwungen sind, das bloße Nebenprodukt seiner gewohnten Position als endgültig und unzweifelhaft hinzunehmen; und die alten Zauberer, weil sie alles über den Montagepunkt wußten und trotzdem der Versuchung erlagen, ihn zu manipulieren.

Hüte dich also, in solche Fallen zu tappen«, fuhr er fort. »Es wäre traurig, wenn du das Los der Menschheit teilen müßtest, als wüßtest du nichts von der Existenz des Montagepunktes. Aber noch trauriger wäre es, den alten Zauberern nachzueifern und den Montagepunkt zynisch, um eines Vorteils willen, zu manipulieren.«

»Ich begreife nichts mehr. Wie hängt dies alles mit meinem gestrigen Erlebnis zusammen?«

»Gestern warst du in einer anderen Welt. Aber wenn du mich fragst, wo diese Welt ist, und ich dir sage, sie existiert in einer bestimmten Position des Montagepunktes, dann verstehst du die Antwort nicht.«

Don Juan erklärte nun, daß mir zwei Möglichkeiten offenstünden. Einerseits konnte ich mich an die Prinzipien der Menschheit halten und damit in ein Dilemma geraten: meine Erfahrung würde mir sagen, daß andere Welten existieren, doch meine Vernunft würde sagen, daß es solche Welten nicht gibt und nicht geben darf. Andererseits könnte ich den Prinzipien der alten Zauberer folgen und damit die Existenz anderer Welten fraglos akzeptieren. Aber Machtgier würde mich verführen, meinen

Montagepunkt in der Position festzuhalten, die diese Welten hervorbringt. Die Folge wäre ein anderes Dilemma: nämlich der Zwang, mich körperlich in visionsartige Sphären zu begeben, getrieben von der Aussicht auf Macht und Gewinn.

Ich war zu verwirrt, um seine Erklärung zu begreifen. Dann aber wurde mir klar, daß ich gar nichts zu verstehen brauchte, weil ich ohnehin mit Don Juan übereinstimmte – abgesehen davon, daß ich keine Ahnung hatte, womit ich eigentlich einverstanden war. Dieses Einverständnis war wie ein unbestimmtes Gefühl, eine einstige Sicherheit, die ich verloren hatte und die mir nun allmählich wiederkehrte.

Die Wiederaufnahme meiner Traumübungen beseitigte diese Bedenken, rief aber neue hervor. Zum Beispiel hörte ich auf, die Stimme des Traumbotschafters, nachdem ich sie monatelang täglich gehört hatte, als Ärgernis oder als Wunder zu empfinden. Sie wurde für mich zur Selbstverständlichkeit. Und unter ihrem Einfluß machte ich so viele Fehler, daß ich Don Juan beinah verstehen konnte, der sich weigerte, all dies noch ernst zu nehmen. Ein Psychoanalytiker hätte seine Freude an mir gehabt und diesen Botschafter als Vexierspiel meiner verdrängten interpersonellen Dynamik gedeutet.

Don Juans Standpunkt war eindeutig: der Botschafter sei eine unpersönliche, aber konstante Kraft aus der Sphäre der anorganischen Wesen; darum erlebe jeder Träumer ihn mehr oder minder auf dieselbe Art. Wer aber seine Worte als gute Ratschläge annehmen wollte, der wäre eben ein unverbesserlicher Narr.

Ich jedenfalls war einer. Ich konnte ja nicht ungerührt bleiben – in direktem Kontakt mit einem so außerordentlichen Vorgang: eine Stimme, die mir klar und bestimmt, und in drei Sprachen, verborgene Dinge verriet über alles und jeden, worauf immer ich meine Aufmerksamkeit richtete. Der einzige Nachteil, der aber für mich folgenlos blieb, lag darin, daß wir nicht synchron waren. Der Botschafter verriet mir stets Dinge über Menschen oder Ereignisse, wenn ich tatsächlich schon vergessen hatte, daß ich mich für sie interessierte.

Ich befragte Don Juan wegen dieser Merkwürdigkeit, und er meinte, es habe etwas mit der Starre meines Montagepunktes zu tun. Ich sei von bejahrten Eltern aufgezogen worden, sagte er, die mir die Ansichten alter Menschen einpflanzten. Daher sei ich gefährlich rechthaberisch. Daß er nun gezwungen war, mir halluzinogene Pflanzenextrakte einzugeben, sei nur ein Versuch, wie er sagte, meinen Montagepunkt zu erschüttern und ihm eine minimale Bandbreite an Beweglichkeit zu ermöglichen.

»Wenn du diese Bandbreite nicht weiterentwickelst«, fuhr er fort, »wirst du entweder noch rechthaberischer oder ein hysterischer Zauberer werden. Wenn ich dir von den alten Zauberern erzähle, dann nicht in der Absicht, ihnen übel nachzureden, sondern um sie dir vor Augen zu führen. Früher oder später wird dein Montagepunkt beweglicher werden, aber nicht beweglich genug, um deine Neigung auszugleichen, zu werden wie diese Zauberer: rechthaberisch und hysterisch.«

»Wie kann ich so etwas vermeiden, Don Juan?«

»Es gibt nur ein Mittel. Die Zauberer nennen es das reine Verstehen. Ich würde es als Liebe zum Wissen bezeichnen. Es ist die Kraft, die die Zauberer zum Wissen, zur Entdeckung, zum Staunen treibt.«

Don Juan ließ das Thema fallen und fuhr fort, mir die Fixierung des Montagepunktes zu erklären. Als die alten Zauberer *sahen*, so erzählte er, daß der Montagepunkt bei Kindern dauernd oszilliert, wie von einem Tremor geschüttelt und mit Leichtigkeit seine Position wechselnd, seien sie zu dem Schluß gelangt, daß die gewohnte Stellung des Montagepunktes nicht angeboren, sondern durch Gewohnheit erworben wird. Und da sie *sahen*, daß er nur bei Erwachsenen an eine Stelle fixiert ist, nahmen sie an, daß die spezifische Stellung des Montagepunktes eine bestimmte Art der Wahrnehmung begünstigt. Durch Gewöhnung werde diese spezifische Art der Wahrnehmung zu einem System der Deutung von Sinnesdaten.

Weil wir in dieses System hineingeboren sind, erklärte Don Juan, streben wir vom Augenblick unserer Geburt unausweichlich danach, unsere Wahrnehmung an die Forderungen dieses Systems anzupassen – ein System, das uns lebenslang beherrscht. Folglich hatten die alten Zauberer im Grunde recht, wenn sie glaubten, daß es die Auflösung dieses Systems und die direkte Wahrnehmung von Energie sei, was einen Menschen zum Zauberer macht.

Sehr verwundert äußerte sich Don Juan über die – wie er meinte – größte Leistung unserer menschlichen Erziehung: nämlich das

Festmachen unseres Montagepunktes in seiner gewohnten Position. Sobald dieser reglos in einer solchen Stellung verankert sei, wäre es möglich, unsere Wahrnehmung zur Interpretation dessen zu schulen und anzuleiten, was wir wahrnehmen. Mit anderen Worten, wir werden dann angeleitet, eher wahrzunehmen, was unser System uns sagt – und nicht das, was unsere Sinne uns sagen. Die Wahrnehmung des Menschen sei aber deshalb so universell einheitlich, weil die Montagepunkte aller Menschen an die gleiche Stelle fixiert sind.

Bestätigung für all dies finden die Zauberer, fuhr er fort, wenn sie *sehen*, daß unsere Wahrnehmungen sinnlos erscheinen, sobald der Montagepunkt über eine gewisse Schwelle hinaus verschoben wird und neue universelle Energiefasern wahrgenommen werden. Die unmittelbare Ursache dafür sei, sagte er, daß neue Sinnesdaten unser System außer Funktion setzen. Es eigne sich dann nicht mehr zur Interpretation dessen, was wir wahrnehmen.

»Wahrnehmung ohne unser System ist natürlich chaotisch«, fuhr Don Juan fort. »Doch wenn wir glauben, wirklich die Orientierung verloren zu haben, sammelt sich unser altes System seltsamerweise. Es kommt uns zu Hilfe und verwandelt unsere neue, unbegreifliche Wahrnehmung in eine durchaus verständliche neue Welt. Genau wie es dir passierte, als du das Laub des Mesquitestrauches anschautest.«

»Was ist mir da eigentlich passiert, Don Juan?«

»Deine Wahrnehmung war ein Weilchen chaotisch; alles stürmte gleichzeitig auf dich ein, und dein System zur Interpretation der Welt funktionierte nicht. Dann klärte sich das Chaos, und vor dir lag eine neue Welt.«

»Und damit, Don Juan, sind wir wieder am Ausgangspunkt. Existiert diese Welt, oder habe ich sie mir nur eingebildet?«

»Gewiß, wir sind wieder am Ausgangspunkt, und die Antwort ist noch immer dieselbe. Diese Welt existiert genau in der Position, in der dein Montagepunkt sich in jenem Augenblick befand. Um sie wahrzunehmen, brauchtest du Kohäsion, und das heißt, du mußtest deinen Montagepunkt in dieser Position festhalten, was du auch getan hast. Die Folge war, daß du eine Zeitlang eine ganz neue Welt wahrnehmen konntest.«

»Würden auch andere diese Welt wahrnehmen?«

»Ja, wenn sie Gleichförmigkeit und Kohäsion hätten. Gleichför-

86

migkeit heißt, gemeinsam die gleiche Position des Montagepunktes festzuhalten. Den ganzen Vorgang des Erwerbs von Gleichförmigkeit und Zusammenhalt außerhalb der normalen Welt bezeichneten die alten Zauberer als das Anpirschen an die Wahrnehmung.«

»Die Kunst des Pirschens«, fuhr er fort, »hat etwas mit der Fixierung des Montagepunktes zu tun, wie ich schon sagte. Die alten Zauberer entdeckten, daß es zwar wichtig sein mag, den Montagepunkt zu verschieben, aber noch wichtiger ist es, ihn in seiner neuen Position festzuhalten, wo immer diese neue Position sein mag.«

Und er erklärte, daß wir, wenn der Montagepunkt nicht fest an einem Ort bliebe, nicht zusammenhängend wahrnehmen könnten. In diesem Fall würden wir ein Kaleidoskop zusammenhangloser Bilder erleben. Aus diesem Grund hätten die alten Zauberer auf das Pirschen ebensoviel Wert gelegt wie auf das Träumen. Die eine Kunst könne nicht ohne die andere bestehen, besonders bei jenen Aktivitäten, mit denen sich die alten Zauberer beschäftigten.

»Was waren das für Aktivitäten, Don Juan?«

»Die alten Zauberer nannten sie die Feinheiten der zweiten Aufmerksamkeit oder das große Abenteuer des Unbekannten.«

Diese Aktivitäten, sagte Don Juan, resultierten jeweils aus Verschiebungen des Montagepunkts. Nicht nur hätten die alten Zauberer gelernt, ihren Montagepunkt in Tausende von Positionen an der Oberfläche oder im Innern ihres Energiekörpers zu verschieben, sondern sie hätten auch gelernt, ihren Montagepunkt in diesen Positionen zu fixieren und somit ihre Kohäsion unbegrenzt lange beizubehalten.

»Welchen Vorteil hatte dies, Don Juan?«

»Wir können hier nicht von Vorteilen sprechen, sondern nur von Resultaten.«

Die alten Zauberer hätten eine solche Kohäsion der Wahrnehmung erreicht, erklärte er, daß sie wahrnehmungsmäßig, und sogar körperlich, sich in all das verwandeln konnten, was die jeweilige Position des Montagepunktes ihnen vorschrieb. Sie vermochten sich in all das zu verwandeln, wofür sie ein bestimmtes Inventar hatten. Ein Inventar, sagte er, enthalte alle Details der Wahrnehmung, die beteiligt sind, wenn man sich zum Beispiel in einen Jaguar, in einen Vogel, in ein Insekt und so weiter verwandle.

»Ich kann kaum glauben, daß eine solche Verwandlung möglich ist«, sagte ich.

»Sie ist möglich«, beteuerte er. »Vielleicht nicht für dich oder mich, aber für jene Zauberer. Für sie war es eine Kleinigkeit.«

Und er erzählte, daß diese alten Zauberer eine unglaubliche Beweglichkeit hatten. Sie brauchten nur die geringste Verlagerung ihres Montagepunktes, die leiseste Andeutung einer Wahrnehmung aus ihren Träumen, und sofort konnten sie ihre Wahrnehmung anpirschen, ihre Kohäsion gemäß ihrem neuen Bewußtseinszustand umgruppieren und ein Tier, ein anderer Mensch, ein Vogel werden, was immer sie wollten.

»Aber ist es nicht das, was die Geisteskranken tun? Sich ihre eigene Realität erfinden, wie es ihnen eben paßt?«

»Nein, es ist nicht das gleiche. Verrückte bilden sich eine eigene Realität ein, weil sie keinerlei vorgefaßtes Ziel haben. Die Verrückten bringen Chaos ins Chaos. Die Zauberer hingegen bringen Ordnung ins Chaos. Ihr vorgefaßtes, transzendentales Ziel ist, ihre Wahrnehmung zu befreien. Die Zauberer erfinden nicht die Welt, die sie wahrnehmen. Sie nehmen Energie direkt wahr, und dann entdecken sie, daß das, was sie wahrnehmen, eine unbekannte neue Welt ist, die einen ganz und gar verschlingen kann, weil sie ebenso real ist wie alles, was wir als Realität kennen.«

Und dann gab Don Juan mir eine neue Darstellung dessen, was mit mir geschehen war, als ich den Mesquitestrauch anschaute. Anfangs hätte ich die Energie des Baumes wahrgenommen, sagte er. Subjektiv aber hätte ich geglaubt, ich träumte, weil ich Traumtechniken einsetzte, um Energie wahrzunehmen. Solche Traumtechniken in der Alltagswelt einzusetzen, beteuerte er, sei eines der wirksamsten Hilfsmittel der alten Zauberer gewesen. Es erlaube, Energie direkt wie im Traum wahrzunehmen, statt auf chaotische Weise, bis etwas irgendwann die Wahrnehmung umgruppiere und der Zauberer sich vor eine neue Welt gestellt finde – und genau dies sei mir geschehen.

Ich erzählte ihm von dem Gedanken, der mir gekommen war und den ich kaum zu denken wagte; nämlich, daß die Szene, die ich sah, kein Traum – aber auch nicht unsere alltägliche Welt sei.

»Sie war es nicht«, meinte er. »Dies sage ich dir nun immer wieder, und du glaubst, ich wiederholte mich nur. Ich weiß, wie schwer es dem Verstand fällt, unbegreifliche Möglichkeiten als wirklich anzuerkennen. Aber die neuen Welten existieren! Sie sind eingehüllt, eine in die andere, wie die Schichten einer Zwiebel. Die Welt, in der wir existieren, ist nur eine dieser Schichten.«

»Meinst du etwa, Don Juan, daß es das Ziel deiner Lehren ist, mich auf den Eintritt in diese Welten vorzubereiten?«

»Nein, das meine ich nicht. Wir treten nur übungshalber in diese Welten ein. Solche Reisen sind für die heutigen Zauberer etwas Vorläufiges. Wohl üben wir uns im Träumen, genau wie die alten Zauberer, aber irgendwann schwenken wir ab und betreten Neuland. Die alten Zauberer hatten eine Vorliebe für Verlagerungen des Montagepunktes, darum bewegten sie sich immer auf mehr oder minder bekanntem und berechenbarem Boden. Wir bevorzugen die Bewegungen des Montagepunkts. Die alten Zauberer suchten das menschlich Unbekannte; wir suchen das nichtmenschlich Unbekannte.«

»Ich habe es noch nicht erreicht, nicht wahr?«

»Nein. Du stehst erst am Anfang. Und am Anfang muß jeder die Schritte der alten Zauberer nachvollziehen. Immerhin waren sie es, die das Träumen erfanden.«

»Wann werde ich also endlich anfangen, das Träumen der neuen Zauberer zu lernen?«

»Du hast noch einen weiten Weg vor dir. Es kann noch Jahre dauern. Außerdem muß ich in deinem Fall außerordentlich vorsichtig sein. Charakterlich bist du eindeutig mit den alten Zauberern verwandt. Das sagte ich dir schon, aber du schaffst es immer, meinen Ermahnungen auszuweichen. Manchmal glaube ich gar, daß eine fremde Energie dich leitet – aber dann verwerfe ich diesen Gedanken wieder. Du bist nicht unredlich.«

»Wovon redest du eigentlich, Don Juan?«

»Du hast ungewollt zwei Dinge getan, die mir höllische Angst machen. Als du zum erstenmal träumtest, bist du mit deinem Energiekörper an einen Ort jenseits dieser Welt gereist. Und dort spazierengelaufen! Und dann bist du mit deinem Energiekörper noch einmal an einen Ort jenseits dieser Welt gereist – aber ausgehend vom Bewußtsein dieser alltäglichen Welt.«

»Was beunruhigt dich daran, Don Juan?«

»Das Träumen fällt dir vielzu leicht. Und das ist ein Fluch, wenn wir nicht aufpassen. Es führt zum menschlich Unbekannten. Und wie ich dir sagte, streben die heutigen Zauberer nach dem nicht-menschlich Unbekannten.«

»Was könnte das nicht-menschlich Unbekannte sein?«

»Befreiung vom Menschsein. Unvorstellbare Welten, die jenseits der menschlichen Bandbreite liegen, die wir aber dennoch wahrnehmen können. Und dorthin nehmen die modernen Zauberer, sozusagen, eine Abzweigung. Ihre Vorliebe gilt dem, was außerhalb des menschlichen Bereichs liegt. Und außerhalb dieses Bereichs liegen ganze Welten – nicht nur Teilbereiche, wie das Reich der Vögel oder das Reich der Säugetiere oder das Reich des Menschen, wenn auch des unbekannten Menschen. Nein, was ich meine, sind allumfassende Welten, wie jene, in der wir leben: totale Welten mit unzähligen Bereichen.«

»Wo sind diese Welten, Don Juan? In anderen Positionen des Montagepunkts?«

»Richtig. In anderen Positionen des Montagepunkts – Positionen allerdings, die die Zauberer durch eine Bewegung des Montagepunkts erreichen, nicht durch eine Verlagerung. Das Eintreten in diese Welten ist eine Art des Träumens, die nur heutige Zauberer üben. Die alten Zauberer hielten sich fern davon, weil es ein hohes Maß an Losgelöstheit verlangt und jeglichen Eigendünkel verbietet: ein Preis, den sie nicht zu zahlen bereit waren. Für die Zauberer, die heute das Träumen praktizieren, ist Träumen die Freiheit, Welten jenseits aller Vorstellungskraft wahrzunehmen.«

»Welchen Zweck hat es aber, all dies wahrzunehmen?«

»Die gleiche Frage hast du mir heute schon einmal gestellt. Du sprichst wie eine echte Krämerseele. Wie hoch ist das Risiko? fragst du. Wieviel Prozent bringt mir meine Investition? Werde ich gewinnen?

Auf solche Fragen gibt es keine Antwort. Der Krämergeist befaßt sich mit dem Kommerz. Freiheit aber kann keine Investition sein. Freiheit ist ein Abenteuer ohne Ende, bei dem wir unser Leben – und noch viel mehr – riskieren, für kurze Augenblicke von etwas, das alle Worte, Gedanken und Gefühle übersteigt.«

»In diesem Sinn hatte ich die Frage nicht gestellt, Don Juan. Was ich wissen will, ist vielmehr: Was könnte für einen Faulpelz wie mich die treibende Kraft sein, all dies zu tun?«

»Nach Freiheit zu streben, das ist die einzige Triebkraft, die ich kenne. Freiheit, in die Unendlichkeit dort draußen davonzufliegen; Freiheit, sich aufzulösen und abzuheben; wie eine Kerzenflamme zu sein, die, obwohl sie dem Licht von Millionen Sternen gegenübersteht, doch intakt bleibt, weil sie niemals beansprucht, mehr zu sein, als sie ist: eine Kerze.«

5. Die Welt der anorganischen Wesen

Getreu meiner Einwilligung, abzuwarten, bis Don Juan von sich aus das Gespräch auf das Träumen brächte, bat ich ihn nur in Notfällen um Rat. Normalerweise aber schien er nicht nur abgeneigt, das Thema anzuschneiden, sondern war auch irgendwie unzufrieden mit mir. Eine Bestätigung für seine Mißbilligung war in meinen Augen die Tatsache, daß er, wann immer wir über mein Träumen sprachen, stets die Bedeutung dessen, was ich erreicht hatte, herabsetzte.

Für mich war zu jener Zeit die belebte Existenz anorganischer Wesen zum wichtigsten Aspekt meiner Traumübungen geworden. Nachdem ich ihnen in meinen Traumübungen begegnet war, vor allem nach meinem Zusammenstoß mit ihnen in der Wüste bei Don Juans Haus, hätte ich wohl bereit sein sollen, ihre Existenz ernst zu nehmen. Doch all diese Ereignisse hatten einen ganz gegenteiligen Effekt auf mich. Ich wurde eigensinnig und leugnete hartnäckig die Möglichkeit, daß sie existierten.

Dann änderte ich meine Meinung und beschloß, eine objektive Untersuchung über sie anzustellen. Als Methode einer solchen Untersuchung nahm ich mir vor, alles zu protokollieren, was sich in meinem Träumen zutrug, und dieses Protokoll dann als Bezugsrahmen zu verwenden, um festzustellen, ob mein Träumen irgendwelche Befunde über die anorganischen Wesen beweisen oder widerlegen würde. Ich brachte sogar mehrere hundert Seiten genauester, aber sinnloser Details zu Papier, während ich hätte einsehen sollen, daß die Beweise für ihre Existenz sich häuften, kaum daß ich mit meiner Untersuchung begonnen hatte.

So brauchte ich nur einige Sitzungen, um zu entdecken, daß Don Juans – wie ich meinte – beiläufige Empfehlung, nämlich mein Urteil hintanzustellen und die organischen Wesen zu mir kommen zu lassen, tatsächlich genau das Verfahren war, das die Zauberer der Vorzeit angewandt hatten, um sie anzulocken. Indem Don Juan mich dies selbst herausfinden ließ, befolgte er lediglich die

Grundsätze seiner Schulung als Zauberer. Er hatte immer wieder gesagt, daß wir unser Selbst nur sehr schwer dazu bringen können, seine sichere Festung zu verlassen – und nur durch Übung. Eines der stärksten Bollwerke unseres Selbst sei die Rationalität. Und diese sei nicht nur die verläßlichste Abwehr gegen die Taten der Zauberer und deren Erklärung, sondern auch eine der bedrohtesten. Don Juan glaubte, daß die Existenz anorganischer Wesen ein frontaler Angriff auf unsere Ratio sei.

Bei meinen Traumübungen hatte ich ein bewährtes Verfahren entwickelt, das ich jeden Tag ausnahmslos befolgte. Ich nahm mir vor, zuerst jeden nur denkbaren Gegenstand meiner Träume zu beobachten und dann in andere Träume zu wechseln. Ich darf aufrichtig sagen, daß ich in unzähligen Träumen ganze Welten kleinster Details beobachtete. Natürlich begann meine Traum-Aufmerksamkeit irgendwann zu erlahmen, und meine Traumübungen endeten entweder damit, daß ich einschlief und normale Träume hatte, bei denen sich keine Traum-Aufmerksamkeit einstellte, oder indem ich aufwachte und überhaupt nicht mehr schlafen konnte. Von Zeit zu Zeit aber, und genau wie Don Juan es geschildert hatte, drang eine Strömung fremder Energie – ein Scout, wie er es nannte – in meine Träume ein. Daß ich vorgewarnt war, half mir, meine Traum-Aufmerksamkeit darauf einzustellen und auf der Hut zu sein. Das erste Mal, als ich solch eine fremde Energie bemerkte, träumte ich vom Einkaufengehen in einem Kaufhaus. Ich lief von Theke zu Theke und suchte nach Antiquitäten. Endlich fand ich etwas. In einem Kaufhaus nach Antiquitäten zu suchen war so offenkundig widersinnig, daß ich kichern mußte. Aber nachdem ich etwas gefunden hatte, vergaß ich diese Ungereimtheit. Das antike Stück war der Griff eines Spazierstocks. Der Verkäufer sagte mir, er sei aus Iridium – eine der härtesten Substanzen der Welt, wie er sagte. Es war eine kleine Skulptur: Kopf und Schultern eines Affen. Es sah wie Jade aus, fand ich. Der Verkäufer war beleidigt, als ich andeutete, es könne Jade sein, und um seine Behauptung zu beweisen, schleuderte er das Objekt mit aller Kraft auf den Beton-Fußboden. Es zerbrach nicht, sondern hüpfte wie ein Ball und segelte davon, kreiselnd wie eine Frisbee-Scheibe. Ich folgte ihm, und es verschwand hinter etlichen Bäumen. Ich lief, um es zu suchen, und fand es im Boden steckend. Es hatte sich in einen außerordentlich schönen, tiefgrün und schwarz gefärbten Spazierstock verwandelt.

Ich wollte ihn haben. Ich packte den Stock und mühte mich, ihn aus dem Boden zu ziehen, bevor jemand anderes vorbeikäme. Doch so sehr ich mich anstrengte, konnte ich ihn nicht von der Stelle rücken. Ich fürchtete, er könnte brechen, wenn ich ihn loszustemmen versuchte, indem ich ihn hin und her rüttelte. Also begann ich, ihn mit meinen nackten Händen auszugraben. Und während ich grub, schmolz der Stock zusammen, bis nur noch eine Pfütze grünen Wassers an seiner Stelle übrigblieb. Ich starrte auf dieses Wasser. Plötzlich schien es zu explodieren. Es verwandelte sich in eine weiße Blase, und dann war es verschwunden. Mein Traum wandte sich anderen Bildern und Details zu, die nicht ungewöhnlich schienen, auch wenn sie glasklar waren.

Als ich Don Juan von diesem Traum erzählte, sagte er: »Du hast einen Scout isoliert. Scouts treten häufiger auf, wenn unsere Träume normal und durchschnittlich sind. Die Träume von Träumern bleiben sonderbar frei von solchen Scouts. Wenn sie aber auftreten, sind sie erkennbar an der damit verbundenen Fremdheit und Ungereimtheit.«

»Wieso Ungereimtheit, Don Juan?«

»Ihre Gegenwart macht keinen Sinn.«

»Aber kaum etwas macht Sinn in einem Traum.«

»Nur in durchschnittlichen Träumen erscheinen die Dinge sinnlos. Das ist so, möchte ich sagen, weil dann mehr Scouts eingeführt werden; weil durchschnittliche Menschen stärkeren Angriffen vom Unbekannten her ausgesetzt sind.«

»Weißt du auch, Don Juan, warum das so ist?«

»Ich glaube, hier liegt ein Gleichgewicht der Kräfte vor. Normale Menschen haben verblüffend starke Barrieren, um sich gegen solche Angriffe zu schützen. Barrieren, wie z.B. die Sorge um das eigene Selbst. Je stärker die Barriere, desto heftiger der Angriff.

Träumer hingegen haben weniger Barrieren und weniger Scouts in ihren Träumen. Anscheinend verschwinden unsinnige Dinge aus den Träumen der Träumer, möglicherweise um sicherzustellen, daß die Träumer die Anwesenheit von Scouts auch bemerken.«

Don Juan empfahl mir, gut aufzupassen und mich an jede nur mögliche Einzelheit des Traums zu erinnern, den ich geträumt hatte. Er hieß mich sogar wiederholen, was ich ihm bereits erzählt hatte.

»Du verblüffst mich«, sagte ich. »Zuerst willst du nichts von meinem Träumen hören – und jetzt plötzlich dies. Gibt es eine gewisse Ordnung in deiner wechselnden Bereitschaft?«

»Allerdings gibt es hier eine Ordnung«, sagte er. »Gut möglich, daß du es eines Tages, bei einem anderen Träumer, ebenso halten wirst. Manche Traumgegenstände sind von entscheidender Bedeutung, weil sie mit dem Geist zusammenhängen. Andere sind völlig unwichtig, weil sie mit unserer Charakterneigung zu tun haben, uns gehenzulassen.

Der erste Scout, den du isolierst, wird immer gegenwärtig sein, in jeder Form, sogar als Iridium. Übrigens – was ist Iridium?«

»Weiß ich wirklich nicht«, sagte ich wahrheitsgemäß.

»Da haben wir's. Und was würdest du sagen, wenn sich herausstellte, daß es eine der härtesten Substanzen der Welt ist?« Don Juans Augen leuchteten vor Entzücken, während ich nervös auflachte: über diese absurde Möglichkeit, die, wie ich später erfuhr, dennoch richtig ist.

Von nun an begann ich auf das Vorkommen widersinniger Gegenstände in meinen Träumen zu achten. Nachdem ich Don Juans Definition fremder Energie in den Träumen akzeptiert hatte, konnte ich ihm völlig beipflichten, daß es sich bei solchen Ungereimtheiten stets um fremde Eindringlinge in meine Träume handelte. Wenn ich sie isolierte, konzentrierte sich meine Traum-Aufmerksamkeit mit einer Intensität auf sie, die sich unter anderen Bedingungen nicht so leicht einstellte.

Und noch etwas bemerkte ich: immer dann, wenn fremde Energien in meine Träume eindrangen, mußte meine Traum-Aufmerksamkeit sich sehr anstrengen, sie in ein bekanntes Objekt zu verwandeln. Die Schwierigkeit lag darin, daß es meiner Traum-Aufmerksamkeit nicht gelang, solch eine Verwandlung in vollem Maß durchzuführen. Das Endergebnis war stets eine Mischform – ein mir fast ganz unbekannter Gegenstand. Dann verflüchtigte sich die fremde Energie; der Misch-Gegenstand verschwand und wurde zu einem Tropfen Licht, der rasch von anderen, vordergründigen Details meiner Träume absorbiert wurde.

Als ich Don Juan bat, mir zu erklären, was mit mir geschah, sagte er: »Im gegenwärtigen Stadium deines Träumens sind die Scouts so etwas wie Kundschafter, die vom Reich der anorganischen Wesen ausgesandt werden. Sie sind sehr schnell, und das heißt, daß sie nicht lange bleiben werden.«

»Warum, Don Juan, bezeichnest du sie als Kundschafter?«

»Nun, sie kommen und halten Ausschau nach potentiellem Bewußtsein. Sie haben Bewußtheit und Zielrichtung, auch wenn diese für uns unvorstellbar sind, vergleichbar vielleicht dem Bewußtsein und Ziel von Bäumen. Die innere Geschwindigkeit von Bäumen und anorganischen Wesen ist unvorstellbar, weil sie unendlich viel langsamer ist als unsere.«

»Wie kommst du dazu, so etwas zu sagen, Don Juan?«

»Bäume und anorganische Wesen haben beide eine viel längere Dauer als wir. Sie sind dazu bestimmt, an Ort und Stelle zu bleiben. Sie sind unbeweglich, aber sie bewirken, daß alles um sie her sich bewegt.«

»Willst du damit sagen Don Juan, daß die anorganischen Wesen stationär sind, wie Bäume?«

»Gewiß. Was du beim Träumen als helle oder dunkle Pflöcke siehst, sind ihre Projektionen. Was du als Stimme des Traumbotschafters ansiehst, ist ebenfalls eine Projektion. Und dies gilt auch für ihre Scouts.«

Aus irgendeinem unbegreiflichen Grund fühlte ich mich von diesen Auskünften überwältigt. Plötzlich bekam ich Angst. Ich fragte Don Juan, ob auch Bäume solche Projektionen hätten.

»Haben sie«, sagte er. »Ihre Projektionen sind uns aber noch weniger freundlich gesinnt als die der anorganischen Wesen. Die Träumer suchen sie niemals auf, es sei denn, sie wären in einem Zustand tiefer Ausgeglichenheit mit den Bäumen – ein Zustand, der sehr schwer zu erreichen ist. Du weißt ja, wir haben keine Freunde auf dieser Erde.« Er lachte auf und fügte hinzu: »Warum, das ist kein Geheimnis.«

»Für dich ist's vielleicht kein Geheimnis, Don Juan. Aber für mich ist es eines.«

»Wir sind destruktiv. Wir haben jedes Lebewesen auf dieser Erde bekämpft. Das ist der Grund, warum wir keine Freunde haben.«

Mir wurde so unbehaglich, daß ich das Gespräch überhaupt abbrechen wollte. Dennoch fühlte ich mich gezwungen, zum Thema der anorganischen Wesen zurückzukehren.

»Was sollte ich tun, um den Scouts zu folgen?« fragte ich.

»Warum willst du ihnen folgen, um Himmels willen?«

»Ich führe eine objektive Untersuchung über die anorganischen Wesen durch.«

»Du bindest mir einen Bären auf, nicht wahr? Ich dachte, du bist unbeirrbar der Meinung, daß es keine anorganischen Wesen gibt?«

Sein spöttischer Ton und sein hämisches Lachen verrieten mir, was er von meiner objektiven Untersuchung hielt.

»Ich habe meine Meinung geändert, Don Juan. Jetzt möchte ich all diese Möglichkeiten erforschen.«

»Vergiß nicht, daß die Sphäre der anorganischen Wesen das Betätigungsfeld der alten Zauberer war. Um dorthin zu gelangen, fixierten sie ihre Traum-Aufmerksamkeit hartnäckig auf die Gegenstände ihrer Träume. Auf diese Weise gelang es ihnen, die Scouts zu isolieren. Und wenn sie die Scouts im Blickpunkt hatten, riefen sie laut ihre Absicht, ihnen zu folgen. Kaum hatten die alten Zauberer diese Absicht geäußert, da flogen sie auch schon davon – angezogen von jener fremden Energie.«

»Ist es so einfach, Don Juan?«

Er antwortete nicht. Er lachte mich nur an, als wollte er mich herausfordern, es zu versuchen.

Wieder zu Hause, fragte ich mich bis zum Überdruß, was Don Juan mit dieser Andeutung gemeint haben mochte. Daß er mir tatsächlich ein praktisches Verfahren empfohlen haben könnte, zog ich gar nicht in Betracht. Aber eines Tages, als meine Geduld und auch meine Ideen zu Ende waren, gab ich alle Vorsicht auf. In einem Traum, den ich dann träumte, sah ich verblüfft einen Fisch, der plötzlich aus einem Teich sprang, an dem ich vorbeiging. Der Fisch zappelte vor meinen Füßen – dann flog er davon, wie ein bunter Vogel, und landete, immer noch als Fisch, auf einem Ast. Das Schauspiel war so ungewöhnlich, daß meine Traum-Aufmerksamkeit stimuliert wurde. Sofort wußte ich, es war ein Scout. Im nächsten Moment, als der Fisch-Vogel sich in einen Lichtpunkt verwandelte, rief ich mit lauter Stimme meine Absicht, ihm zu folgen, und genau wie Don Juan gesagt hatte, flog ich los in eine andere Welt.

Zuerst flog ich durch einen scheinbar dunklen Tunnel, als sei ich ein gewichtloses Fluginsekt. Plötzlich endete das Gefühl, in einem

Tunnel zu sein. Es war geradezu, als sei ich von einem Rohr aus-
gespien und mit Schwung vor eine ungeheure physische Masse
gespült worden. Fast konnte ich sie berühren. Ihr Ende war nicht
abzusehen, in welche Richtung ich mich auch wandte. Das Ganze erinnerte mich sehr an gewisse Science-Fiction-Filme, und ich
war überzeugt, daß ich das Bild dieser Masse selbst konstruierte,
ähnlich wie man einen Traum konstruiert. Und warum nicht? Immerhin, so dachte ich, lag ich doch schlafend im Bett und
träumte.
Ich beruhigte mich also und beobachtete die Einzelheiten meines
Traumes. Was ich erblickte, sah aus wie ein riesiger Schwamm. Es
war porös und löcherig. Ich konnte die Struktur dieser Masse
nicht befühlen, aber sie wirkte rauh und faserig und war von dun-
kel-bräunlicher Farbe. Dann überfielen mich Zweifel, ob diese
stumme Masse nicht mehr war als nur ein Traum. Das Ding vor
mir veränderte nicht seine Gestalt. Es bewegte sich auch nicht.
Und als ich es fest anschaute, hatte ich den Eindruck von etwas
Realem, aber Statischem; es war irgendwo verwurzelt, und es
übte eine so mächtige Anziehung aus, daß ich meine Traum-Aufmerksamkeit nicht davon abziehen konnte, um andere Dinge zu
untersuchen, nicht mal mich selbst. Eine sonderbare Kraft, der
ich nie zuvor bei meinem Träumen begegnet war, hielt mich wie
festgenagelt an der Stelle.
Dann spürte ich plötzlich, wie diese Masse meine Traum-Aufmerksamkeit losließ; all mein Bewußtsein konzentrierte sich auf
den Scout, der mich dorthin geführt hatte. Jetzt sah er aus wie ein
Glühwürmchen in der Dunkelheit, über mir und neben mir
schwebend. In seiner Sphäre war er ein Tropfen reiner Energie.
Auch konnte ich seine energetische Vibration *sehen*. Er schien
sich meiner Anwesenheit bewußt. Plötzlich taumelte er mir entgegen, zupfte an mir oder stieß mich an. Ich empfand es nicht als
Berührung, und doch wußte ich, daß der Scout mich berührt
hatte. Diese Empfindung war erschreckend und neu. Es war, als
sei ein Teil von mir, der gar nicht vorhanden war, durch diese
Berührung elektrisiert worden; Wellen von Energie brandeten
durch diesen nicht vorhandenen Teil hindurch.
Von diesem Augenblick an wurde alles beim Träumen viel realer.
Es fiel mir schwer, an dem Gedanken festzuhalten, daß ich einen
Traum träumte. Hinzu kam meine Gewißheit, daß der Scout

durch seine Berührung eine Verbindung mit mir hergestellt hatte. Im gleichen Moment, als er mich zu berühren oder anzustoßen schien, wußte ich, was er von mir wollte.

Zunächst schob er mich durch eine riesige Höhle oder Öffnung in die physische Masse hinein, vor der ich gestanden hatte. Im Innern dieser Masse angelangt, erkannte ich, daß sie hier innen ebenso gleichmäßig porös war wie außen, aber viel glatter wirkte, als sei die rauhe Oberfläche mit Sandpapier abgeschliffen. Was ich vor mir sah, war eine Struktur, die etwa wie das vergrößerte Bild eines Bienenstocks aussah. Unzählige, geometrisch geformte Tunnel zweigten in alle Richtungen ab. Manche führten hinauf oder hinunter, nach links oder nach rechts; sie überkreuzten sich oder führten in steilem oder flachem Winkel hinauf oder hinunter.

Das Licht war sehr trübe, aber alles war gut sichtbar. Die Tunnel schienen lebendig zu sein und Bewußtsein zu haben. Sie zischten. Ich starrte sie an, und nun überfiel mich die Erkenntnis, daß ich *sah*. Dies waren Tunnel von Energie. Im Augenblick dieser Einsicht dröhnte die Stimme des Traumbotschafters in meinen Ohren – so laut, daß ich nicht verstehen konnte, was sie sagte.

»Sprich leiser«, schrie ich mit höchster Ungeduld und merkte, daß ich, wenn ich sprach, mein Bild dieser Tunnel ausblendete und in ein Vakuum fiel, wo ich nur noch hören konnte.

Der Botschafter dämpfte seine Stimme und sagte: »Du bist im Innern eines anorganischen Wesens. Wähle einen der Tunnel, und du kannst darin leben.« Die Stimme machte eine Pause, dann fügte sie hinzu: »Das heißt, falls du es willst.«

Ich konnte mich nicht überwinden, etwas zu sagen. Ich fürchtete, jede Aussage von mir könnte ins Gegenteil dessen verdreht werden, was ich meinte.

»Die Vorteile für dich sind unermeßlich«, fuhr die Stimme des Botschafters fort. »Du kannst in so vielen Tunneln leben, wie du nur willst. Und jeder wird dich etwas anderes lehren. So lebten die Zauberer der Vorzeit, und sie lernten wunderbare Dinge.«

Ich merkte, ohne jedes Gefühl, daß der Scout mich von hinten schob. Anscheinend wollte er, daß ich vorwärtsging. Ich wählte den Tunnel gleich rechts von mir. Kaum war ich darin, merkte ich irgendwie, daß ich in dem Tunnel nicht ging; ich schwebte in ihm, ich flog. Ich war ein Tropfen Energie, nicht anders als der Scout.

Wieder tönte die Stimme des Botschafters in meinen Ohren: »Ja, du bist nur ein Tropfen Energie«, sagte sie. Ihre Wiederholungen erleichterten mich sehr. »Und du schwebst im Innern eines anorganischen Wesens«, fuhr er fort. »Auf diese Weise, so will es der Scout, sollst du dich in dieser Welt bewegen. Als er dich berührte, hat er dich für immer verändert. Jetzt bist du praktisch einer von uns. Falls du hierbleiben willst, brauchst du nur deine Absicht auszusprechen.«

Der Botschafter hörte auf zu sprechen, und das Bild des Tunnels kehrte mir zurück. Als er wieder zu sprechen anfing, hatte sich etwas reguliert: ich verlor diese Welt nicht mehr aus dem Blick und konnte dennoch die Stimme des Botschafters hören. »Die alten Zauberer lernten alles, was sie vom Träumen wußten, indem sie hier bei uns blieben«, sagte sie.

Ich wollte fragen, ob diese Zauberer all ihr Wissen gelernt hätten, indem sie einfach in diesen Tunneln lebten; aber bevor ich meine Frage aussprechen konnte, beantwortete sie der Botschafter.

»Ja, sie lernten alles, nur indem sie im Innern der anorganischen Wesen lebten«, antwortete er. »Um hier drinnen zu leben, brauchten die alten Zauberer nur zu sagen, daß sie dies wollten; ähnlich wie du, um hierher zu gelangen, nur laut und deutlich deine Absicht auszusprechen brauchtest.«

Der Scout stieß mich an, zum Zeichen, daß ich mich weiterbewegen sollte. Ich zögerte, und nun tat er etwas, das sich anfühlte, als stieße er mich mit solcher Kraft voran, daß ich wie ein Geschoß durch endlose Tunnel flog. Endlich blieb ich stehen, weil der Scout stehenblieb. So schwebten wir einen Moment, dann stürzten wir in einen vertikalen Tunnel. Ich spürte den plötzlichen Richtungswechsel nicht. Was meine Wahrnehmung betraf, so bewegte ich mich noch immer scheinbar parallel zum Boden.

Wir wechselten mehrmals die Richtung, stets mit dem gleichen Wahrnehmungs-Effekt auf mich. In mir bildete sich ein Gedanke über meine Unfähigkeit, zu spüren, ob ich mich aufwärts oder abwärts bewegte, als ich auch schon die Stimme des Botschafters hörte: »Ich glaube, es ist angenehmer für dich, wenn du kriechst, statt zu fliegen«, sagte sie. »Du kannst dich auch wie eine Spinne oder eine Fliege bewegen, senkrecht auf oder ab, oder auch mit dem Kopf nach unten.«

Sofort sank ich nieder. Es war, als sei ich schwerelos gewesen und hätte nun plötzlich Gewicht, das mich hinunterzog. Die Wände des Tunnels fühlte ich nicht, doch der Botschafter hatte recht gehabt, daß es mir angenehmer war, wenn ich kroch.

»In dieser Welt brauchst du dich nicht von der Schwerkraft niederdrücken zu lassen«, sagte er. Dies konnte ich natürlich selbst feststellen. »Du brauchst auch nicht zu atmen«, fuhr die Stimme fort. »Und ganz nach Belieben kannst du deinen Gesichtssinn behalten und sehen, wie du in deiner Welt zu sehen gewöhnt bist.« Der Botschafter schien zu überlegen, ob er noch etwas hinzufügen sollte. Er hüstelte wie jemand, der sich räuspert, und sagte: »Der Gesichtssinn wird nie beeinträchtigt. Darum spricht ein Träumer über sein Träumen immer in Form von Bildern, die er sieht.«

Der Scout schob mich in einen Tunnel zur Rechten. Dieser war etwas dunkler als die anderen. Auf mich wirkte er auf groteske Art gemütlicher als die anderen, freundlicher, oder sogar mir bekannt. Mir kam der Gedanke in den Sinn, ich sei diesem Tunnel ähnlich, oder der Tunnel mir.

»Ihr beide seid euch schon begegnet«, sagte die Stimme des Botschafters.

»Wie bitte?« sagte ich. Wohl hatte ich verstanden, was er sagte, aber die Aussage war unbegreiflich.

»Ihr beide habt miteinander gerungen, und deshalb tragt ihr nun einer des anderen Energie.« Mir kam es vor, als verrate die Stimme des Botschafters eine Spur von Bosheit oder sogar Sarkasmus.

»Nein, es ist nicht Sarkasmus«, sagte der Botschafter. »Ich freue mich, daß du Verwandte hast, hier bei uns.«

»Was verstehst du unter Verwandten?« fragte ich.

»Gemeinsame Energie schafft Verwandtschaft«, antwortete er. »Energie ist wie Blut.«

Ich wußte nichts mehr zu sagen. Deutlich spürte ich meine steigende Angst.

»Angst ist etwas, das es in dieser Welt nicht gibt«, sagte der Botschafter. Und dies war die einzige seiner Aussagen, die nicht richtig war.

Damit endete mein Träumen. Ich war so erschrocken über die Lebhaftigkeit all dessen, über die eindrucksvolle Klarheit und Folgerichtigkeit der Aussagen des Botschafters, daß ich es kaum erwarten konnte, Don Juan davon zu erzählen. Wie überrascht und verstört war ich, als er sich meinen Bericht nicht anhören wollte. Er sagte es nicht direkt, aber ich hatte das Gefühl, daß er wohl annahm, all dies sei nur Produkt meines Mich-Gehenlassens.

»Warum verhältst du dich so zu mir?« fragte ich. »Bist du unzufrieden mit mir?«

»Nein, ich bin gar nicht unzufrieden mit dir«, sagte er. »Das Problem ist nur, ich kann über diesen Aspekt deines Träumens nicht sprechen. In diesem Fall bist du ganz auf dich selbst gestellt. Ich sagte dir doch, daß die anorganischen Wesen real sind. Du wirst noch herausfinden, wie real sie sind. Aber was du aus dieser Feststellung machst, ist allein deine Sache. Eines Tages wirst du den Grund einsehen, warum ich mich heraushalten muß.«

»Aber, kannst du mir denn überhaupt nichts zu diesem Traum sagen?« beharrte ich.

»Ich kann nur soviel sagen, daß es kein Traum war. Es war eine Reise ins Unbekannte. Eine notwendige Reise, darf ich wohl sagen, und eine durchaus persönliche.«

Dann wechselte er das Thema und begann über andere Aspekte seiner Lehre zu sprechen.

Von diesem Tag an – trotz meiner Angst und Don Juans Weigerung, mir Ratschläge zu geben – machte ich regelmäßige Traumreisen in diese schaumartige Welt. Je besser es mir gelang, so entdeckte ich bald, die Einzelheiten meiner Träume zu beobachten, desto größer war meine Fähigkeit, die Scouts zu isolieren. Wenn ich bereit war, die Scouts als fremde Energie anzuerkennen, blieben sie eine Weile in meinem Wahrnehmungsfeld. Wenn ich darüber hinaus bereit war, die Scouts zu quasi bekannten Objekten zu machen, blieben sie noch länger, dabei radikal ihre Gestalt verändernd. Wenn ich ihnen aber folgte, indem ich laut meine Absicht bekundete, mit ihnen zu gehen, dann versetzten die Scouts meine Traum-Aufmerksamkeit wahrhaftig in eine Welt jenseits dessen, was ich mir normalerweise vorstellen kann.

Don Juan hatte gesagt, daß die anorganischen Wesen immer bereit sind, uns zu lehren. Er hatte mir aber nicht gesagt, daß es das

Träumen war, was sie lehren wollten. Er hatte nur festgestellt, daß der Traumbotschafter, da er eine Stimme ist, als perfekter Mittler zwischen jener Welt und der unseren dient. Ich fand nun heraus, daß der Traumbotschafter nicht nur die Stimme eines Lehrers war, sondern auch die Stimme eines höchst geschickten Verkäufers. Er pries mir immer wieder, bei jedem passenden Anlaß, die Vorteile seiner Welt an. Aber er lehrte mich auch unschätzbare Kenntnisse des Träumens. Indem ich ihm zuhörte, lernte ich die Vorliebe der alten Zauberer für konkrete Praktiken verstehen.

»Um perfekt zu träumen, mußt du als erstes deinen inneren Dialog abstellen«, sagte er mir einmal. »Am besten gelingt dir dieses Abstellen, wenn du dir ein paar sechs bis acht Zentimeter lange Quarzkristalle oder ein paar glatte, flache Flußkiesel zwischen die Finger klemmst. Krümme die Finger und übe leichten Druck auf die Kristalle oder Kiesel aus.«

Auch Eisenstifte wären gut geeignet, sagte der Botschafter, wenn sie Länge und Breite der Finger hätten. Der Trick bestand darin, wenigstens drei solcher flacher Gegenstände zwischen die Finger beider Hände zu klemmen und einen beinah schmerzhaften Druck in den Händen zu erzeugen. Dieser Druck habe die sonderbare Eigenschaft, den inneren Dialog abzustellen. Der Botschafter bekannte seine Vorliebe für Quarzkristalle. Sie ergäben die besten Resultate, sagte er, wenngleich mit einiger Übung auch alles andere geeignet wäre.

In einem Augenblick völliger Stille einzuschlafen garantiere einen perfekten Übergang in das Träumen, sagte die Stimme, und es garantiere auch eine Steigerung der Traum-Aufmerksamkeit.

»Träumer sollten einen goldenen Ring tragen«, sagte der Botschafter ein andermal, »vorzugsweise einen etwas eng sitzenden Ring.«

Dazu erklärte der Botschafter, daß ein solcher Ring als Brücke dienen könne, beim Wiederauftauchen vom Träumen in die alltägliche Welt oder beim Einsinken aus unserem alltäglichen Bewußtheit ins Reich der anorganischen Wesen.

»Wie funktioniert diese Brücke?« fragte ich. Denn ich hatte nicht verstanden, worum es ging.

»Der Kontakt der Finger mit dem Ring bildet den Brückenschlag«, sagte der Botschafter. »Wenn ein Träumer in meine Welt kommt und einen Ring trägt, so zieht dieser Ring die Energie meiner Welt an und hält sie gefangen. Diese Energie versetzt den Träumer, wenn nötig, wieder zurück in seine Welt, wobei der Ring die Energie in die Finger des Träumers abgibt.

Auch der Druck des Rings auf den Finger, den er umschließt, hilft mit, die Rückkehr des Träumers in seine Welt zu gewährleisten. Er gibt ihm ein anhaltend vertrautes Gefühl am Finger.«

Während einer anderen Traumsitzung sagte der Botschafter, daß unsere Haut das perfekte Werkzeug sei, um Energiewellen aus dem Modus der alltäglichen Welt in den Modus der anorganischen Wesen zu transformieren, und umgekehrt. Er empfahl mir, meine Haut trocken und frei von Ölen oder Pigmenten zu halten. Auch empfahl er, die Träumer sollten einen engen Gürtel, eine Kopfbinde oder ein Halsband tragen, um einen Druckpunkt zu schaffen, der auf der Haut als Zentrum für den Austausch von Energie diene. Die Haut sei von Natur dazu geeignet, erklärte er, Energie abzuschirmen; es komme aber darauf an, daß die Haut nicht nur Energie abschirme, sondern auch austausche – und zu diesem Zweck brauchten wir nur beim Träumen laut unsere Absicht auszusprechen.

Eines Tages gab mir die Stimme des Botschafters einen fabelhaften Tip. Um Schärfe und Exaktheit unserer Traum-Aufmerksamkeit zu gewährleisten, sagte er, müßten wir sie von der Gaumenplatte herabholen, wo bei allen Menschen ein gewaltiger Vorrat an Aufmerksamkeit vorhanden sei. Insbesondere empfahl er mir eine Übung, bei der es darum ging, die notwendige Disziplin und Kontrolle zu lernen, beim Träumen die Zungenspitze gegen das Gaumendach zu drücken. Dies sei ebenso schwierig und anstrengend, sagte der Botschafter, wie das Finden der eigenen Hände im Traum. Doch wenn sie gelinge, führe diese Übung zu erstaunlichen Resultaten beim Kontrollieren der Traum-Aufmerksamkeit.

So erhielt ich reichlich Belehrungen zu allen nur denkbaren Themen – Belehrungen, die ich sofort vergaß, wenn sie mir nicht endlos wiederholt wurden. Ich bat Don Juan um Rat, wie ich dieses Problem des Vergessens lösen solle.

Sein Kommentar war so kurz, wie ich es erwartet hatte: »Konzentriere dich nur darauf, was der Botschafter über das Träumen sagt«, meinte er.

Alles, was die Stimme des Botschafters mir oft genug wiederholte, erfaßte ich mit Leidenschaft und Interesse. Getreu Don Juans Ratschlag, befolgte ich seine Anweisungen nur, wenn sie sich auf das Träumen bezogen, und den Wert solcher Belehrungen konnte ich persönlich bestätigen. Die wichtigste Information war für mich, daß die Traum-Aufmerksamkeit aus der Gegend des Gaumendachs kommt. Mühsam lernte ich dann, beim Träumen zu spüren, wie ich die Zungenspitze gegen mein Gaumendach drückte. Sobald ich dies schaffte, gewann meine Traum-Aufmerksamkeit eigenes Leben und wurde, wenn ich so sagen darf, schärfer als meine normale Aufmerksamkeit für die alltägliche Welt.

Unschwer konnte ich erraten, wie tief sich die alten Zauberer auf die anorganischen Wesen eingelassen haben mochten. Don Juans Ermahnungen und Warnungen vor den Gefahren solch einer Verstrickung wurden mir wichtiger denn je. Ich gab mir alle Mühe, seinen Maßstäben der Selbstprüfung gerecht zu werden, ohne mich gehenzulassen. So wurde die Stimme des Botschafters, und was sie sagte, zur großen Herausforderung für mich. Ich mußte um jeden Preis vermeiden, der Versuchung des mir vom Botschafter verheißenen Wissens nachzugeben; und dabei war ich ganz allein auf mich selbst gestellt, weil Don Juan noch immer nicht bereit war, sich meine Berichte anzuhören.

»Gib mir doch wenigstens einen Fingerzeig, was ich tun sollte«, beharrte ich einmal, als ich den Mut aufbrachte, ihn zu fragen.

»Das kann ich nicht«, sagte er in endgültigem Ton. »Und frage mich nie wieder. Ich habe dir gesagt, daß Träumer in diesem Fall auf sich allein angewiesen sind.«

»Aber du weißt ja gar nicht, was ich dich fragen wollte.«

»Oh, doch, ich weiß. Du möchtest, daß ich dir sage, es sei ganz in Ordnung, in einem dieser Tunnel zu leben, und sei es nur aus dem einen Grund, um zu erfahren, worüber die Stimme des Botschafters spricht.«

Genau dies, mußte ich zugeben, war mein Problem. Zumindest wollte ich wissen, was es mit der Aussage auf sich hatte, man könne in diesen Tunnels leben.

»Auch ich habe diesen Konflikt durchgemacht«, fuhr Don Juan fort, »und niemand konnte mir helfen, weil dies eine ganz persönliche und endgültige Entscheidung ist – eine endgültige Entscheidung, die du in dem Augenblick triffst, da du den Wunsch aussprichst, in dieser Welt zu leben. Um dich so weit zu bringen, daß du dieses Verlangen aussprichst, werden die anorganischen Wesen auch deinen geheimsten Wünschen nachkommen.«

»Das ist wahrhaft teuflisch, Don Juan.«

»Das kann man wohl sagen. Aber nicht nur in dem Sinn, wie du es meinst. Für dich liegt das Teuflische darin, der Versuchung nachzugeben – besonders da es um so große Belohnungen geht. Für mich ist das Reich dieser anorganischen Wesen deshalb eine teuflische Sache, weil es womöglich die einzige Zuflucht sein könnte, die Träumer in einem feindseligen Universum haben.«

»Ist es wirklich ein Asyl für Träumer, Don Juan?«

»Eindeutig, jedenfalls für manche Träumer. Nicht für mich. Ich brauche keine Stützen oder Schutzgeländer. Ich weiß, was ich bin. Ich bin allein in einem feindseligen Universum, und ich habe gelernt zu sagen: Sei es drum!«

Damit endete unser Gespräch. Er hatte nicht gesagt, was ich hören wollte, und doch wußte ich, daß schon das Verlangen, zu erfahren, wie es wäre, in solch einem Tunnel zu leben, beinah eine Entscheidung für diese Lebensform bedeutete. An so etwas war ich nicht interessiert. Und so entschloß ich mich, meine Traumübungen fortzusetzen, ohne mich auf weitere Konsequenzen einzulassen. Sofort berichtete ich Don Juan von meinem Entschluß.

»Sage noch nichts«, riet er mir. »Aber begreife, daß deine Entscheidung, falls du bleiben willst, endgültig ist. Du wirst für immer dortbleiben.«

Es ist mir unmöglich, objektiv zu beurteilen, was die unzähligen Male, die ich von dieser Welt träumte, eigentlich stattfand. Ich kann nur sagen, daß dies anscheinend eine Welt war, so real, wie ein Traum nur sein kann. Oder ich könnte sagen, daß sie so real zu sein schien wie unsere alltägliche Welt. Von dieser Welt träumend, wurde mir bewußt, was Don Juan so oft zu mir gesagt hatte: daß die Wirklichkeit unter dem Einfluß des Träumens eine Metamorphose durchmacht. Ich sah mich also vor zwei Alternativen gestellt, zwischen denen, Don Juan zufolge, alle Träumer sich entscheiden müssen: entweder strukturieren wir unser System zur

Interpretation von Sinnesdaten sorgfältig um, oder wir geben es ganz auf.

Unser Interpretationssystem umzustrukturieren hieß für Don Juan, dessen Erneuerung zu beabsichtigen. Und das bedeutete, daß man sich bewußt und sorgfältig bemühte, dessen Kapazitäten zu erweitern. Indem die Träumer in Übereinstimmung mit dem Weg der Zauberer leben, sparen und speichern sie die notwendige Energie, um ihr Urteil hintanzustellen und so die beabsichtigte Umstrukturierung zu ermöglichen. Wenn wir uns dafür entschieden, unser Interpretationssystem zu erneuern, erklärte er, gerate die Realität in Bewegung und die Bandbreite dessen, was real sein kann, werde erweitert, ohne die Integrität aller Realität zu gefährden. Das Träumen eröffnet also tatsächlich die Pforte zu anderen Aspekten von Realität.

Falls wir uns dafür entscheiden, unser System aufzugeben, so erweitert sich die Bandbreite dessen, was ohne jede Interpretation wahrgenommen werden kann, ins Unermeßliche. Unser Zuwachs an Wahrnehmung ist so gigantisch, daß uns nur noch sehr wenige Instrumente zur Interpretation unserer Sinnesdaten bleiben – und somit ein irreales Gefühl grenzenloser Realität oder einer unendlichen Irrealität, die sehr wohl real sein könnte, es aber nicht ist.

Für mich war der einzig akzeptable Weg, mein Interpretationssystem zu erneuern und zu erweitern. Wenn ich vom Reich der anorganischen Wesen träumte, begegnete ich – von Traum zu Traum – immer wieder der Konsistenz dieser Welt, ob ich die Scouts isolierte, der Stimme des Traumbotschafters lauschte oder mich durch die Tunnel bewegte. Ich ging oder schwebte durch sie hindurch, ohne etwas zu fühlen, und war mir doch bewußt, daß Raum und Zeit konstant waren, wenn auch nicht in einem unter normalen Umständen rational feststellbaren Sinn. Aber wenn ich Unterschiede zwischen diesen Tunneln bemerkte, ein Fehlen oder ein Übermaß an Details, oder wenn ich die Distanz zwischen den Tunneln empfand oder die scheinbare Länge oder Breite eines jeden Tunnels vermerkte, durch den ich mich bewegte, so hatte ich doch ein Gefühl objektiver Beobachtung.

Die nachhaltigste Folge dieser Umstrukturierung meines Interpretationssystems war für mich die Erkenntnis, in welcher Beziehung ich zur Welt der anorganischen Wesen stand. In dieser Welt, die für mich Realität hatte, war ich ein Tropfen Energie. So konnte ich durch die Tunnel flitzen wie ein rasch bewegtes Licht, oder ich konnte wie ein Insekt über ihre Wände kriechen. Wenn ich flog, gab eine Stimme mir nicht willkürliche, sondern zusammenhängende Informationen über Details an den Wänden, auf die ich meine Traum-Aufmerksamkeit gerichtet hatte. Diese Details waren komplizierte Protuberanzen, ähnlich wie die Zeichen der Braille-Schrift. Wenn ich über die Wände kroch, sah ich dieselben Details viel genauer und hörte, wie die Stimme mir komplexere Erläuterungen gab.

Die unvermeidliche Folge war, daß sich bei mir eine doppelte Haltung entwickelte. Einerseits wußte ich, daß ich einen Traum träumte. Andererseits wußte ich, daß ich eine praktische Reise unternahm, ebenso real wie jede Reise in dieser Welt. Diese unwillkürliche Spaltung bestätigte mir, was Don Juan gesagt hatte: daß die Existenz anorganischer Wesen der schwerste Angriff auf unsere Rationalität ist.

Erst nachdem ich wirklich mein Urteil hintanstellen konnte, fand ich Erleichterung. Zu einer Zeit, als die Spannungen meiner unhaltbaren Lage – meine ernsthafte Überzeugung von der nachprüfbaren Existenz anorganischer Wesen, während ich ebenso ernsthaft glaubte, es sei nur ein Traum – mich zu vernichten drohten, trat eine drastische Änderung meiner Haltung ein, ohne daß ich sie von mir aus gewünscht hätte.

Don Juan behauptete, daß mein Energiepegel, der stetig gestiegen sei, eines Tages eine Schwelle erreicht habe, was mir erlaubte, alle Annahmen und Vorurteile über das Wesen von Mensch, Realität und Wahrnehmung aufzugeben. An diesem Tag habe ich mich in das Wissen verliebt, ganz unabhängig von dessen Logik oder praktischem Nutzen – und vor allem ohne Rücksicht auf meine persönliche Annehmlichkeit.

Als meine objektive Untersuchung über die anorganischen Wesen mir schon nichts mehr bedeutete, brachte Don Juan von sich aus die Sprache auf meine Traumreisen in diese Welt. Er sagte: »Ich glaube, du bist dir gar nicht bewußt, daß du regelmäßige Begegnungen mit anorganischen Wesen hast.«

Er hatte recht. Ich hatte nie darüber nachgedacht. Ich war selbst verwundert über mein Versehen.

»Es ist kein Versehen«, sagte er. »Geheimniskrämerei liegt im

Wesen dieser Sphäre. Die anorganischen Wesen hüllen sich in Geheimnis und Dunkelheit. Denk nur an ihre Welt: statisch und geeignet, uns anzuziehen wie Licht oder Feuer die Motten.

Aber da ist noch etwas, was der Botschafter dir bislang nicht zu sagen wagte: daß die anorganischen Wesen es auf unser Bewußtsein abgesehen haben, auf das Bewußtsein jedes Lebewesens, das ihnen ins Netz geht. Sie schenken uns Wissen, aber sie fordern eine Zahlung: unser ganzes Sein.«

»Meinst du, Don Juan, die anorganischen Wesen sind wie Fischer?«

»Genau. Irgendwann wird der Botschafter dir Menschen zeigen, die sich dort verfangen haben, und andere, nicht-menschliche Wesen, die ebenfalls dort gefangen sind.«

Eigentlich hätte ich mit Furcht oder Abscheu reagieren sollen. Don Juans Enthüllungen hatten große Wirkung auf mich, aber nur im Sinn einer unbeherrschbaren Neugier. Beinah hechelte ich vor Erwartung.

»Die anorganischen Wesen können niemanden zwingen, bei ihnen zu bleiben«, fuhr Don Juan fort. »In ihrer Welt zu leben, ist freiwillig. Wohl aber können sie jeden von uns gefangennehmen, indem sie unsere Wünsche erfüllen, uns verwöhnen und uns gefällig sind. Hüte dich vor einem Bewußtsein, das unbeweglich ist. Ein solches Bewußtsein sucht zwangsläufig nach Bewegung, und dies tut es, wie ich dir sagte, indem es Projektionen erzeugt, manchmal phantasmagorische Projektionen.«

Ich bat Don Juan, mir zu erklären, was er unter phantasmagorischen Projektionen verstand. Er sagte, daß die anorganischen Wesen sich an die innersten Gefühle der Träumer heften und erbarmungslos mit ihnen spielen. Sie schaffen Phantome, um die Träumer zu erfreuen oder zu erschrecken. Und er erinnerte mich daran, daß ich selbst mit einem dieser Phantome gerungen hatte. Die anorganischen Wesen, erklärte er, seien hervorragende Projektionskünstler, denen es Freude mache, sich wie Bilder an die Wand zu projizieren.

»Die alten Zauberer scheiterten an ihrem törichten Vertrauen zu solchen Projektionen«, fuhr er fort. »Die alten Zauberer glaubten, daß ihre Verbündeten Macht hätten. Sie übersahen die Tatsache, daß ihre Verbündeten nur hauchfeine Energie waren, über Welten hinwegprojiziert wie in einem kosmischen Film.«

»Du widersprichst dir selbst, Don Juan. Sagtest du nicht, daß die anorganischen Wesen real sind? Jetzt behauptest du, sie wären bloße Bilder.«

»Ich wollte sagen, daß die anorganischen Wesen in unserer Welt wie bewegte, auf eine Leinwand projizierte Bilder sind; und ich kann sogar hinzufügen, daß sie wie bewegte Bilder einer verdünnten Energie sind, die über die Grenzen zweier Welten hinweg projiziert werden.«

»Was aber sind die anorganischen Wesen in ihrer Welt? Sind sie ebenfalls wie bewegte Bilder?«

»Keineswegs. Diese Welt ist ebenso real wie unsere. Die alten Zauberer stellten sich die Welt der anorganischen Wesen als eine Ansammlung von Poren und Höhlen vor, schwebend irgendwo an einem dunklen Ort. Und die anorganischen Wesen stellten sie dar als hohle Rohre, zusammengefügt wie die Zellen unseres Körpers. Dieses gewaltige Bündel nannten die alten Zauberer das Labyrinth der Halbschatten.«

»Sieht also jeder Träumer diese Welt auf die gleiche Weise?«

»Ja, natürlich. Jeder Träumer sieht sie, wie sie ist. Hältst du dich etwa für einzigartig?«

Ich mußte gestehen, daß irgend etwas an dieser Welt mir immer schon das Gefühl vermittelt hatte, als sei ich einzigartig. Was aber dieses komische, höchst angenehme Gefühl von Exklusivität hervorrief, war nicht die Stimme des Traumbotschafters, auch nichts anderes, was ich mir bewußt vorstellen konnte.

»Genau dies verwirrte die alten Zauberer«, sagte Don Juan. »Die anorganischen Wesen machten es mit ihnen genauso wie jetzt mit dir. Sie vermittelten ihnen das Gefühl, einzigartig und exklusiv zu sein. Und noch ein gefährlicheres Gefühl gaben sie ihnen: das Gefühl, Macht zu haben. Macht und Einzigartigkeit sind unübertroffen als korrumpierende Kräfte. Sei auf der Hut!«

»Wie hast du selbst diese Gefahr vermieden, Don Juan?«

»Ich bin einige Male in dieser Welt gewesen, und dann nie wieder.«

Nach Meinung der Zauberer, erklärte Don Juan, sei das Universum gefährlich wie ein Raubtier, und mehr als sonst jemand müßten die Zauberer diesen Umstand bei ihren täglichen Aktivitäten berücksichtigen. Er war überzeugt, daß das Bewußtsein an sich auf Wachstum angelegt sei, und die einzige Art, wie es wachsen könne, sei der Kampf, die Konfrontation auf Leben und Tod.

»Das Bewußtsein der Zauberer wächst, wenn sie träumen«, fuhr er fort. »Und im selben Moment, da es wächst, erkennt irgend etwas dort draußen dieses Wachstum und beginnt es zu umwerben. Die anorganischen Wesen sind Werber um dieses neue, gesteigerte Bewußtsein. Die Träumer müssen ihr Leben lang auf der Hut sein. Sie sind eine leichte Beute, sobald sie sich in dieses räuberische Universum hinauswagen.«

»Was meinst du, Don Juan, sollte ich tun, um mich zu schützen?«

»Sei auf der Hut, jede Sekunde! Laß nichts und niemand für dich entscheiden. Geh nur dann in die Welt der anorganischen Wesen, wenn du selbst es willst.«

»Ehrlich, Don Juan, ich weiß nicht, wie ich das tun sollte. Sobald ich einen Scout isoliert habe, erfaßt mich ein ungeheurer Sog, weiterzugehen. Bei Gott, ich habe keine Chance, mich anders zu besinnen.«

»Ach, komm! Willst du mich auf den Arm nehmen? Natürlich kannst du dich widersetzen. Du hast es nur noch nicht versucht, das ist's.«

Ich beharrte aber ernstlich darauf, daß es mir unmöglich sei, mich zu widersetzen. Er wollte nicht weiter auf das Thema eingehen, und ich war ganz dankbar dafür. Mich plagte inzwischen ein quälendes Schuldgefühl. Denn aus irgendeinem Grund war mir der Gedanke, mich dem Sog der Scouts zu widersetzen, nie in den Sinn gekommen.

Don Juan behielt recht, wie immer. Denn ich stellte fest, daß ich die Richtung meines Träumens verändern konnte, indem ich dessen Richtung beabsichtigte. Immerhin hatte ich ja beabsichtigt, daß die Scouts mich in ihre Welt versetzten. Wenn ich nun bewußt das Gegenteil beabsichtigte, so war es doch möglich, daß mein Träumen die entgegengesetzte Richtung nehmen würde.

Mit einiger Übung gelang es mir immer zuverlässiger, meine Reisen in das Reich der anorganischen Wesen zu beabsichtigen. Die gesteigerte Fähigkeit, dies zu beabsichtigen, bewirkte bei mir eine bessere Kontrolle über meine Traum-Aufmerksamkeit. Dieser Zuwachs an Kontrolle machte mich wagemutiger. Ich glaubte, straflos solche Reisen unternehmen zu können, weil ich die Reise anhalten konnte, wann immer ich wollte.

»Dein Selbstvertrauen ist unheimlich«, bemerkte Don Juan, als ich ihm – auf seine Bitte – von diesem neuen Aspekt meiner kontrollierten Traum-Aufmerksamkeit berichtete.

»Wieso ist es unheimlich?« fragte ich. Denn ich war tief überzeugt vom praktischen Wert meiner Entdeckung.

»Weil es das Selbstvertrauen eines Narren ist«, sagte er. »Ich werde dir, hierzu passend, eine Zauberer-Geschichte erzählen. Ich habe sie nicht selbst erlebt, sondern der Lehrer meines Lehrers, der Nagual Elias.«

Und Don Juan erzählte mir, wie der Nagual Elias und die Liebe seines Lebens, eine Zauberin namens Amalia, sich in ihrer Jugend in die Welt der anorganischen Wesen verirrten. Noch nie hatte ich Don Juan davon sprechen hören, daß Zauberer für einander die »Liebe ihres Lebens« sein könnten. Diese Aussage verblüffte mich. Ich machte ihn auf den Widerspruch aufmerksam.

»Es ist gar kein Widerspruch. Ich habe nur bislang darauf verzichtet, dir Geschichten über die Liebe der Zauberer zu erzählen«, sagte er. »Du bist dein Leben lang so in Liebe geschwommen, daß ich dir eine Pause gönnen wollte. Nun also, der Nagual Elias und die Liebe seines Lebens, die Hexe Amalia, verirrten sich in die Welt der anorganischen Wesen«, fuhr Don Juan fort. »Sie gingen nicht träumend dorthin, sondern mit ihrem physischen Körper.«

»Wie konnte das geschehen, Don Juan?«

»Ihr Lehrer, der Nagual Rosendo, stand in Temperament und Praxis den alten Zauberern sehr nah. Er hatte die Absicht, Elias und Amalia zu helfen, aber statt dessen stieß er sie über eine tödliche Grenze hinweg. An solch eine Grenzüberschreitung hatte der Nagual Rosendo nicht gedacht. Er wollte seine beiden Schüler nur in die zweite Aufmerksamkeit versetzen, aber die Folge war ihr Verschwinden.«

Don Juan meinte, er wolle nicht auf alle Einzelheiten dieser langen und komplizierten Geschichte eingehen und mir nur erzählen, wie sie sich in dieser Welt verirrten. Der Nagual Rosendo hatte sich nämlich verrechnet, sagte er, als er annahm, daß die anorganischen Wesen sich nicht im mindesten für Frauen interessierten. Dabei war seine Überlegung richtig, geleitet von der Erkenntnis der Zauberer, daß das Universum vorwiegend weiblich ist und daß Männlichkeit, als Ableger der Weiblichkeit, ziemlich selten und daher begehrt ist.

Kurz abschweifend, meinte Don Juan, daß diese Seltenheit des männlichen Prinzips vielleicht der Grund für die ungerechtfertigte Vorherrschaft der Männer auf unserem Planeten sei. Dieses Thema interessierte mich, und ich wollte dabei verweilen, doch er fuhr mit seiner Geschichte fort. Der Nagual Rosendo habe nämlich den Vorsatz gehabt, sagte er, Elias und Amalia ausschließlich im Zustand der zweiten Aufmerksamkeit zu unterrichten. Und zu diesem Zweck befolgte er die vorgeschriebene Technik der alten Zauberer. Er verpflichtete im Traum einen Scout und befahl diesem, seine Schüler in die zweite Aufmerksamkeit zu versetzen, indem er ihre Montagepunkte in die entsprechende Position verschob.

Theoretisch hätte ein mächtiger Scout ihren Montagepunkt ganz mühelos in die richtige Position verschieben können. Was der Nagual Rosendo aber nicht bedachte, war die List der anorganischen Wesen. Wohl verschob der Scout die Montagepunkte der beiden Schüler, aber er verschob sie in eine Position, aus der es ganz leicht war, sie körperlich in das Reich der anorganischen Wesen zu transportieren.

»Ist es denn möglich, sich körperlich transportieren zu lassen?« fragte ich.

»Es ist möglich«, versicherte er mir. »Wir sind Energie, die durch die Fixierung des Montagepunkts an einem Ort in einer bestimmten Form und Position gehalten wird. Wenn dieser Ort sich verändert, werden Form und Position sich entsprechend verändern. Die anorganischen Wesen brauchen nur unseren Montagepunkt an den richtigen Ort zu verschieben – und schon fliegen wir los wie eine Rakete, mit Schuhen, Hut und allem.«

»Kann das jedem von uns passieren, Don Juan?«

»Ganz gewiß. Besonders wenn der Gesamtbetrag unserer Energie richtig ist. Offenbar war der Gesamtbetrag der kombinierten Energie von Elias und Amalia etwas, das die anorganischen Wesen nicht übersehen konnten. Es ist absurd, den anorganischen Wesen zu vertrauen. Sie haben ihren eigenen Rhythmus, und es ist kein menschlicher.«

Ich fragte Don Juan, was genau der Nagual Rosendo getan habe, um seine Schüler in diese Welt zu schicken. Ich wußte, wie dumm es von mir war, überhaupt zu fragen, denn er würde meine Frage ignorieren. Darum war ich wirklich überrascht, als er zu erzählen anfing.

»Die Schritte dazu sind ganz einfach«, sagte er. »Rosendo steckte seine Schüler in eine sehr kleine, abgeschlossene Kammer, so etwas wie einen Schrank. Dann versenkte er sich ins Träumen und rief einen Scout aus dem Reich der anorganischen Wesen herbei, indem er seine Absicht aussprach, einen zu bekommen; und dann äußerte er die Absicht, seine Schüler dem Scout zu überantworten. Der Scout akzeptierte natürlich das Geschenk und trug sie in einem unbewachten Augenblick davon, während sie sich gerade in diesem Schrank liebten. Als der Nagual den Schrank aufsperrte, waren sie nicht mehr da.«

Genau dies sei bei den alten Zauberern der Brauch gewesen, erklärte Don Juan, nämlich die Schüler den anorganischen Wesen als Gabe darzubringen. Dies habe der Nagual Rosendo nicht vorgehabt, doch er ließ sich von seiner absurden Überzeugung hinreißen, er habe die anorganischen Wesen unter Kontrolle.

»Die Manöver der Zauberer sind lebensgefährlich«, fuhr Don Juan fort. »Ich beschwöre dich, sei ganz außerordentlich auf der Hut. Hüte dich vor allem vor törichtem Selbstvertrauen.«

»Was geschah schließlich mit dem Nagual Elias und Amalia?« fragte ich.

»Der Nagual Rosendo mußte sich körperlich in diese Welt begeben und sie suchen«, antwortete er.

»Fand er sie?«

»Ja, er fand sie, nach unsäglichen Mühen. Doch er konnte sie nicht ganz herausholen. Darum blieben die beiden jungen Leute immer halb Gefangene dieses Reiches.«

»Kanntest du sie, Don Juan?«

»Natürlich kannte ich sie, und ich versichere dir, sie waren sehr sonderbar.«

6. Die Welt der Schatten

»Du mußt größte Vorsicht walten lassen, denn du bist in Gefahr, den anorganischen Wesen zum Opfer zu fallen«, sagte Don Juan ganz unerwartet, nachdem wir uns über etwas unterhalten hatten, das mit dem Träumen gar nichts zu tun hatte.

Seine Worte erschreckten mich. Wie immer versuchte ich mich zu rechtfertigen. »Du mußt mich nicht warnen, ich bin sehr vorsichtig«, beteuerte ich ihm.

»Die anorganischen Wesen führen etwas im Schilde«, sagte er. »Ich spüre es, und ich kann mich nicht damit abfinden und sagen, daß sie uns ja von Anfang an Fallen stellen und so versuchen, unbeholfene Träumer wirksam und für immer auszuschalten.«

So eindringlich sprach er zu mir, daß ich ihm sofort beteuerte, ich hätte keineswegs die Absicht, in eine Falle zu tappen.

»Du darfst nicht vergessen, daß die anorganischen Wesen über ganz erstaunliche Mittel verfügen«, fuhr er fort. »Ihre Bewußtheit ist enorm. Verglichen damit sind wir nur Kinder; und zwar Kinder mit viel Energie, auf die es die anorganischen Wesen abgesehen haben.«

In abstraktem Sinn, so sagte ich ihm, verstand ich seinen Standpunkt und seine Besorgnis durchaus; aber konkret hielt ich seine Warnung dennoch für unberechtigt, weil ich meine Traumübungen gut unter Kontrolle hätte.

Darauf folgte ein längeres, unbehagliches Schweigen, bis Don Juan weitersprach. Er wechselte aber das Thema und meinte, er müsse mich auf ein sehr wichtiges Problem seiner Traum-Unterweisung aufmerksam machen – ein Problem, das mir noch nicht bewußt geworden sei.

»Du hast nun verstanden, daß die Pforten des Träumens spezifische Hindernisse sind«, sagte er. »Aber du hast noch nicht verstanden, daß die Übungen, die dir aufgegeben sind, um eine Pforte zu erreichen und zu durchschreiten, eigentlich gar nichts mit dieser Pforte zu tun haben.«

»Damit kann ich nichts anfangen, Don Juan.«

»Nun, ich meine damit, daß es falsch wäre zu sagen, die zweite Traumpforte sei erreicht und durchschritten, sobald der Träumer gelernt hat, in einem anderen Traum aufzuwachen, oder sobald er lernt, die Träume zu wechseln, ohne in der alltäglichen Welt zu erwachen.«

»Warum ist es falsch, Don Juan?«

»Weil die zweite Pforte des Träumens erst dann erreicht und durchschritten ist, wenn der Träumer gelernt hat, die Scouts fremder Energie zu isolieren und ihnen zu folgen.«

»Warum wird das Wechseln der Träume dann überhaupt gelehrt?« fragte ich.

»Das Erwachen in einem anderen Traum, oder das Wechseln der Träume, ist ein Training, ein Drill, von den alten Zauberern ersonnen zur Schulung der Fähigkeit eines Träumers, einen Scout zu isolieren und ihm zu folgen.«

Einem Scout zu folgen sei eine hohe Leistung, erklärte nun Don Juan. Sobald einem Träumer dies gelungen sei, werde die zweite Pforte aufgestoßen, und er könne eintreten in das Universum hinter dieser Pforte. Dieses Universum sei immer vorhanden, sagte er, aber wir könnten nicht eintreten, weil es uns an Energie und Tapferkeit fehle. Die zweite Pforte des Träumens sei vor allem ein Tor zur Welt der anorganischen Wesen, und der Schlüssel zu diesem Tor sei das Träumen.

»Kann der Träumer einen Scout direkt isolieren, ohne sich dem Drill des Träume-Wechselns zu unterziehen?« fragte ich.

»Oh, nein«, sagte er. »Der Drill des Träume-Wechselns ist sehr wichtig. Fragt sich nur, ob dies der einzig mögliche Drill ist. Oder könnte ein Träumer auch einen anderen Drill absolvieren?«

Don Juan sah mich fragend an. Mir schien, als erwarte er tatsächlich von mir eine Antwort. »Es wäre schwierig, sich einen besser geeigneten Drill auszudenken, als die alten Zauberer ihn erfanden«, sagte ich, ohne zu wissen warum, aber mit unabweisbarer Überzeugung.

Dies sei ganz richtig, gestand Don Juan. Aber die alten Zauberer hätten eine ganze Reihe solcher Drill-Methoden erfunden, sagte er, die es dem Träumer ermöglichten, durch die Pforten des Träumens in die dahinterliegenden Welten einzutreten. Das Träumen müsse jedoch, wiederholte er, weil es eine Erfindung der alten

Zauberer sei, auch nach deren Spielregeln gespielt werden. Und für die zweite Pforte gelte eine Regel, bestehend aus drei Schritten: zuerst müßten die Träumer, indem sie das Wechseln der Träume übten, die Scouts zu isolieren lernen, zweitens müßten sie den Scouts folgen, um in ein anderes Universum zu gelangen; und drittens müßten die Träumer in diesem Universum – allein auf sich gestellt, und durch ihre Taten dort – die in diesem Universum geltenden Gesetze und Regeln entdecken.

Und nun meinte Don Juan, daß ich, bei meinen Begegnungen mit den anorganischen Wesen, diese Regeln so gut befolgt hätte, daß er die katastrophalsten Konsequenzen befürchten müsse. Es wäre unvermeidlich, sagte er, daß diese Wesen jetzt versuchen würden, mich in ihrer Welt festzuhalten.

»Findest du nicht, Don Juan, du übertreibst ein wenig?« sagte ich. Denn so schwarz, wie er mir das Bild ausmalte, konnte ich es mir nicht vorstellen.

»Oh, nein, ich übertreibe nicht«, sagte er gelassen und ernst. »Du wirst sehen. Die anorganischen Wesen lassen uns nicht mehr los. Nicht ohne wirklichen Kampf.«

»Wieso aber nimmst du an, daß sie es auf mich abgesehen hätten?«

»Sie haben dir bereits zu vieles gezeigt. Glaubst du wirklich, sie würden sich solche Mühe machen, nur um sich zu amüsieren?«

Don Juan lachte über seine eigene Bemerkung. Ich fand sie gar nicht komisch. Eine sonderbare Furcht beschlich mich, und ich fragte ihn, ob er glaube, ich sollte meine Traumübungen aussetzen oder sogar abbrechen.

»Du mußt dein Träumen fortsetzen, bis du durch das Universum hinter der zweiten Pforte hindurchgegangen bist«, sagte er. »Und ich meine, du allein mußt die Lockung der anorganischen Wesen annehmen oder zurückweisen. Das ist auch der Grund, warum ich mich zurückhalte und kaum etwas zu deinen Traumübungen sagen kann.«

Ich mußte gestehen, daß ich mich schon gefragt hatte, warum er bei der Erläuterung anderer Aspekte seines Wissens so großzügig war – und so kurz angebunden beim Träumen.

»Ich mußte dich das Träumen lehren«, sagte er, »nur weil dies die Regel ist, die die alten Zauberer aufgestellt haben. Der Pfad des

Träumens ist voller Fallgruben. Ob man diese Fallen aber meidet oder hineintappt, ist die ganz persönliche und individuelle Entscheidung eines jeden Träumers – und, so darf ich hinzufügen, es ist eine endgültige Entscheidung.«

»Sind solche Fallgruben eine Folge der Kapitulation vor Schmeicheleien oder Verheißungen der Macht?«

»Nicht nur der Kapitulation vor diesen Dingen, sondern der Kapitulation vor allem, was die anorganischen Wesen uns anbieten. Über einen gewissen Punkt hinaus ist es Zauberern ganz unmöglich, irgendein Angebot von ihnen anzunehmen.«

»Und was ist dieser gewisse Punkt, Don Juan?«

»Dieser Punkt ist von jedem einzelnen abhängig. Für jeden von uns kommt es darauf an, von dieser Welt nur das anzunehmen, was wir brauchen, und nicht mehr. Zu wissen, was sie brauchen, ist eine Kunst der Zauberer; aber nur das zu nehmen, was sie brauchen, ist ihre höchste Leistung. Diese einfache Regel nicht zu begreifen, ist das sicherste Mittel, um in eine Fallgrube zu stürzen.«

»Was geschieht, wenn man stürzt, Don Juan?«

»Wenn man stürzt, zahlt man den Preis. Und der Preis richtet sich nach den jeweiligen Bedingungen und nach der Tiefe des Sturzes. Aber eigentlich brauchen wir über solche Möglichkeiten gar nicht zu sprechen, denn hier geht es nicht um Bestrafung. Hier geht es um Energieströme – und zwar Energieströme, die Bedingungen schaffen können, schrecklicher als der Tod. Alles auf dem Pfad der Zauberer ist eine Frage auf Leben und Tod; auf dem Pfad des Träumens aber verschärft sich diese Option noch hundertfältig.«

Ich versicherte Don Juan, daß ich bei meinen Traumübungen stets höchste Vorsicht walten ließ und daß ich äußerst diszipliniert und gewissenhaft sei.

»Das weiß ich«, sagte er, »aber du mußt noch disziplinierter sein und alles, was mit dem Träumen zusammenhängt, mit Glacéhandschuhen anfassen. Sei vor allem wachsam. Ich kann nicht vorhersagen, woher der Angriff kommen wird.«

»*Siehst* du denn, als Seher, eine unmittelbare Gefahr für mich, Don Juan?«

»Ich *sehe* unmittelbare Gefahr für dich, seit dem Tag, als du durch diese geheimnisvolle Stadt spaziertest; als ich dir zum erstenmal half, deinen Energiekörper zu aktivieren.«

118

»Weißt du denn im einzelnen, was ich tun und was ich vermeiden sollte?«

»Nein, das nicht. Ich weiß nur, daß das Universum jenseits der zweiten Pforte dem unseren am ähnlichsten ist; und unser Universum ist ziemlich grausam und herzlos. Also können die beiden nicht so verschieden sein.«

Ich bedrängte ihn dennoch, mir zu sagen, was mir bevorstand. Und er beharrte darauf, daß er als Zauberer eine allgemeine Gefahr spüre, mir aber nichts Genaueres sagen könne.

»Das Universum der anorganischen Wesen ist immer zum Angriff bereit«, fuhr er fort. »Doch unser eigenes Universum ebenfalls. Darum mußt du, wenn du dich in ihre Sphäre vorwagst, genauso vorsichtig sein, als bewegtest du dich zwischen Schützengräben.«

»Glaubst du, Don Juan, daß Träumer immer Angst vor dieser Welt haben sollten?«

»Nein, das glaube ich nicht. Sobald ein Träumer durch das Universum hinter der zweiten Pforte hindurchgegangen ist, oder sobald er dieses Universum als mögliche Alternative abgelehnt hat, gibt es keine Probleme mehr.«

Nur dann, betonte Don Juan, sei es Träumern erlaubt, weiter voranzugehen. Ich wußte nicht recht, was er damit sagen wollte. Und er erklärte, daß das Universum jenseits der zweiten Pforte so mächtig und aggressiv sei, daß es als natürliche Selektion dienen könne, als Prüfstand sozusagen, wo die Träumer auf jede ihrer Schwächen getestet würden. Falls sie die Tests überlebten, könnten sie voranschreiten zur nächsten Pforte; falls nicht, blieben sie für immer gefangen in diesem Universum.

Es würgte mich beinah vor Angst, aber so sehr ich Don Juan bedrängte, wollte er mir nichts weiter zu diesem Thema sagen. Wieder zu Hause, fuhr ich fort mit meinen Reisen in die Welt der anorganischen Wesen – aber ich war sehr vorsichtig. Diese Vorsicht schien den Genuß solcher Reisen nur noch zu steigern. Ich war so weit, daß ich nur an die Welt der anorganischen Wesen zu denken brauchte, um in beispiellose, unbeschreibliche Euphorie zu geraten. Beinah fürchtete ich, diese Hochstimmung könne irgendwann enden, aber dies war nicht der Fall. Ein unerwarteter Zwischenfall machte sie noch intensiver.

Irgendwann einmal führte ein Scout mich eilig durch eine Unzahl von Tunneln, als suchte er irgend etwas oder als wolle er all meine Energie erschöpfen. Als er endlich haltmachte, hatte ich ein Gefühl, als hätte ich einen Marathonlauf hinter mir. Mir schien, als hätte ich das Ende dieser Welt erreicht. Es gab keine Tunnel mehr, nur Schwärze ringsum. Dann beleuchtete irgend etwas die Stelle, wo ich mich befand. Licht fiel dort aus einer indirekten Quelle. Es war ein gedämpftes Licht, das alles in ein diffuses Grau oder Braun tauchte. Nachdem ich mich an das Licht gewöhnt hatte, unterschied ich einige dunkle, bewegliche Gestalten. Nach einer Weile schien es mir, als würden diese beweglichen Umrisse fester, wenn ich meine Traum-Aufmerksamkeit auf sie konzentrierte. Es gab drei Typen von ihnen, wie ich bemerkte: einige waren rund wie Kugeln. Andere waren wie Glocken geformt. Und wieder andere wie riesige, flackernde Kerzenflammen. Alle waren mehr oder minder rund und von gleicher Größe. Ich schätzte sie auf etwa einen Meter im Durchmesser. Es waren Hunderte von ihnen, wie ich sah, vielleicht sogar Tausende.

Ich wußte, dies war eine sonderbare und komplizierte Vision, obgleich diese Gestalten so real waren, daß ich sofort mit Übelkeit reagierte. Ich hatte das widerliche Gefühl, auf ein Nest von riesigen runden, bräunlichen oder grauen Käfern hinabzuschauen. Irgendwie fühlte ich mich aber in Sicherheit, so hoch über ihnen. Doch ich verwarf diese Überlegungen sofort, als mir klarwurde, wie dumm es war, mich in Sicherheit zu wiegen, als wäre mein Traum eine Situation im wirklichen Leben. Und während ich diese käferartigen Gestalten umherwimmeln sah, beschlich mich der beklemmende Gedanke, daß sie mich berühren könnten.

»Wir sind die mobile Einheit unserer Welt«, sagte die Stimme des Botschafters plötzlich. »Hab keine Angst. Wir sind Energie, und natürlich haben wir nicht die Absicht, dich zu berühren. Es wäre ohnehin unmöglich. Wir sind durch reale Schranken getrennt.«

Nach einer langen Pause fügte die Stimme hinzu: »Wir möchten, daß du zu uns kommst. Hier herunter, wo wir sind. Und sei ganz unbefangen. Du hast doch keine Angst vor den Scouts, und gewiß nicht vor mir. Die Scouts und ich, wir sind wie die anderen. Ich bin glockenförmig, und die Scouts sind wie Kerzenflammen geformt.«

Diese letzte Aussage war so etwas wie ein Stichwort für meinen

Energiekörper. Kaum hatte ich sie vernommen, verschwanden meine Übelkeit und Angst. Ich stieg zu ihnen hinab, und die Kugeln und Glocken und Kerzenflammen umringten mich. Sie kamen so nah, daß sie mich berührt hätten, hätte ich einen physischen Körper gehabt. Statt dessen schwebten wir durch einander hindurch, wie unsichtbar umhüllte Windstöße.

In diesem Moment hatte ich ein unglaubliches Gefühl. Obwohl ich in meinem Energiekörper keinerlei Empfindung hatte, fühlte und registrierte ich – auf irgendwie andere Art – das erstaunlichste Kitzeln. Weiche Wesen von luftiger Konsistenz gingen eindeutig durch mich hindurch, aber nicht in meinem Hier und Jetzt. Die Empfindung war flüchtig und unbestimmt und ließ mir keine Zeit, mir darüber klarzuwerden. Statt meine Traum-Aufmerksamkeit auf dieses Gefühl zu konzentrieren, war ich ganz damit beschäftigt, diese riesigen, aus Energie bestehenden Käfer zu beobachten.

Auf dem Niveau, wo ich mich nun befand, kam es mir vor, als hätten diese Schattenwesen und ich etwas gemeinsam: die Größe. Vielleicht weil ich annahm, daß sie etwa so groß wären wie mein eigener Energiekörper, fand ich es beinah anheimelnd bei ihnen. Und bei genauerer Prüfung fand ich, daß sie mir gar nicht unangenehm waren. Sie waren unpersönlich, kühl, zurückhaltend – und das gefiel mir sehr. Irgendwann fragte ich mich, ob die Tatsache, daß ich sie zuerst ablehnte und im nächsten Moment so angenehm fand, eine natürliche Folge des Träumens sei, oder das Produkt irgendeines energetischen Einflusses, den diese Wesen auf mich ausübten.

»Sie sind sehr sympathisch«, sagte ich zu dem Botschafter – und im gleichen Moment fühlte ich mich überwältigt von einem Gefühl tiefer Freundschaft, oder sogar Liebe zu ihnen.

Kaum hatte ich dieses Gefühl ausgesprochen, als die dunklen Gestalten auch schon davonhuschten wie rundliche Meerschweinchen und mich allein im Halbdunkel zurückließen.

»Du hast zuviel Gefühl auf sie projiziert und sie verschreckt«, sagte die Stimme des Botschafters. »Gefühle sind zu schwierig für sie, und übrigens auch für mich.« Der Botschafter lachte sogar schallend.

Hier endete meine Traumsitzung. Meine erste Reaktion beim Erwachen war, meinen Koffer zu packen und nach Mexiko zu fahren, um Don Juan aufzusuchen. Aber eine unerwartete Entwicklung in meinem Leben machte die Reise unmöglich, trotz meiner hektischen Vorbereitungen zum Aufbruch. Die Angst, die sich aus dieser Verzögerung ergab, unterbrach meine Traumübungen für einige Zeit. Nicht, daß ich sie aus bewußtem Willen abgebrochen hätte. Vielmehr hatte ich unbewußt so viel Bedeutung in diesen einen Traum gelegt, daß ich einfach wußte, ich könne unmöglich weitermachen mit dem Träumen, wenn ich nicht zu Don Juan fahren konnte.

Nach einer Unterbrechung, die mehr als ein halbes Jahr dauerte, wurde ich immer verwirrter durch das, was mir passiert war. Ich hatte nicht gewußt, daß meine Gefühle ausreichen würden, um meine Übungen abzubrechen. Und nun fragte ich mich, ob der Wunsch allein genügen würde, sie wiederaufzunehmen. So war es! Kaum hatte ich den Gedanken formuliert, das Träumen wiederaufzunehmen, gingen meine Übungen weiter, als wären sie nie unterbrochen worden. Der Scout machte dort weiter, wo wir aufgehört hatten, und führte mich direkt in die Vision zurück, die ich bei meiner letzten Sitzung gehabt hatte.

»Dies ist die Welt der Schatten«, sagte die Stimme des Botschafters, als ich dort angekommen war. »Aber auch wenn wir Schatten sind, geben wir Licht ab. Nicht nur sind wir mobil, sondern wir sind auch das Licht in den Tunneln. Wir sind eine andere Art von anorganischen Wesen, die es hier gibt. Es gibt drei Arten: die eine ist wie ein unbeweglicher Tunnel, die andere ist wie ein beweglicher Schatten. Wir sind die beweglichen Schatten. Die Tunnel geben uns ihre Energie, und wir folgen ihren Befehlen.«

Der Botschafter machte eine Pause. Mir schien, er wolle mich herausfordern, ihn nach der dritten Art anorganischer Wesen zu fragen. Und wenn ich ihn nicht fragte, so glaubte ich, würde der Botschafter es mir nicht sagen.

»Welches ist die dritte Art anorganischer Wesen?« sagte ich.

Der Botschafter hüstelte und kicherte. Ich hatte den Eindruck, als genieße er es, gefragt zu werden.

»Oh, das ist unsere geheimnisvollste Eigenschaft«, sagte er. »Die dritte Art wird unseren Besuchern nur gezeigt, wenn sie sich entscheiden, bei uns zu bleiben.«

»Warum ist das so?« fragte ich.

»Weil es viel Energie braucht, sie zu sehen«, antwortete der Botschafter. »Und diese Energie müßten wir liefern.«

Ich wußte, daß der Botschafter die Wahrheit sprach. Ich wußte auch, daß da eine furchtbare Gefahr lauerte. Und doch fühlte ich mich von grenzenloser Neugier getrieben. Ich wollte diese dritte Art sehen.

Der Botschafter schien zu wissen, was ich empfand. »Möchtest du sie sehen?« fragte er gleichgültig.

»Aber sicher«, sagte ich.

»Dann brauchst du nur laut zu sagen, daß du bei uns bleiben willst«, sagte der Botschafter in nonchalantem Ton.

»Doch wenn ich es sage, muß ich bleiben, nicht wahr?« fragte ich.

»Natürlich«, sagte der Botschafter, im Ton endgültiger Überzeugung. »Alles, was du in dieser Welt laut aussprichst, gilt für immer.«

Unwillkürlich dachte ich daran, daß der Botschafter, hätte er mich zum Bleiben überlisten wollen, mich nur anzulügen brauchte. Ich hätte den Unterschied nicht gemerkt.

»Ich kann dich nicht anlügen, weil eine Lüge nicht existiert«, sagte der Botschafter, in meine Überlegungen eindringend. »Ich kann nur darüber etwas sagen, was existiert. In meiner Welt existiert nur die Absicht; eine Lüge enthält keine Absicht. Darum existiert sie nicht.«

Ich wollte schon einwenden, daß es auch hinter Lügen eine Absicht geben könne, aber bevor ich dies äußern konnte, sagte der Botschafter, daß Lügen wohl einen Vorsatz enthalten könnten; ein Vorsatz sei aber noch keine Absicht.

Es gelang mir nicht, meine Traum-Aufmerksamkeit auf die Debatte zu konzentrieren, die der Botschafter da anschnitt. Sie richtete sich vielmehr auf die Schattenwesen. Plötzlich fiel mir auf, daß sie aussahen wie eine Herde seltsamer, kindlicher Tiere. Die Stimme des Botschafters ermahnte mich, meine Emotionen zu kontrollieren; plötzliche Gefühlsausbrüche seien geeignet, die Wesen aufflattern zu lassen wie einen Vogelschwarm.

»Was soll ich jetzt tun?« fragte ich.

»Komm herunter zu uns und versuche, uns zu schieben oder zu ziehen«, drängte die Stimme des Botschafters. »Je früher du dies lernst, desto schneller wird es dir gelingen, in deiner Welt Dinge vom Fleck zu bewegen, indem du sie nur anschaust.«

Meine Krämerseele zitterte vor Erwartung. Im nächsten Moment war ich bei ihnen und versuchte verzweifelt, sie zu schieben oder zu ziehen. Nach einer Weile hatte ich meine Energie gründlich erschöpft. Inzwischen hatte ich den Eindruck, daß ich etwas Ähnliches zu tun versucht hatte, wie mit den Zähnen ein Haus hochzuheben. Auch hatte ich das Gefühl, daß die Zahl der Schatten sich vermehrte, je mehr ich mich anstrengte. Es war, als kämen sie aus allen Winkeln herbei, um mich zu beobachten oder sich an mir zu laben. Kaum hatte ich diesen Gedanken gedacht, huschten die Schatten wieder davon.

»Wir laben uns nicht an dir«, sagte der Botschafter. »Wir alle kommen nur, um deine Energie zu spüren, ähnlich wie du es an einem kalten Tag mit dem Sonnenlicht tun würdest.«

Der Botschafter schlug vor, ich solle mich diesen Wesen öffnen, indem ich mein Mißtrauen aufgäbe. Ich hörte die Stimme, und noch während ich ihr zuhörte, wurde mir klar, daß ich genauso hörte, fühlte und dachte, wie ich es in meiner alltäglichen Welt tue. Ich drehte mich langsam und schaute mich um. Gemessen an der Klarheit meiner Wahrnehmungen, mußte ich folgern, daß ich mich in einer realen Welt befand.

In meinen Ohren tönte die Stimme des Botschafters. Sie sagte, daß der einzige Unterschied zwischen dem Wahrnehmen meiner Welt und dem Wahrnehmen der ihren darin liege, daß die Wahrnehmung ihrer Welt für mich in der Zeitspanne eines Wimpernzuckens anfing und endete; nicht aber die Wahrnehmung meiner Welt, weil mein Bewußtsein – zusammen mit dem Bewußtsein einer Vielzahl von Menschen wie mir, die mit ihrer Absicht meine Welt im Gleichgewicht hielten – auf meine Welt fixiert sei. Für die anorganischen Wesen, fügte der Botschafter hinzu, fange die Wahrnehmung meiner Welt auf die gleiche Weise an, nämlich in der Zeitspanne eines Wimpernzuckens – nicht aber die Wahrnehmung ihrer eigenen Welt, weil es so viele von ihnen gebe, die mit ihrer Absicht diese Welt im Gleichgewicht hielten.

In diesem Moment begann das Bild sich aufzulösen. Es war, als sei ich ein Taucher, und das Erwachen aus dieser Welt sei wie ein Aufwärtsschwimmen zur Oberfläche.

In der folgenden Sitzung eröffnete der Botschafter das Gespräch und stellte noch einmal fest, daß es eine durchaus planmäßige und wechselseitige Beziehung gebe zwischen mobilen Schatten und stationären Tunneln. Zum Schluß seiner Erklärung sagte er: »Wir können ohne einander nicht existieren.«

»Ich verstehe, was du meinst«, sagte ich.

Leichter Spott lag in der Stimme des Botschafters, als er nun sagte, daß ich unmöglich verstehen könne, was es hieß, auf diese Weise verbunden zu sein, die unendlich viel mehr bedeute als eine wechselseitige Abhängigkeit. Ich wollte den Botschafter schon bitten, mir zu erklären, was er damit meinte – aber im nächsten Moment war ich im Innern von etwas, was ich nur als den Stoff beschreiben kann, aus dem diese Tunnel bestanden. Ich sah grotesk verschmolzene, drüsenartige Protuberanzen, die ein trübes Licht aussandten. Mir kam der Gedanke, dies könnten dieselben Protuberanzen sein, die mir wie Braille-Schrift vorgekommen waren. Eingedenk der Tatsache, daß es Energieklumpen von etwa einem Meter Durchmesser waren, fragte ich mich staunend, wie groß diese Tunnel sein mochten.

»Größe bedeutet hier nicht dasselbe wie in deiner Welt«, sagte der Botschafter. »Die Energie dieser Welt ist eine andere Art von Energie; ihre Merkmale entsprechen nicht den Merkmalen von Energie in deiner Welt, und doch ist diese Welt ebenso real wie deine.«

Und nun fuhr der Botschafter fort und sagte, er habe mir alles über die Schattenwesen erzählt, als er mir die Protuberanzen an den Tunnelwänden erklärte. Ich erwiderte, daß ich die Erklärungen wohl gehört, nicht aber darauf geachtet hätte, weil ich glaubte, sie bezögen sich nicht unmittelbar auf das Träumen.

»Alles hier in dieser Welt bezieht sich auf das Träumen«, sagte der Botschafter.

Ich wollte mir Gedanken machen über die Gründe meines Irrtums, aber mein Kopf war leer. Meine Traum-Aufmerksamkeit nahm ab. Es fiel mir schon schwer, sie auf die Welt, die mich umgab, zu konzentrieren. Ich wappnete mich für das Erwachen. Doch wieder fing der Botschafter an zu sprechen, und der Klang seiner Stimme riß mich hoch. Meine Traum-Aufmerksamkeit erholte sich wieder.

»Das Träumen ist das Vehikel, das die Träumer in diese Welt bringt«, sagte der Botschafter, »und alles, was die Zauberer über das Träumen wissen, haben wir ihnen beigebracht. Unsere Welt ist mit der euren durch eine Pforte verbunden, nämlich durch die Träume. Wir wissen, wie man durch diese Pforte hindurchgeht, aber die Menschen wissen es nicht. Sie müssen es lernen.«

Und weiter erklärte die Stimme des Botschafters, was sie mir schon einmal erklärt hatte.

»Die Protuberanzen an den Tunnelwänden sind Schattenwesen«, sagte sie. »Ich bin eines von ihnen. Wir bewegen uns durch die Tunnel, an ihren Wänden, und laden uns mit der Energie der Tunnel auf, die unsere Energie ist.«

Mir kam ein müßiger Gedanke in den Sinn – nämlich, daß ich mir eine solche symbiotische Beziehung, wie ich sie hier sah, tatsächlich nicht vorstellen konnte.

»Würdest du bei uns bleiben, dann könntest du lernen zu fühlen, wie es ist, so verbunden zu sein, wie wir es sind«, sagte der Botschafter.

Der Botschafter schien auf meine Antwort zu warten. Ich hatte das Gefühl, daß er eigentlich von mir hören wollte, daß ich beschlossen hätte zu bleiben.

»Wie viele Schattenwesen gab es in jedem der Tunnel?« fragte ich, um die Stimmung in eine andere Richtung zu steuern. Aber sofort bereute ich es, denn der Botschafter fing an, mir ausführlich Rechenschaft über die Zahl und Funktion der Schattenwesen in jedem Tunnel zu geben. Jeder Tunnel, sagte er, habe eine bestimmte Anzahl von abhängigen Wesen, die bestimmte Funktionen erfüllten, im Zusammenhang mit den Bedürfnissen und Erwartungen der sie beherbergenden Tunnel.

Ich wollte nicht, daß der Botschafter weiter ins Detail ging. Je weniger ich wußte über die Tunnel und über die Schattenwesen, dachte ich, desto besser für mich. Kaum hatte ich diesen Gedanken gedacht, unterbrach sich der Botschafter, und mein Energiekörper bäumte sich auf, wie an einem Kabel hochgezogen. Im nächsten Moment war ich hellwach in meinem Bett.

Von nun an hatte ich keine Befürchtungen mehr, die meine Übungen hätten stören können. Aber ein anderer Gedanke beherrschte mich: der Gedanke nämlich, daß ich etwas beispiellos Faszinierendes gefunden hatte. Tag für Tag konnte ich es kaum erwarten, mit dem Träumen anzufangen und mich vom Scout in die Schattenwelt führen zu lassen. Eine zusätzliche Attraktion war, daß meine Visionen von dieser Schattenwelt noch lebensechter wurden als vorher. Gemessen am normalen Maßstab normalen Denkens, normaler visueller und auditiver Sinneswahrnehmungen sowie meiner normalen Reaktionen darauf, waren meine

Erfahrungen, solange sie andauerten, nicht weniger real als jede beliebige Situation in der Alltagswelt. Niemals hatte ich Wahrnehmungserlebnisse gehabt, bei denen der einzige Unterschied zwischen meinen Visionen und meiner Alltagswelt darin lag, wie plötzlich meine Visionen endeten. Eben noch war ich in einer fremden, realen Welt – und im nächsten Moment lag ich in meinem Bett.

Dringend sehnte ich mich nach Don Juans Kommentaren und Erklärungen, aber ich war noch immer in Los Angeles festgehalten. Je länger ich meine Situation bedachte, desto größer wurde meine Angst. Ich hatte sogar das Gefühl, daß sich im Reich der anorganischen Wesen irgend etwas mit ungeheurer Geschwindigkeit zusammenbraute.

Und während meine Befürchtungen wuchsen, geriet ich körperlich in einen Zustand tiefster Angst, obwohl mein Verstand sich ekstatisch in die Betrachtung der Schattenwelt vertiefte. Um alles noch schlimmer zu machen, griff die Welt des Traum-Botschafters in mein alltägliches Bewußtsein über. Eines Tages, als ich in der Universität eine Vorlesung besuchte, hörte ich die Stimme immer wieder sagen, daß jeder Versuch meinerseits, meine Traumübungen abzubrechen, nachteilige Folgen für alle meine Ziele haben könnte. Die Stimme erklärte, daß Krieger vor keiner Herausforderung zurückscheuen und daß ich keinen Grund hätte, meine Übungen zu beenden. Ich konnte dem Botschafter nur beipflichten. Ich hatte nicht die Absicht, irgendwie aufzuhören, und die Stimme bestätigte mir nur, was ich dachte.

Nicht nur veränderte sich der Botschafter, sondern ein neuer Scout betrat den Schauplatz. Irgendwann einmal, bevor ich angefangen hatte, die Gegenstände meiner Träume zu untersuchen, sprang ein Scout buchstäblich vor mir auf und forderte aggressiv meine Traum-Aufmerksamkeit. Das Bemerkenswerte an diesem Scout war, daß er es nicht nötig hatte, irgendwelche energetischen Metamorphosen zu durchlaufen. Er war von Anfang an eine Energieblase. Im Handumdrehen versetzte mich der Scout, ohne daß ich meine Absicht geäußert hätte, ihn zu begleiten, in einen anderen Teil der Welt der anorganischen Wesen: in die Welt der Säbelzahntiger.

Ahnungen von solchen Visionen habe ich bereits in meinen anderen Büchern geschildert. Ich sage: Ahnungen, weil ich damals nicht genügend Energie hatte, diese wahrgenommenen Welten verständlich in mein lineares Denken zu übersetzen.

Diese nächtlichen Visionen von Säbelzahntigern kamen regelmäßig und lange Zeit, bis eines Tages der aggressive Scout, der mich zum erstenmal in dieses Reich entführt hatte, plötzlich wieder auftauchte. Ohne meine Zustimmung abzuwarten, nahm er mich mit zu den Tunneln.

Ich hörte die Stimme des Botschafters. Sofort verfiel er in die längste und gerissenste Reklame-Suada, dich ich je gehört habe. Er pries mir die außerordentlichen Vorteile an, die die Welt der anorganischen Wesen zu bieten hätte. Er erzählte mir von atemberaubendem Wissen, das man erwerben könne, und daß man es auf die allereinfachste Weise erwerben könnte, nämlich, indem man in diesen Tunneln blieb. Er sprach von unglaublicher Beweglichkeit, von unbegrenzter Zeit, um alles mögliche zu erforschen, und wie es wäre, von kosmischen Dienern verwöhnt zu werden, die jede meiner Launen erfüllen würden.

»Bei uns wohnen bewußte Wesen aus den fernsten Winkeln des Kosmos«, sagte der Botschafter zum Abschluß seiner Rede. »Und es gefällt ihnen, bei uns zu wohnen. Tatsächlich, keiner möchte wieder fort.«

In diesem Moment kam mir der Gedanke, daß Dienstfertigkeit mir zutiefst zuwider war. Nie hatte ich mich in Gegenwart von Dienstboten wohlgefühlt und mich niemals bedienen lassen.

Der Scout übernahm jetzt die Führung und ließ mich durch viele Tunnel gleiten. Ich machte halt in einem Tunnel, der größer zu sein schien als die anderen. Meine Traum-Aufmerksamkeit heftete sich auf die Größe und Gestalt dieses Tunnels und wäre dort wie angeleimt haftengeblieben, wäre ich nicht veranlaßt worden, mich umzudrehen. Meine Traum-Energie richtete sich auf einen Klumpen Energie, der etwas größer war als die Schattenwesen. Er war blau, wie das Blau in der Mitte einer Kerzenflamme. Ich wußte, daß diese Energie-Konfiguration kein Schattenwesen war und nicht hierher gehörte.

Ich vertiefte mich ganz in das Gefühl seiner Gegenwart. Der Scout gab mir Zeichen, mich zu entfernen, aber irgend etwas machte mich taub gegen seine Aufforderungen. Ich blieb, wenn auch mit unbehaglichem Gefühl, wo ich war. Doch die Zeichen,

128

die der Scout mir gab, störten meine Konzentration, und ich verlor die blaue Gestalt aus den Augen.

Plötzlich wurde ich mit ziemlicher Kraft herumgewirbelt und genau vor dieses blaue Gebilde gestellt. Während ich es anstarrte, verwandelte es sich in die Gestalt eines Menschen: sehr klein, schlank, feingliedrig, beinah durchsichtig. Ich versuchte zu erkennen, ob es ein Mann oder eine Frau sei, doch es gelang mir nicht, so sehr ich mich anstrengte.

Meine Versuche, den Botschafter zu fragen, waren vergeblich. Plötzlich flog er davon und ließ mich schwebend im Tunnel zurück, gegenüber dem Unbekannten. Ich versuchte mit diesem Menschen zu sprechen, ähnlich wie ich mit dem Botschafter sprach. Aber ich bekam keine Antwort. Ich war frustriert, da ich nicht die Schranke durchbrechen konnte, die uns trennte. Dann überfiel mich Furcht, mit jemandem allein zu sein, der ein Feind sein mochte.

Eine Reihe von Reaktionen wurden von diesem Fremden bei mir ausgelöst. Ich war sogar erfreut, weil ich wußte, daß der Scout mir endlich einen anderen, in dieser Welt gefangenen Menschen gezeigt hatte. Nur bedauerte ich, daß wir womöglich nicht miteinander kommunizieren konnten, weil dieser Fremde vielleicht einer der alten Zauberer war und zu einer anderen Zeit als der meinen gehörte.

Je stärker meine Freude und meine Neugier wurden, desto schwerer wurde ich, bis ich mich irgendwann so schwer fühlte, daß ich wieder in meinem Körper war – und wieder in meiner Welt. Ich war in Los Angeles, in einem Park neben der University of California. Ich stand auf dem Rasen, in einer Reihe mit Leuten, die Golf spielten.

Die Person vor mir hatte, genau wie ich, eben erst feste Gestalt angenommen. Flüchtig schauten wir einander an. Es war ein Mädchen, vielleicht sechs bis sieben Jahre alt. Ich glaubte, sie zu kennen. Während ich sie anschaute, wuchsen meine Freude und Neugier so über alle Maßen, daß sie eine Umkehrung des Vorgangs auslösten: ich verlor rasch an Gewicht und Masse, so daß ich im nächsten Moment wieder ein Klumpen Energie war, in jenem Reich der anorganischen Wesen. Der Scout kam zu mir zurück und zerrte mich eilig fort.

Ich erwachte mit einem Anfall von Angst. Während des Auftauchens in die Alltagswelt hatte irgend etwas mir eine Botschaft zukommen lassen. Meine Gedanken rotierten bei dem Versuch, zusammenzufügen, was ich wußte oder zu wissen glaubte. Mehr als achtundvierzig Stunden, ununterbrochen, versuchte ich Klarheit zu finden über ein verborgenes Gefühl oder verborgenes Wissen, das in mir hängengeblieben war. Mein einziger Erfolg war, daß ich eine Kraft spürte – außerhalb meines Körpers, wie ich mir einbildete –, die mir sagte, ich dürfe meinem Träumen nicht mehr vertrauen.

Nach ein paar Tagen machte sich eine dunkle und rätselhafte Gewißheit in mir breit, eine Gewißheit, die langsam wuchs, bis ich keine Zweifel mehr an ihrer Berechtigung hatte: ich war sicher, daß der Klumpen blauer Energie ein Gefangener im Reich der anorganischen Wesen sei.

Mehr denn je brauchte ich jetzt Don Juans Rat. Ich wußte, ich stand im Begriff, die Frucht jahrelanger Arbeit aus dem Fenster zu werfen, aber ich konnte nicht anders. Ich ließ alles stehen und liegen und floh nach Mexiko.

»Was willst du eigentlich?« fragte mich Don Juan, um mein hysterisches Geplapper zu besänftigen.

Ich konnte ihm nicht erklären, was ich wollte, weil ich es selbst nicht wußte.

»Dein Problem muß schwierig sein, wenn du so Hals über Kopf gelaufen kommst«, sagte Don Juan mit nachdenklichem Gesicht.

»Das ist es. Auch wenn ich nicht herausfinden kann, was eigentlich mein Problem ist«, sagte ich.

Er forderte mich auf, ihm meine Traumübungen mit allen dazugehörigen Einzelheiten zu schildern. Ich erzählte ihm von dem kleinen Mädchen aus meiner Vision, und wie sie mich emotional berührt hatte. Er gab mir sofort den Rat, ich solle den Zwischenfall vergessen und darin einen offenkundigen Versuch der anorganischen Wesen erkennen, meine Phantasien zu nähren. Wenn man dem Träumen zuviel Bedeutung beimesse, bemerkte er, werde es zu dem, was es für die alten Zauberer war: eine unerschöpfliche Quelle des Sichgehenlassens.

Aus einem unerklärlichen Grund war ich nicht bereit, Don Juan von dem Reich der Schattenwesen zu erzählen. Erst als er meine Vision des kleinen Mädchens so geringschätzig abtat, fühlte ich mich gezwungen, ihm meinen Besuch in dieser Welt zu schildern. Lange schwieg er, als sei er überwältigt.

Als er endlich weitersprach, sagte er: »Du bist noch einsamer, als ich dachte. Denn ich kann über deine Traumübungen nicht mit dir sprechen. Du bist in der Lage der alten Zauberer. Ich kann dir nur noch einmal wiederholen, daß du alle Vorsicht walten lassen mußt, deren du fähig bist.«

»Wieso meinst du, ich sei in der Lage der alten Zauberer?«

»Ich habe dir immer wieder gesagt, daß deine Grundstimmung jener der alten Zauberer gefährlich verwandt ist. Sie waren sehr begabte Leute. Ihr Fehler war, daß sie sich in das Reich der an organischen Wesen stürzten wie Fische ins Wasser. Du sitzt im gleichen Boot. Du weißt Dinge über diese Welt, die keiner von uns sich vorstellen kann. Ich zum Beispiel habe niemals die Schattenwelt kennengelernt; auch nicht der Nagual Julian oder der Nagual Elias – trotz der Tatsache, daß dieser sich lange in der Welt der anorganischen Wesen aufgehalten hat.«

»Welchen Unterschied macht es aber, die Schattenwelt zu kennen?«

»Einen großen Unterschied. Dorthin werden die Träumer nur geführt, wenn die anorganischen Wesen sicher sind, daß die Träumer in dieser Welt bleiben werden. Das wissen wir aus den Geschichten der alten Zauberer.«

»Ich kann dir versichern, Don Juan, daß ich nicht die Absicht habe, dort zu bleiben. Du sprichst, als sei ich im Begriff, mich durch Verheißungen von Macht und persönlichen Diensten ködern zu lassen. Ich habe an solchen Dingen kein Interesse, glaube mir.«

»Jetzt ist es nicht mehr so einfach. Du bist über den Punkt hinaus, wo du einfach aufhören könntest. Außerdem hattest du das Pech, von einem wäßrigen anorganischen Wesen entdeckt zu werden. Erinnerst du dich, wie du mit ihm gerungen hast? Und wie es sich anfühlte? Damals sagte ich dir, daß die wäßrigen anorganischen Wesen die lästigsten sind. Sie sind abhängig und besitzergreifend, und wenn sie ihren Haken erst ausgeworfen haben, geben sie niemals auf.«

»Und was bedeutet dies in meinem Fall, Don Juan?«

»Es bedeutet ernste Schwierigkeiten. Die Fäden bei diesem Spiel zieht nämlich das anorganische Wesen, das du an jenem verhängnisvollen Tag angefaßt hast. Im Lauf der Jahre ist es mit dir vertraut geworden. Es kennt dich genau.«

Ich sagte Don Juan ganz aufrichtig, daß mir übel würde bei der bloßen Vorstellung, ein anorganisches Wesen könnte so eng vertraut mit mir sein.

»Wenn Träumer erkennen, daß sie sich nicht zu den anorganischen Wesen hingezogen fühlen«, sagte er, »ist es meistens zu spät. Bis dahin haben die anorganischen Wesen sie schon im Sack.«

Im Innersten hatte ich allerdings das Gefühl, daß Don Juan nur abstrakt von Gefahren sprach, die wohl theoretisch, nicht aber in der Praxis existieren mochten. Insgeheim war ich überzeugt, daß ich nicht in Gefahr sei.

»Ich werde mich nicht von den anorganischen Wesen verlocken lassen – falls du das meinst«, sagte ich.

»Ich meine, daß sie dich überlisten werden«, sagte er. »Wie sie auch den Nagual Rosendo überlistet haben. Sie werden dich hereinlegen, und du wirst die Falle nicht sehen, nicht mal argwöhnen. Sie verstehen ihr Handwerk. Jetzt haben sie sogar ein kleines Mädchen für dich erfunden.«

»Aber für mich gibt es keinen Zweifel, daß dieses Mädchen existiert«, beharrte ich.

»Es gibt kein kleines Mädchen«, herrschte er mich an. »Dieser bläuliche Energieklumpen ist ein Scout. Ein Kundschafter, gefangen im Reich der anorganischen Wesen. Ich habe dir doch gesagt, daß die anorganischen Wesen wie Fischer sind. Sie ködern und fangen Bewußtsein.«

Don Juan war fest davon überzeugt, daß dieser bläuliche Klumpen Energie aus einer ganz anderen Dimension als der unseren gekommen sei – ein Scout, verirrt und gefangen wie eine Fliege im Netz einer Spinne.

Sein Vergleich gefiel mir überhaupt nicht. Er beunruhigte mich so stark, daß ich körperliche Beklemmung spürte. Ich verriet Don Juan nichts davon, und er sagte mir, daß mein Interesse für den gefangenen Scout ihn zur Verzweiflung treiben könne.

»Warum machst du dir Sorgen?« fragte ich.

»Es braut sich etwas zusammen in dieser verdammten Welt«, sagte er. »Und ich finde nicht heraus, was es ist.«

Solange ich bei Don Juan und seinen Gefährten blieb, träumte ich niemals von der Welt der anorganischen Wesen. Mein Training bestand wie immer darin, meine Traum-Aufmerksamkeit auf die Gegenstände meiner Träume sowie auf das Wechseln der Träume zu konzentrieren. Um meine Ängste zu neutralisieren, ließ Don Juan mich auf Wolken und ferne Berggipfel starren. Die Folge war, daß ich mich sogleich auf gleicher Höhe mit den Wolken fühlte – ein Gefühl, als befinde ich mich tatsächlich auf den fernen Gipfeln.

»Ich bin sehr zufrieden mit dir, aber auch sehr besorgt«, bemerkte Don Juan zu meinen Bemühungen. »Du lernst wahre Wunder kennen, aber du weißt es nicht mal. Und ich behaupte nicht, daß ich dich diese Dinge lehren würde.«

»Du meinst die anorganischen Wesen, nicht wahr?«

»Ja, die anorganischen Wesen. Ich möchte dir empfehlen, nichts mehr anzustarren. Das Anstarren war die Technik der alten Zauberer. Sie verstanden es, im Handumdrehen ihren Energiekörper zu erreichen, einfach indem sie Gegenstände ihrer Wahl anstarrten. Eine sehr eindrucksvolle Technik, aber nutzlos für moderne Zauberer. Sie ist nicht geeignet, unsere Nüchternheit oder unsere Suche nach Freiheit zu fördern. Sie nagelt uns lediglich am Konkreten fest, und das ist ein wenig wünschenswerter Zustand.«

Ich müsse mich zurückhalten, fügte Don Juan hinzu, sonst würde ich mich zu einem ganz unerträglichen Menschen entwickeln, wenn ich die zweite Aufmerksamkeit erst mit der Aufmerksamkeit meines täglichen Lebens verschmolzen hätte. Es gebe eine gefährliche Kluft, sagte er, zwischen meiner Beweglichkeit in der zweiten Aufmerksamkeit und meiner hartnäckigen Unbeweglichkeit im alltäglichen Bewußtsein. Die Kluft zwischen beiden sei so groß, meinte er, daß ich in meinem normalen Zustand fast ein Idiot, in der zweiten Aufmerksamkeit aber ein Verrückter sei.

Bevor ich nach Hause fuhr, nahm ich mir die Freiheit, mit Carol Tiggs über meine Traumvisionen der Schattenwelt zu sprechen, obwohl Don Juan mir dringend empfohlen hatte, diese Erfahrungen mit niemandem zu diskutieren. Carol war sehr verständnisvoll und interessiert, denn sie war das vollkommene Gegenstück zu mir. Don Juan war sehr verärgert über mich, weil ich ihr von meinen Schwierigkeiten erzählt hatte. Ich kam mir sehr schlecht vor. Von Selbstmitleid geplagt, jammerte ich, wieso ich denn immer das Falsche tun müsse.

»Bislang hast du noch gar nichts getan«, herrschte Don Juan mich an. »Das ist mir klar.«

Oh, wie recht hatte er! Bei meiner nächsten Traumübung, wieder zu Hause, brach die Hölle los. Ich erreichte die Schattenwelt, wie ich es unzählige Male getan hatte; der Unterschied war diesmal die Anwesenheit der blauen Energiegestalt. Sie befand sich unter den anderen Schattenwesen. Dabei hielt ich es wohl für möglich, daß diese Energieformation früher schon da gewesen war, ohne daß ich es merkte. Kaum hatte ich sie entdeckt, wurde meine Traum-Aufmerksamkeit von dieser Energiegestalt angezogen. Im nächsten Moment war ich bei ihr. Wie immer kamen auch die anderen Schatten heran, aber ich achtete nicht auf sie.

Ganz plötzlich verwandelte sich die runde blaue Gestalt in das kleine Mädchen, das ich beim letzten Mal gesehen hatte. Sie bog ihren zierlichen langen Hals zur Seite und sagte, kaum hörbar flüsternd: »Hilf mir!« Entweder sagte sie es, oder ich phantasierte, daß sie es gesagt hätte. Das Ergebnis war dasselbe: ich stand wie erstarrt, aufgewühlt von echter Anteilnahme. Ich spürte ein Frösteln, aber nicht in meiner Energiegestalt. Es war ein anderer Teil von mir, der dieses Frösteln spürte. Zum erstenmal war mir klar bewußt, daß meine Erfahrung völlig getrennt war von meinen Sinnesempfindungen. Ich erlebte die Schattenwelt – mit all den Bedingungen, die für mich Erleben ausmachen: ich konnte denken, urteilen, Entscheidungen treffen; ich hatte eine psychische Kontinuität. Mit anderen Worten, ich war ich selbst. Das einzige, was fehlte, war mein sensorisches Selbst. Ich hatte keinerlei Körperempfindungen. Alle Wahrnehmungen waren auf Sehen und Hören beschränkt. Und nun stand mein rationales Denken vor einem sonderbaren Dilemma: Sehen und Hören waren keine körperlichen Fähigkeiten, sondern Eigenschaften der Visionen, die ich hatte.

»Du siehst und hörst tatsächlich«, sagte die Stimme des Botschafters, in meine Gedanken einbrechend. »Dies ist das Schöne an unserer Welt. Du kannst alles durch Sehen und Hören erleben, ohne daß du atmen müßtest. Denk doch nur, du brauchst nicht zu atmen. Du kannst überall hingehen, in diesem Universum, ohne zu atmen.«

Eine Welle höchst beunruhigenden Gefühls überschwemmte mich, und wieder spürte ich es nicht dort, in der Schattenwelt. Mein Gefühl war anderswo. Und dann überwältigte mich die offenkundige, wenn auch anfangs verschleierte Erkenntnis, daß es eine lebendige Verbindung gab zwischen dem Ich, das erlebte, und einer Energiequelle, einer Quelle sensorischer Empfindung, die sich irgendwo anders befand. Mir kam der Gedanke, daß dieses Anderswo mein wirklicher, physischer Körper sein müsse, der schlafend in meinem Bett lag.

Im selben Augenblick, als ich dies dachte, huschten die Schattenwesen davon, und einzig das kleine Mädchen blieb in meinem Gesichtsfeld. Ich beobachtete sie und war überzeugt, daß ich sie kannte. Sie schien zu wanken, als würde sie gleich in Ohnmacht fallen. Und mich erfaßte eine grenzenlose Liebe zu ihr.

Ich versuchte mit ihr zu sprechen, brachte aber keinen Laut hervor. Da wurde mir klar, daß alle meine Dialoge mit dem Botschafter durch die Energie des Botschafters ausgelöst und bewerkstelligt worden waren. Auf mich selbst angewiesen, war ich hilflos. Als nächstes versuchte ich meine Gedanken auf das Mädchen zu lenken. Es war vergeblich. Wir waren getrennt durch einen Schirm von Energie, den ich nicht durchdringen konnte.

Das kleine Mädchen schien meine Notlage zu begreifen und kommunizierte tatsächlich mit mir – direkt durch meine Gedanken. Im wesentlichen erzählte sie mir, was Don Juan mir gesagt hatte: daß sie ein Scout sei, gefangen in den Netzen dieser Welt. Und sie fügte hinzu, daß sie die Gestalt eines kleinen Mädchens angenommen habe, weil diese Gestalt mir und auch ihr vertraut sei, und daß sie meine Hilfe brauche, genau wie ich die ihre. All dies sagte sie mir mit einem einzigen Bündel energetischen Gefühls – wie Wörter, die alle gleichzeitig auf mich einströmten. Ich hatte gar kein Problem, sie zu verstehen, obwohl es das erste Mal war, daß mir so etwas widerfuhr.

Ich wußte nicht, was ich tun sollte. Ich versuchte ihr mein Gefühl der Unfähigkeit zu vermitteln. Sie schien mich unmittelbar zu verstehen. Sie flehte mich an, mit einem stummen, lodernden Blick. Sie lächelte sogar, wie um mich wissen zu lassen, daß sie mir zutraute, sie von ihren Fesseln zu befreien. Als ich – in Gedanken – erwiderte, daß ich keinerlei Möglichkeiten dazu hätte, machte sie ganz den Eindruck eines hysterischen Kindes in hoffnungsloser Wut.

Aufgeregt versuchte ich mit ihr zu sprechen. Das kleine Mädchen weinte sogar – wie Mädchen ihres Alters wohl weinen: aus Furcht und Verzweiflung. Ich ertrug es nicht mehr. Ich stürzte zu ihr hin – aber ohne entsprechende Wirkung. Meine Energiemasse ging durch sie hindurch. Ich hatte daran gedacht, sie hochzuheben und mitzunehmen.

Und dies versuchte ich immer wieder, bis ich ganz erschöpft war. Ich blieb stehen, um meinen nächsten Schritt zu überlegen. Ich befürchtete, daß meine Traum-Aufmerksamkeit schwinden und ich das Mädchen aus dem Blick verlieren könnte. Dabei bezweifelte ich, ob die anorganischen Wesen mich noch einmal in diesen Teil ihrer Welt führen würden. Und zudem glaubte ich, dies sei mein letzter Besuch bei ihnen: der Besuch, auf den es ankam.

Dann tat ich etwas Unvorstellbares. Bevor meine Traum-Aufmerksamkeit schwand, schrie ich laut und deutlich meine Absicht hinaus, meine Energie mit der Energie dieses gefangenen Scouts zu verschmelzen und ihn zu befreien.

7. Der blaue Scout

Ich träumte einen ganz unsinnigen Traum. Carol Tiggs war neben mir. Sie sprach auf mich ein, obwohl ich nicht verstand, was sie sagte. Auch Don Juan kam in meinem Traum vor, wie alle übrigen Mitglieder seiner Gruppe. Anscheinend versuchten sie mich aus einer gelblichen Nebelwelt herauszuziehen.

Nach schwersten Anstrengungen, und während ich mehrmals die Sicht verlor und wiedererlangte, schafften sie es, mich von diesem Ort loszureißen. Da ich nicht verstand, welchen Sinn das Ganze hatte, glaubte ich schließlich, ich hätte einen normalen, wenn auch absurden Traum.

Wie überrascht war ich aber, als ich erwachte und mich im Bett fand, in Don Juans Haus. Ich konnte mich nicht bewegen. Ich hatte keine Energie mehr. Ich wußte nicht, was ich glauben sollte, auch wenn ich das Gefährliche meiner Lage spürte. Ich hatte das unbestimmte Gefühl, daß ich durch die Erschöpfung nach meinem Träumen all meine Energie verloren hatte.

Don Juans Gefährten, so schien es, waren sehr mitgenommen von dem, was mit mir geschah. Einer nach dem anderen kamen sie immer wieder zu mir ins Zimmer. Jeder blieb ein Weilchen und schwieg, bis der nächste sich einstellte. Mir schien es, als wachten sie abwechselnd bei mir. Ich war zu schwach, als daß ich sie hätte bitten können, mir ihr Verhalten zu erklären.

Im Lauf der folgenden Tage ging es mir etwas besser, und sie begannen mit mir über mein Träumen zu sprechen. Anfangs wußte ich nicht, was sie von mir wollten. Dann dämmerte mir, aufgrund ihrer Fragen, daß es ihnen um die Schattenwesen ging. Alle wirkten sie verängstigt und sagten mir mehr oder minder dasselbe: sie behaupteten, sie wären selbst nie in der Schattenwelt gewesen. Einige behaupteten sogar, nicht zu wissen, daß sie überhaupt existierte. Ihre Behauptungen und Reaktionen steigerten meine Verwirrung und Furcht.

Sie stellten mir Fragen, wie etwa: »Wer hat dich in diese Welt

geführt?« oder »Woher wußtest du, wie man dorthin gelangt?«
Als ich ihnen sagte, daß die Scouts mir diese Welt gezeigt hätten,
wollten sie mir nicht glauben. Anscheinend nahmen sie an, daß
ich wohl dort gewesen sei, aber da sie keinerlei persönliche Erfahrungen mit dieser Welt hatten, konnten sie nicht ermessen, was
ich sagte. Dennoch wollten sie alles wissen, was ich ihnen über die
Schattenwesen und ihre Welt berichten konnte. So tat ich ihnen
den Gefallen. Und alle, mit Ausnahme Don Juans, saßen bei mir
am Bett und hingen an meinen Lippen. Doch jedesmal, wenn ich
sie um ihre Meinung über meine Situation befragte, huschten sie
hinaus, genau wie Schattenwesen.
Eine weitere alarmierende Reaktion, die sie früher nicht gezeigt
hatten, war, daß sie sich ängstlich bemühten, jeglichen physischen
Kontakt mit mir zu vermeiden. Sie hielten Abstand, als hätte ich
die Pest. Ihre Reaktion beunruhigte mich so sehr, daß ich sie
deshalb befragen mußte. Sie leugneten es. Sie schienen beleidigt
und gingen sogar so weit, mir beweisen zu wollen, daß ich im
Unrecht sei. Über die gespannte Situation, die sich daraus ergab,
mußte ich herzlich lachen. Jedesmal, wenn sie mich zu umarmen
versuchten, erstarrten sie am ganzen Körper.
Florinda Grau, Don Juans engste Vertraute, war die einzige aus
seiner Gruppe, die sich mir körperlich näherte und mich pflegte.
Sie versuchte mir auch zu erklären, was eigentlich los war. Sie
sagte, meine Energie sei in der Welt der anorganischen Wesen
völlig entladen und dann wieder aufgeladen worden, doch meine
neue Energie sei ziemlich beängstigend für die meisten von ihnen.
Jeden Abend brachte Florinda mich zu Bett, als sei ich ein Inva-
lide. Sie sprach sogar in zärtlicher Kindersprache zu mir, was alle
anderen mit schallendem Gelächter begleiteten. Ganz gleich
aber, wie sehr mich Florinda veralberte, war ich ihr dankbar für
ihre Anteilnahme, die echt zu sein schien.
Von Florinda habe ich schon in einem früheren Buch erzählt, im
Zusammenhang meiner Begegnung mit ihr. Sie war bei weitem
die schönste Frau, die ich je gesehen habe. Einmal sagte ich zu
ihr, und ich meinte es ganz ehrlich, sie hätte Fotomodell in einem
Modejournal sein können. »In einem Journal aus dem Jahr 1910«,
erwiderte sie.
Florinda war alt, und doch nicht alt. Sie war jung und vibrierend

vor Energie. Als ich Don Juan nach ihrer ungewöhnlich jugend-
lichen Erscheinung befragte, antwortete er, daß die Zauberei sie
so lebendig halte. Die Energie der Zauberer, meinte er, wirke auf
den Betrachter als Jugend und Kraft.

Nachdem Don Juans Gefährten ihre anfängliche Neugier auf die
Schattenwelt befriedigt hatten, stellten sie ihre Besuche in meinem Zimmer ein, und ihre Unterhaltung bewegte sich fortan im
Rahmen gelegentlicher Erkundigungen nach meiner Gesundheit.
Doch jedesmal, wenn ich aufzustehen versuchte, war jemand da,
der mich mit sanfter Gewalt wieder zu Bett brachte. Ich wünschte
ihre Fürsorglichkeit nicht, aber anscheinend brauchte ich sie. Ich
war schwach. Dies mußte ich akzeptieren. Was aber wirklich an
meinen Nerven zerrte, war, daß niemand mir erklären konnte,
was ich eigentlich in Mexiko machte, während ich mich in Los
Angeles ins Bett gelegt hatte, um zu träumen. Ich befragte sie
immer wieder. Alle gaben sie mir die gleiche Antwort: »Frage den
Nagual. Er ist der einzige, der es erklären kann.«

Endlich brach Florinda das Eis: »Du wurdest in eine Falle gelockt. Das ist's, was dir passierte.«

»Wo wurde ich in eine Falle gelockt?«

»Natürlich in der Welt der anorganischen Wesen. Das ist die Welt,
mit der du dich seit Jahren beschäftigst, nicht wahr?«

»Ganz gewiß, Florinda. Aber kannst du mir verraten, was das für
eine Falle war?«

»Nicht eigentlich. Nur soviel kann ich dir sagen, daß du dort alle
Energie verloren hast. Aber du hast dich sehr gut gewehrt.«

»Warum bin ich krank, Florinda?«

»Du leidest an keiner Krankheit. Du wurdest energetisch verwun-
det. Es war sehr kritisch, aber jetzt bist du nur noch schwer
verletzt.«

»Wie konnte all das passieren?«

»Du hast dich auf einen tödlichen Kampf mit den anorganischen
Wesen eingelassen, und du wurdest besiegt.«

»Ich kann mich an keinen Kampf erinnern, Florinda.«

»Ob du dich erinnerst oder nicht, darauf kommt es nicht an. Du
hast gekämpft, und du hast verloren. Du hattest keine Chance
gegen diese Meister der Manipulation.«

»Ich habe mit den anorganischen Wesen gekämpft?«

»Ja. Du hattest mit ihnen eine Begegnung auf Leben und Tod. Ich weiß tatsächlich nicht, wie du ihren tödlichen Schlag überlebt hast.«

Sie war nicht bereit, mir mehr zu verraten, und deutete an, der Nagual könne jeden Tag kommen und mich besuchen.

Am nächsten Tag erschien Don Juan. Er gab sich jovial und hilfsbereit. Scherzend verkündete er, daß er in seiner Eigenschaft als Energie-Doktor gekommen sei. Er untersuchte mich, indem er mich von Kopf bis Fuß anstarrte. »Du bist beinah geheilt«, erklärte er.

»Was ist mit mir passiert, Don Juan?« fragte ich.

»Die anorganischen Wesen haben dir eine Falle gestellt, und du bist hineingetappt«, antwortete er.

»Wie bin ich hierher gekommen?«

»Genau dies ist das große Rätsel«, sagte er und lächelte gönnerhaft – offenkundig bemüht, eine schwierige Frage leichtzunehmen. »Die anorganischen Wesen schnappten dich mit Haut und Haaren. Zuerst brachten sie deinen Energiekörper in ihr Reich, als du einem ihrer Scouts folgtest, und dann nahmen sie deinen physischen Körper.«

Don Juans Gefährten wirkten schockiert. Einer von ihnen fragte Don Juan, ob die anorganischen Wesen einen gewaltsam entführen könnten. Natürlich könnten sie dies, antwortete Don Juan. Und er erinnerte die anderen daran, daß der Nagual Elias in diese Welt entführt worden sei, obwohl er wirklich nicht die Absicht gehabt habe, dorthin zu gehen.

Alle stimmten kopfnickend zu. Don Juan sprach weiter zu ihnen, mich in der dritten Person erwähnend. Er sagte, daß die kombinierte Bewußtheit einer Gruppe solcher Wesen zuerst meinen Energiekörper verzehrt habe, indem sie mich zu einem Gefühlsausbruch zwangen: nämlich, den blauen Scout zu befreien. Dann habe die kombinierte Bewußtheit dieser Gruppe von anorganischen Wesen meine feste physische Masse in ihre Welt geschafft. Denn ohne den Energiekörper, fügte Don Juan hinzu, sei man nur ein Klumpen organischer Materie, der vom Bewußtsein leicht manipuliert werden kann.

»Die anorganischen Wesen hängen aneinander, wie die Zellen unseres Körpers«, fuhr Don Juan fort. »Wenn sie ihre Bewußtheit bündeln, sind sie unschlagbar. Es ist für sie eine Kleinigkeit, uns aus unserer Verankerung zu reißen und in ihre Welt zu stoßen.

Besonders wenn wir uns so auffällig verfügbar machen, wie er es getan hat.«

Die Seufzer und Schreckenslaute der anderen hallten von den Wänden wider. Alle schienen sie tief entsetzt und besorgt.

Ich wollte schon jammern und Don Juan Vorwürfe machen, weil er mich nicht zurückgehalten hatte; dann aber fiel mir ein, wie er mich immer wieder gewarnt hatte, wie er vergeblich versucht hatte, mich davon abzuhalten. Don Juan war sich durchaus bewußt, was in mir vorging. Er schenkte mir ein wissendes Lächeln.

»Du fühltest dich krank«, sagte er, »weil deine Energie von den anorganischen Wesen entladen und dann mit ihrer Energie wieder aufgeladen worden ist. So etwas hätte genügt, um jeden zu töten. Aber als Nagual hast du zusätzliche Energien, und darum bist du mit knapper Not entronnen.«

Ich sagte zu Don Juan, daß ich mich an Bruchstücke eines zusammenhanglosen Traums erinnerte, in dem ich mich in einer gelb vernebelten Welt befand. Er, Carol Tiggs und seine übrigen Gefährten hätten mich dort herausgezogen.

»Das Reich der anorganischen Wesen erscheint vor dem physischen Auge als eine gelbe Nebelwelt«, sagte er. »Als du einen zusammenhanglosen Traum zu träumen glaubtest, schautest du tatsächlich zum erstenmal mit deinen physischen Augen das Universum der anorganischen Wesen. Und so seltsam es dir scheinen mag, es war auch für uns das erste Mal. Wir wissen von dem gelben Nebel nur aus Geschichten der Zauberer, nicht aus eigener Erfahrung.«

Was er da sagte, war mir völlig unverständlich. Don Juan beteuerte aber, daß eine umfassendere Erklärung nicht möglich sei, weil es mir an Energie fehle. Ich müsse mich damit abfinden, meinte er, was er mir sagte und wie ich es verstünde.

»Ich verstehe es überhaupt nicht«, beharrte ich.

»Dann hast du nichts verloren«, sagte er. »Wenn du stärker geworden bist, wirst du selbst Antworten auf deine Fragen finden.«

Ich gestand Don Juan, daß ich Hitzewallungen hatte. Plötzlich stieg meine Temperatur, und während mir heiß wurde, bis ich schwitzte, hatte ich außerordentliche, aber beängstigende Einsichten in meine Situation.

Don Juan prüfte meinen ganzen Körper mit seinem durchdringenden Blick. Er sagte, ich sei in einem energetischen Schockzustand. Der Energieverlust habe mich zeitweilig geschwächt, und was ich nun als Hitzewallungen erlebte, wären in Wirklichkeit Energieschübe, bei denen ich augenblicklich die Kontrolle über meinen Energiekörper wiedergewann und erkannte, was mit mir geschehen sei.

»Strenge dich an und sage mir selbst, was dir in der Welt der anorganischen Wesen geschehen ist«, befahl er mir.

Und so erzählte ich ihm, ich hätte von Zeit zu Zeit den klaren Eindruck, daß er und seine Gefährten mit ihrem physischen Körper in diese Welt gekommen wären und mich den anorganischen Wesen entrissen hätten.

»Richtig!« rief er. »Gut gemacht. Und nun verwandle diesen Eindruck in ein Bild dessen, was passierte.«

So sehr ich es auch versuchte, es wollte mir nicht gelingen, was er von mir verlangte. Mein Scheitern erlebte ich als ungewöhnliche Müdigkeit, die mich von innen her auszutrocknen schien. Bevor Don Juan hinausging, sagte ich zu ihm, daß ich unter Angst litte.

»Das hat nichts zu bedeuten«, sagte er unbekümmert. »Sieh zu, daß du deine Energie wiedergewinnst, und sorge dich nicht um solchen Quatsch.«

Es vergingen mehr als zwei Wochen, während langsam meine Energie wiederkehrte. Dennoch machte ich mir weiterhin Sorgen um alles und jedes. Vor allem sorgte ich mich um ein Gefühl, mir selber fremd geworden zu sein – namentlich eine gewisse Kälte in mir, die ich bislang nicht bemerkt hatte, eine Art Gleichgültigkeit und Distanziertheit, die ich auf meinen Mangel an Energie zurückführte, bis ich diese wiederfand. Dann aber wurde mir klar, daß es eine neue Eigenschaft meines Wesens war – eine Eigenschaft, die mich dauernd von meinen Gefühlen trennte. Um Gefühle hervorzurufen, die ich gewöhnt war, mußte ich sie umständlich heraufbeschwören und einen Augenblick warten, bis sie sich einstellten.

Eine weitere neue Eigenschaft meines Wesen war eine befremdliche Sehnsucht, die mich von Zeit zu Zeit überfiel. Ich sehnte mich nach irgend jemandem, den ich nicht kannte. Es war ein so überwältigendes und verzehrendes Gefühl, daß ich, wenn ich es erlebte, unaufhörlich im Zimmer auf und ab laufen mußte, um Linderung zu finden. Die Sehnsucht blieb mir, bis ich lernte, mir eine weitere Neuerung in meinem Leben zunutze zu machen: eine unbeugsame Selbstkontrolle, so neu und so mächtig, daß sie mir noch mehr Anlaß zur Sorge gab.

Gegen Ende der vierten Woche glaubten alle, daß ich endlich genesen sei. Sie schränkten ihre Besuche drastisch ein. Die meiste Zeit blieb ich allein und schlief. Die Ruhe und Entspannung, die ich genoß, war so vollkommen, daß meine Energie merklich zunahm. Ich fühlte mich wieder ich selbst werden. Ich begann sogar wieder zu üben.

Eines Tages – gegen Mittag, nach einem leichten Imbiß – kehrte ich auf mein Zimmer zurück, um ein Schläfchen zu halten. Kurz bevor ich in tiefen Schlaf versank, wälzte ich mich im Bett hin und her und versuchte eine bequemere Lage zu finden, als ein sonderbarer Druck auf meine Schläfen mich zwang, die Augen zu öffnen. Das kleine Mädchen aus der Welt der anorganischen Wesen stand am Fußende meines Bettes und sah mich mit ihren kalten, stahlblauen Augen an.

Ich sprang aus dem Bett und schrie so laut, daß drei von Don Juans Gefährten bei mir im Zimmer waren, bevor ich zu schreien aufhörte. Sie waren sprachlos. Entsetzt schauten sie zu, wie sich das kleine Mädchen mir näherte und dann durch die Schranke meines leuchtenden Körpers zurückgehalten wurde. Eine Ewigkeit schauten wir einander an. Sie wollte mir etwas sagen, was ich zuerst nicht verstand, doch im nächsten Moment war es mir sonnenklar: damit ich verstehen könne, was sie sagte, so bedeutete sie mir, müsse ich mein Bewußtsein aus meinem physischen Körper in meinen Energiekörper verlagern.

In diesem Augenblick trat Don Juan ins Zimmer. Das kleine Mädchen und Don Juan starrten einander an. Wortlos drehte sich Don Juan um und ging hinaus. Das kleine Mädchen huschte hinter ihm durch die Tür.

Unbeschreiblich war der Aufruhr, den diese Szene unter Don Juans Gefährten auslöste. Alle verloren die Fassung. Anscheinend hatten sie alle gesehen, wie das kleine Mädchen mit dem Nagual aus dem Zimmer ging.

Ich selbst glaubte zu explodieren. Ich befürchtete eine Ohnmacht und mußte mich setzen. Die Anwesenheit des kleinen Mädchens hatte ich als Schlag gegen mein Zwerchfell erlebt. Sie hatte eine erstaunliche Ähnlichkeit mit meinem Vater. Sentimentale Empfindungen überfielen mich. Ich fragte mich, was dies alles bedeuten mochte, bis mir tatsächlich übel wurde.

Als Don Juan ins Zimmer zurückkehrte, hatte ich mich wieder etwas in der Hand. Vor lauter Erwartung, von ihm zu hören, was er über das kleine Mädchen wußte, konnte ich kaum noch atmen. Die anderen waren ebenso aufgeregt wie ich. Alle redeten sie gleichzeitig auf Don Juan ein – und lachten, als sie es merkten. Vor allem wollten sie erfahren, ob sie alle das Auftreten des Scouts auf die gleiche Weise wahrgenommen hätten. Alle stimmten darin überein, daß sie ein kleines Mädchen gesehen hatten, sechs bis sieben Jahre alt, sehr mager, mit kantigen, schönen Gesichtszügen. Auch waren sie sich einig, daß das Mädchen stahlblaue Augen hatte, lodernd vor stummem Gefühl. Treue und Dankbarkeit sprächen aus diesen Augen, sagten sie.

Die Beschreibung, die die anderen von dem Mädchen gaben, konnte ich selbst in allen Details bestätigen. Ihre Augen waren so leuchtend und überwältigend, daß ihr Anblick für mich beinah qualvoll war. Auf meiner Brust hatte ich das Gewicht ihres Blicks gespürt.

Eine schwerwiegende Frage, die Don Juans Gefährten bewegte und die in mir Widerhall fand, betraf die Folgen dieses Ereignisses. Alle waren sich einig, daß ein Scout ein Stück fremder Energie sei, eingedrungen durch die Mauern, welche die zweite Aufmerksamkeit von der Alltagswelt scheiden. Nachdem sie alle, ohne zu träumen, die fremde Energie in die Gestalt eines Menschenkindes projiziert gesehen hatten, waren sie überzeugt, daß dieses Kind existierte.

Es müsse Hunderte, wenn nicht Tausende solcher Fälle geben, behaupteten sie, in denen fremde Energie unbemerkt durch die natürlichen Schranken in unsere menschliche Welt einsickert, doch in der Geschichte ihrer Linie von Zauberern wurden Ereignisse solcher Art nicht erwähnt. Was sie am meisten beunruhigte, war, daß es darüber tatsächlich keine Zauberer-Geschichten gab.

»Ist es das erste Mal in der Geschichte der Menschheit, daß so etwas geschah?« fragte einer von ihnen Don Juan.

»Ich glaube, es geschieht jederzeit, aber noch nie ist es auf so offenkundige, willentliche Art geschehen.«

»Was hat dies für uns zu bedeuten?« fragte ein anderer Don Juan.

»Für uns nichts – aber sehr viel für ihn«, sagte er, auf mich deutend.

Alle verfielen nun in ein beklemmendes Schweigen. Don Juan schritt eine Weile auf und ab. Dann blieb er vor mir stehen und sah mich an – mit allen Anzeichen eines Menschen, der keine Worte findet, um eine überwältigende Erkenntnis auszudrükken.

»Ich kann nicht mal annähernd die Bedeutung dessen abschätzen, was du getan hast«, sagte Don Juan schließlich in bestürztem Ton zu mir. »Du bist in eine Falle gestürzt, aber es war keine Falle von der Art, die ich befürchtete. Deine Falle war nur für dich allein bestimmt, und sie war tödlicher als alles, was ich mir vorgestellt hätte. Ich machte mir Sorgen, du könntest auf Schmeichelei und Dienstfertigkeit hereinfallen. Was ich nie bedacht habe, war, daß die Schattenwesen dir eine Falle stellen könnten, wobei sie deine tiefe Abneigung gegen Ketten benutzten.«

Don Juan hatte nämlich einmal seine und meine Einstellung zu Dingen verglichen, die uns in der Welt der Zauberer bedrückten. Ohne daß es bedauernd klang, sagte er, daß es ihm, so sehr er sich auch bemühte, niemals gelungen sei, eine ähnliche Zuneigung bei Menschen zu wecken, wie sein Lehrer, der Nagual Julian es konnte.

»Meine ganz unbefangene Einstellung, die ich dir offen auf den Tisch lege, besteht darin, daß ich aufrichtig sagen kann: es ist eben nicht mein Schicksal, absolute und blinde Zuneigung zu wecken. Also sei's darum.

Deine unbefangene Einstellung dagegen ist«, fuhr er fort», daß du keine Ketten ertragen kannst, und du würdest dein Leben aufs Spiel setzen, sie zu zerbrechen.«

Ich widersprach ihm und meinte, er übertreibe vielleicht. Meine Ansichten wären bei weitem nicht so klar.

»Keine Sorge«, sagte er lachend. »Zauberei ist Aktion. Wenn die Zeit gekommen ist, wirst du deine Leidenschaft ausagieren, genau wie ich die meine. Meine ist, mich mit meinem Schicksal abzufinden, nicht passiv wie ein Idiot, sondern aktiv wie ein Krieger. Deine ist, ganz vorbehaltlos und unbedacht loszustürmen, um die Ketten eines anderen zu zerbrechen.«

Als ich meine Energie mit der des Scout vermischte, so erklärte mir Don Juan, hätte ich wirklich aufgehört zu existieren. In all meiner Körperlichkeit sei ich in das Reich der anorganischen Wesen versetzt worden, und ohne den Scout, der Don Juan und seine Gefährten dorthin führte, wo ich war, wäre ich wohl gestorben oder in dieser Welt geblieben, für immer verloren.

»Warum führte der Scout euch dorthin, wo ich war?« fragte ich.

»Der Scout ist ein empfindendes Lebewesen aus einer anderen Dimension. Jetzt ist er ein kleines Mädchen. Und dieses Mädchen sagte mir, daß sie, um die nötige Energie zu gewinnen und die Schranken zu durchbrechen, die sie in der Welt der anorganischen Wesen gefangen hielten, deine ganze Energie von dir nehmen mußte. Dies ist nun ihr menschlicher Teil. Etwas wie Dankbarkeit führte sie zu mir. Als ich sie sah, wußte ich sofort, daß es dich erwischt hatte.«

»Was machtest du dann, Don Juan?«

»Ich mobilisierte alle, die ich erreichen konnte, vor allem Carol Tiggs, und wir flogen los – ins Reich der anorganischen Wesen.«

»Warum Carol Tiggs?«

»Erstens, weil sie unerschöpfliche Energie hat, und zweitens, weil sie sich mit dem Scout vertraut machen sollte. Wir alle haben durch diese Erfahrung etwas unermeßlich Wertvolles gefunden. Du und Carol Tiggs, ihr fandet den Scout. Und wir anderen fanden einen Grund, unsere ganze physische Existenz auf unseren Energiekörper zu stellen: wir wurden Energie.«

»Wie habt ihr das gemacht, Don Juan?«

»Wir haben gemeinsam und gleichzeitig unseren Montagepunkt verschoben. Den Rest besorgte unsere makellose Absicht, dich zu retten. Der Scout führte uns im Handumdrehen dorthin, wo du als Halbtoter lagst, und Carol schleppte dich heraus.«

Seine Erklärung war mir unverständlich. Don Juan lachte nur, als ich dies einzuwenden versuchte.

»Wie könntest du das verstehen, wo du nicht mal genügend Energie hast, um aus dem Bett zu steigen?« erwiderte er.

Ich mußte ihm gestehen, daß ich unendlich viel mehr zu wissen glaubte, als mein Verstand zugeben wollte; daß aber irgend etwas meine Erinnerung unter Verschluß hielt.

»Mangel an Energie ist es, was deine Erinnerung unter Verschluß hält«, sagte er. »Wenn du genügend Energie hast, wird dein Gedächtnis wieder ausgezeichnet arbeiten.«

»Glaubst du, ich werde mich an alles erinnern können, woran ich mich erinnern will?«

»Nicht ganz. Du magst wollen, soviel du willst, aber wenn das Maß deiner Energie nicht der Bedeutung dessen entspricht, was du weißt, kannst du deinem Wissen getrost Lebewohl sagen: es wird dir niemals zugänglich sein.«

»Also, was soll ich tun, Don Juan?«

»Energie hat die Neigung, zu akkumulieren. Folge nur makellos dem Pfad der Krieger, dann kommt der Moment, da dein Gedächtnis sich öffnen wird.«

Wenn ich Don Juan so sprechen hörte, gestand ich ihm, hatte ich das Gefühl, als ob ich mich nur vor Selbstmitleid gehenließ, als ob sonst alles in Ordnung sei.

»Du läßt dich nicht nur gehen«, sagte er. »Du warst tatsächlich energetisch tot, vor vier Wochen. Jetzt bist du nur noch ein wenig betäubt. Betäubung und Mangel an Energie verbergen dir dein Wissen. Natürlich weißt du mehr als wir alle über die Welt der anorganischen Wesen. Diese Welt war es, wofür die alten Zauberer sich ausschließlich interessierten. Und wir haben dir gesagt, daß wir nur durch die Geschichten der Zauberer von dieser Welt erfahren haben. Am meisten verwundert mich, muß ich ehrlich sagen, daß du selbst nun für uns zum Gegenstand einer Zauberer-Geschichte geworden bist.«

Ich konnte nur wiederholen, daß es für mich unvorstellbar sei, ich könnte etwas getan haben, was er nicht getan hatte. Andererseits wollte ich auch nicht glauben, daß er mir nur schmeicheln wolle.

»Weder schmeichle ich dir, noch rede ich dir nach dem Mund«, sagte er, sichtlich verärgert. »Ich stelle nur Tatsachen der Zauberei fest. Daß du mehr weißt über diese Welt als wir alle, sollte für dich kein Grund zur Zufriedenheit sein. Solch ein Wissen hat keine Vorteile. Immerhin konntest du dich nicht retten, trotz all deines Wissens. Wir konnten dich retten, weil wir dich fanden. Doch ohne die Hilfe des Scout wäre schon der Versuch, dich zu finden, sinnlos gewesen. Du warst so endgültig verloren in dieser Welt, daß mir graut, wenn ich nur daran denke.«

In meinem damaligen Geisteszustand fand ich es gar nicht verwunderlich, als ich nun sah, wie eine Welle von Gefühl alle Gefährten und Lehrlinge Don Juans überschwemmte. Nur Carol Tiggs blieb ungerührt. Sie schien ihre Rolle völlig zu akzeptieren. Sie war eins mit mir.

»Du hast den Scout befreit«, fuhr Don Juan fort, »aber du hast dein Leben aufgegeben. Oder schlimmer noch, du hast deine Freiheit aufgegeben. Nur im Austausch für dich haben die anorganischen Wesen den Scout freigelassen.«

»Das kann ich kaum glauben, Don Juan. Nicht daß ich an deinen Worten zweifle, verstehst du, aber du schilderst mir ein so hinterhältiges Manöver, daß ich sprachlos bin.«

»Betrachte es nicht als Hinterhältigkeit, und du hast die ganze Wahrheit in einer Nußschale. Die anorganischen Wesen sind immer auf der Suche nach Bewußtheit und Energie. Wenn du bereit bist, ihnen beides zu bieten – was, glaubst du, werden sie tun? Dir Kußhändchen über die Straße zuwerfen?«

Ich wußte, Don Juan hatte recht. Doch diese Gewißheit hielt sich nicht lange bei mir. Die Klarheit der Einsicht verflog allmählich.

Don Juans Gefährten bestürmten ihn weiter mit Fragen. Sie wollten wissen, ob er schon daran gedacht hätte, was nun mit dem Scout geschehen solle.

»Ja, das habe ich. Es ist ein schwieriges Problem, das der Nagual hier lösen muß«, sagte er, auf mich deutend. »Er und Carol Tiggs sind die einzigen, die den Scout befreien können. Und das weiß er auch.«

Natürlich stellte ich ihm die einzig mögliche Frage: »Wie kann ich ihn befreien?«

»Statt es dir von mir sagen zu lassen, gibt es einen viel besseren, viel richtigeren Weg, es herauszufinden«, sagte Don Juan mit breitem Grinsen. »Frage den Botschafter. Die anorganischen Wesen können nicht lügen, wie du weißt.«

8. Die dritte Pforte des Träumens

»Die dritte Pforte des Träumens ist erreicht, wenn du im Traum jemand anderen schlafen siehst, und dieser andere bist du selbst«, sagte Don Juan.

Meine Energie war damals so hochtransformiert, daß ich gleich an der dritten Aufgabe zu arbeiten begann, auch wenn er mir keine weiteren Informationen darüber gab. Das erste, was ich bei meinen Traumübungen bemerkte, war, daß ein Energieschub sofort den Schwerpunkt meiner Traum-Aufmerksamkeit verlagerte. Ich konzentrierte mich nun auf das Erwachen im Traum, wobei ich mich selbst schlafen sah. Reisen ins Reich der anorganischen Wesen beschäftigten mich nicht mehr.

Bald danach sah ich mich schlafend in einem Traum. Sofort berichtete ich es Don Juan. Der Traum kam mir, während ich in seinem Haus war.

»Zwei Phasen gibt es bei jeder Traumpforte«, sagte er. »Die erste ist, wie du weißt, das Erreichen der Pforte. Die zweite ist das Hindurchschreiten. Indem du träumtest, was du geträumt hast, nämlich daß du dich schlafen sahst, erreichtest du die dritte Pforte. Die zweite Phase ist nun, umherzugehen, nachdem du dich im Schlaf gesehen hast.«

»Bei der dritten Traumpforte«, fuhr er fort, »beginnst du deine Traum-Wirklichkeit bewußt mit der alltäglichen Wirklichkeit zu verschmelzen. Dies ist der vorgesehene Ausbildungs-Drill, und die Zauberer bezeichnen es als Vervollständigung des Energiekörpers. Die Verschmelzung der beiden Realitäten soll so gründlich erfolgen, daß du beweglicher sein mußt denn je. An der dritten Pforte mußt du alles untersuchen, mit großer Vorsicht und Neugier.«

Ich beschwerte mich, seine Empfehlungen seien mir zu rätselhaft und unbegreiflich. »Was verstehst du unter Vorsicht und Neugier?« fragte ich.

»Vor der dritten Pforte haben wir die Neigung, uns in Details zu verlieren«, antwortete er. »Alles mit großer Vorsicht und Neugier zu betrachten bedeutet, daß wir der beinah unwiderstehlichen Versuchung widerstehen, uns Hals über Kopf in Einzelheiten zu stürzen.

Der vorgeschriebene Drill bei der dritten Pforte ist, wie ich sagte, die Konsolidierung des Energiekörpers. Die Träumer bauen den Energiekörper allmählich auf, indem sie die Aufgaben der ersten und zweiten Pforte erfüllen. Wenn sie die dritte Pforte erreichen, ist der Energiekörper bereit herauszukommen – besser gesagt, er ist bereit zu handeln. Leider heißt dies auch, daß er bereit ist, sich von Einzelheiten hypnotisieren zu lassen.«

»Was heißt es, sich von Einzelheiten hypnotisieren zu lassen?«

»Der Energiekörper ist wie ein Kind, das sein Leben lang eingesperrt war. Sobald er nun frei wird, saugt er alles auf, was er finden kann, und ich meine buchstäblich alles. Jedes belanglose, winzige Detail absorbiert den Energiekörper gänzlich.«

Es folgte ein verlegenes Schweigen. Ich wußte nicht, was ich sagen sollte. Ich hatte ihn genau verstanden, aber aus eigener Erfahrung konnte ich mir keine Vorstellung machen, was dies alles bedeuten mochte.

»Die dümmste Kleinigkeit kann für den Energiekörper zu einer eigenen Welt werden«, erklärte Don Juan. »Die Träumer müssen alles daransetzen, den Energiekörper zu steuern. Ich weiß, es ist eine unbeholfene Umschreibung, wenn ich dir rate, die Dinge mit Vorsicht und Neugier zu betrachten, aber es ist die beste Bezeichnung für das, was du tun solltest. An der dritten Pforte müssen die Träumer den unwiderstehlichen Drang vermeiden, sich einfach auf alles zu stürzen – und sie vermeiden ihn, indem sie so neugierig darauf brennen, auch alles andere kennenzulernen, daß sie sich nicht von einer Einzelheit gefangennehmen lassen.«

Er wisse wohl, fügte Don Juan hinzu, wie absurd seine Empfehlungen mir vorkommen müßten; er ziele damit aber direkt auf meinen Energiekörper. Immer wieder betonte er, daß mein Energiekörper all seine Kräfte aufbieten müsse, um handeln zu können.

»Aber, handelt mein Energiekörper nicht schon die ganze Zeit?« fragte ich.

»Zum Teil, ja. Sonst hättest du nicht ins Reich der anorganischen Wesen reisen können«, antwortete er. »Jetzt aber muß dein gesamter Energiekörper sich daran beteiligen, die Aufgabe der dritten Pforte zu erfüllen. Um deinem Energiekörper die Sache zu erleichtern, solltest du deine Rationalität zurückhalten.«

»Ich fürchte, du verbellst den falschen Baum«, sagte ich. »Nach allen Erfahrungen, die du in mein Leben gebracht hast, ist bei mir nur noch wenig Rationalität übrig.«

»Ach, erzähle mir nichts. Unsere Rationalität ist es, die den Energiekörper an der dritten Pforte zwingt, sich so hartnäckig mit überflüssigen Details zu befassen. Was wir an der dritten Pforte brauchen, ist also irrationale Beweglichkeit, irrationale Selbstvergessenheit, um solche Hartnäckigkeit auszugleichen.«

Don Juans Feststellung, daß jede der Traumpforten ein Hindernis sei, hätte sich nicht deutlicher bewahrheiten können. Um den Drill der dritten Traumpforte zu erfüllen, mußte ich mich härter anstrengen als vor den beiden anderen Pforten zusammen. Don Juan setzte mich unter gewaltigen Druck. Außerdem war noch etwas in meinem Leben hinzugekommen: echte Furcht. Schon immer hatte ich mich vor diesem und jenem gefürchtet, normal und sogar im Übermaß, doch unter all meinen Erfahrungen gab es nichts, was vergleichbar gewesen wäre mit der Furcht, die ich nach meinem Zusammenstoß mit den anorganischen Wesen empfand. Dieser ganze Erfahrungsschatz blieb meiner normalen Erinnerung jedoch unzugänglich. Nur in Don Juans Gegenwart standen mir solche Erinnerungen offen.

Einmal, als wir im Nationalen Museum für Anthropologie und Geschichte in Mexico City waren, befragte ich ihn wegen dieser sonderbaren Situation. Was mich zu meiner Frage bewog, war, daß ich in jenem Augenblick die seltene Fähigkeit hatte, mich an alles zu erinnern, was mir im Lauf meiner Bekanntschaft mit Don Juan passiert war. Und dies machte mich so frei, so wagemutig und leichtsinnig, daß ich beinah umhertanzte.

»Es passiert einfach, daß die Gegenwart des Nagual eine Verlagerung des Montagepunkts bewirkt«, sagte er. Dann führte er mich in einen der Säle des Museums und sagte, daß meine Frage recht gut zu dem passe, was er mir sagen wolle.

»Ich hatte nämlich die Absicht, dir zu erklären, daß die Position des Montagepunktes wie ein Tresor ist, wo die Zauberer ihre Erinnerungsprotokolle aufbewahren«, sagte er. »Ich war außer mir vor Freude, als dein Energiekörper meine Absicht spürte und du mich fragtest. Der Energiekörper weiß ungeheuer viel. Komm, ich werde dir zeigen, wieviel er weiß.«

Er befahl mir, mich in völlige innere Stille zu versetzen. Und er erinnerte mich daran, daß ich mich bereits in einem besonderen Bewußtseinszustand befinde, weil mein Montagepunkt sich durch seine Gegenwart verlagert habe. Er versicherte mir, daß das Eintreten in völlige Stille es den Skulpturen in diesem Saal ermöglichen würde, mich Unausdenkbares sehen und hören zu machen. Offenbar um meine Verwirrung noch zu mehren, fügte er hinzu, daß einige der archäologischen Objekte in diesem Saal die Fähigkeit hätten, von sich aus eine Verlagerung des Montagepunkts zu bewirken; und daß ich, im Zustand völliger Stille, tatsächlich manches aus dem Leben der Menschen sehen würde, die diese Gegenstände gemacht hatten.

Und dann begann für mich der sonderbarste Museumsrundgang, den ich je erlebt habe. Im Saal auf und ab schreitend, schilderte und interpretierte er mir erstaunliche Details all dieser großen Ausstellungsstücke. Ihm zufolge war jedes archäologische Stück in diesem Saal ein von den Menschen der Vorzeit absichtlich hinterlassenes Protokoll – ein Protokoll, das Don Juan als Zauberer mir vorlesen konnte, fast wie ein Buch.

»Jedes Stück hier ist dazu bestimmt, eine Verlagerung des Montagepunkts auszulösen«, fuhr er fort. »Fixiere deinen Blick auf irgendeines, tauche ein ins innere Schweigen und finde heraus, ob dein Montagepunkt sich verlagern wird oder nicht.«

»Wie soll ich wissen, ob er sich verlagert hat?«

»Du wirst Dinge sehen und fühlen, die dir normalerweise nicht zugänglich sind.«

Ich starrte also die Skulpturen an und sah und hörte Dinge, die zu erklären mir nicht möglich wäre. Früher schon hatte ich all diese Stücke mit dem Vorurteil anthropologischer Wissenschaft untersucht, immer im Sinne von Schilderungen der Feldforscher. Ihre Beschreibungen der Funktion solcher Stücke, in der Weltsicht des modernen Menschen verwurzelt, kamen mir nun zum erstenmal sehr befangen, wenn nicht gar töricht vor. Was Don Juan über diese Stücke sagte und was ich selbst sah und hörte, während ich sie anstarrte, war weit von dem entfernt, was ich je über sie gelesen hatte.

Mir wurde so unbehaglich, daß ich mich bei Don Juan dafür entschuldigen zu müssen meinte, daß ich, wie ich glaubte, so leichtgläubig war. Weder lachte er, noch spottete er über mich.
Vielmehr erklärte er mir sehr geduldig, daß die Zauberer einst
imstande waren, genaue Protokolle ihrer Entdeckungen in der
Position des Montagepunkts zu hinterlegen. Um die Essenz eines
schriftlichen Berichts zu erfassen, so sagte er, müßten wir uns
doch auf unsere Einfühlung oder unsere innere Anteilnahme und
Imagination verlassen und, über das Papier hinaus, in das Erlebnis selbst eintauchen. Doch in der Welt der Zauberer, wo es kein
Schrifttum gebe, würden Protokolle, die wiedererlebt statt gelesen werden könnten, in der Position des Montagepunkts hinter-
legt.

Zur Veranschaulichung dessen, was er mir sagte, verwies Don
Juan auf die Lehren der Zauberer über die zweite Aufmerksam-
keit. Diese Lehren, sagte er, würden vermittelt, sobald der Mon-
tagepunkt des Schülers sich an einer anderen als der normalen
Stelle befinde. Auf diese Weise werde diese Position des Montagepunkts zum Protokoll der betreffenden Lektion. Um die
Lektion noch einmal abzuspielen, müsse der Lehrling seinen
Montagepunkt wieder in die Position zurückkehren lassen, in der
er sich befand, als die Lektion erteilt wurde. Zum Schluß seiner
Ausführungen wiederholte Don Juan noch einmal, daß es eine
Leistung höchsten Grades sei, den Montagepunkt in all die Positionen zurückkehren zu lassen, die er einnahm, als die Lektionen
vermittelt wurden.

Beinah ein Jahr lang fragte Don Juan mich nie wieder nach meiner dritten Aufgabe des Träumens. Dann aber, eines Tages,
wünschte er plötzlich, ich solle ihm alle Einzelheiten meiner
Traumübungen schildern.

Als erstes mußte ich von einem verblüffenden Phänomen der
Wiederholung berichten. Monatelang hatte ich nämlich immer
wieder Träume, in denen ich feststellte, daß ich mich schlafend im
Bett sah und anstarrte. Das Sonderbare war die Regelmäßigkeit
solcher Träume; sie kamen alle vier Tage, pünktlich wie die Uhr.
Während der anderen drei Tage war mein Träumen wie immer:
ich untersuchte alle möglichen Gegenstände in meinen Träumen,
ich wechselte die Träume – und getrieben von selbstmörderischer
Neugier, folgte ich manchmal den Scouts fremder Energie, ob-

wohl ich dabei starke Schuldgefühle hatte. Ich bildete mir ein, es sei ähnlich wie eine geheime Drogensucht. Das Reale dieser Welt war für mich unwiderstehlich.

Insgeheim fühlte ich mich irgendwie von aller Verantwortung befreit, weil Don Juan selbst mir vorgeschlagen hatte, den Traumbotschafter zu fragen, was ich tun sollte, um den – nunmehr bei uns – gefangenen blauen Scout zu befreien. Er hatte wohl gemeint, ich solle diese Frage in meinem Alltagsbewußtsein stellen, aber ich verdrehte seine Worte in dem Sinn, daß ich den Botschafter befragen müsse, während ich mich in seiner Welt befand. Die Frage, die ich dem Botschafter eigentlich stellen wollte, war, ob die anorganischen Wesen mir eine Falle gestellt hätten. Nicht nur klärte der Botschafter mich auf, daß alles, was Don Juan mir gesagt hatte, genau zutraf; er belehrte mich auch darüber, was Carol Tiggs und ich zu tun hätten, um den Scout zu befreien.

»Die Regelmäßigkeit deiner Träume ist etwas, das ich erwartet habe«, meinte Don Juan, nachdem er meinen Bericht angehört hatte.

»Warum hast du so etwas erwartet, Don Juan?«

»Aufgrund deiner Beziehung zu den anorganischen Wesen.«

»Das ist vorbei und vergessen, Don Juan«, log ich – und hoffte, er würde das Thema nicht weiterverfolgen.

»Das sagst du nur um meinetwillen, nicht wahr? Brauchst du aber nicht. Ich kenne die Wahrheit. Glaube mir, nachdem du dich auf sie eingelassen hast, hängst du fest. Sie werden immer hinter dir her sein. Oder, noch schlimmer, du wirst immer hinter ihnen her sein.«

Er starrte mich an, und vielleicht waren meine Schuldgefühle so offenkundig, daß er lachen mußte.

»Die einzig mögliche Erklärung für eine solche Regelmäßigkeit ist, daß die anorganischen Wesen dich schon wieder verwöhnen«, sagte Don Juan in bedenklichem Ton.

Rasch das Thema wechselnd, erzählte ich ihm von einem weiteren, erwähnenswerten Aspekt meiner Traumübungen, nämlich meiner Reaktion auf den Anblick meiner selbst, wie ich in tiefem Schlaf lag. Dieser Anblick war immer so erschreckend, daß er mich entweder wie angeleimt an der Stelle festhielt, bis der Traum wechselte, oder mich so tief ängstigte, daß ich sofort aufwachte – schreiend, so laut ich nur konnte. Ich war an dem Punkt angelangt, daß ich mich an solchen Tagen, an denen ich – wie ich wußte – diesen Traum haben würde, vor dem Einschlafen fürchtete.

»Du bist noch nicht bereit für eine echte Verschmelzung deiner Traum-Wirklichkeit mit deiner alltäglichen Wirklichkeit«, folgerte Don Juan. »Du mußt noch weiter dein Leben rekapitulieren.«

»Ich habe doch soviel rekapituliert, wie ich nur konnte«, beharrte ich. »Und ich rekapituliere schon seit Jahren. Es gibt nichts mehr in meinem Leben, woran ich mich noch erinnern könnte.«

»Es muß noch mehr geben«, sagte unerbittlich, »sonst würdest du nicht schreiend erwachen.«

Die Vorstellung, noch weiter mein Leben rekapitulieren zu müssen, gefiel mir gar nicht. Ich hatte es ja getan, und ich glaubte es so gut getan zu haben, daß ich mich nie wieder damit befassen müßte.

»Die Rekapitulation unseres Lebens endet niemals, ganz egal, wie gut wir es getan haben«, sagte Don Juan. »Der Grund, warum es normalen Menschen beim Träumen an Willenskraft fehlt, ist, daß sie niemals rekapituliert haben – und ihr Leben daher randvoll ist von schwer befrachteten Emotionen, Erinnerungen, Hoffnungen, Befürchtungen und so weiter.

Zauberer hingegen sind aufgrund ihrer Rekapitulation relativ frei von befrachteten und bindenden Emotionen. Und wenn etwas sie aufhält, wie du jetzt aufgehalten wirst, ist jedenfalls anzunehmen, daß es immer noch etwas Ungeklärtes bei ihnen gibt.«

»Das Rekapitulieren geht zu stark an meine Substanz, Don Juan. Vielleicht gibt es etwas anderes, was ich tun könnte?«

»Nein, gibt es nicht. Rekapitulation und Träumen gehen Hand in Hand. Während wir unser Leben zurückspulen, werden wir immer leichter und unbeschwerter.«

Über diese Rekapitulation des eigenen Lebens hatte Don Juan mir sehr ausführliche und genaue Anweisungen gegeben. Sie bestand darin, alle Erfahrung des Lebens noch einmal nachzuerleben, indem man jede noch so kleine Einzelheit erinnerte. In solcher Rekapitulation sah er den entscheidenden Faktor bei der energetischen Neubestimmung und Neugestaltung eines Träumers. »Die Rekapitulation setzt Energie frei, die sonst gefangen ist; und ohne diese befreite Energie ist Träumen nicht möglich.« Das war sein Standpunkt.

Vor Jahren einmal hatte Don Juan von mir verlangt, ein Verzeichnis von allen Leuten anzulegen, die ich in meinem Leben kennengelernt hatte, angefangen mit der Gegenwart. Er half mir, dieses Verzeichnis in eine ordentliche Reihenfolge zu bringen, und unterteilte sie in Tätigkeitsbereiche wie Arbeitsplätze, die ich gehabt hatte, Schulen, die ich besucht hatte, usw. Dann hielt er mich an, von der ersten Person meiner Liste ausnahmslos bis zur letzten fortschreitend, jede meiner Interaktionen mit diesen Leuten nachzuerleben.

Das Rekapitulieren eines Ereignisses, erklärte er, beginnt damit, daß man im Geist alles zusammenstellt, was mit dem zu rekapitulierenden Ereignis zusammenhängt. Solches Zusammenstellen bedeutet, das Ereignis zu rekonstruieren, Stück um Stück, angefangen bei der Erinnerung an physische Details der Umgebung, dann fortschreitend zu der Person, mit der man es bei der Interaktion zu tun hatte, bis man zu sich selbst gelangt, um seine eigenen Gefühle zu untersuchen.

Don Juan lehrte mich auch, die Rekapitulation mit einer natürlichen, rhythmischen Atmung zu kombinieren. Langsam ausatmend, wird der Kopf langsam und sachte von rechts nach links bewegt; und langsam einatmend, schwenkt der Kopf wieder von links nach rechts. Dieses Schwenken des Kopfes nannte er das »Entfächern des Ereignisses«. Dabei wird das Ereignis in Gedanken durchgespielt, von Anfang bis Ende, während der Körper immer wieder entfächert, worauf unser Geist sich konzentriert.

Don Juan sagte, daß die Zauberer der Vorzeit, als Erfinder der Rekapitulation, das Atmen als magischen, lebenspendenden Akt betrachteten und es entsprechend als magisches Vehikel nutzten. Das Ausatmen diente dazu, die fremde Energie auszustoßen, die während der rekapitulierten Interaktion in ihnen zurückblieb, und das Einatmen dazu, die Energie zurückzuholen, die sie selbst während der Interaktion zurückgelassen hatten.

Aufgrund meiner wissenschaftlichen Ausbildung faßte ich die Rekapitulation als Selbstanalyse des eigenen Lebens auf. Don Juan aber beharrte darauf, daß es mehr sei als eine intellektuelle Psychoanalyse. Er bezeichnete die Rekapitulation als einen Trick der Zauberer, um eine winzige, aber dauernde Verschiebung des Montagepunkts zu bewirken. Unter dem Eindruck einer solchen

Überprüfung der Vergangenheit, sagte er, wechselt der Montage-punkt zwischen seinem gegenwärtigen Platz und dem Platz hin und her, den er einnahm, als das rekapitulierte Ereignis stattfand.

Die Begründung der alten Zauberer für diese Rekapitulation, er-klärte Don Juan, war deren Überzeugung, daß es eine unvorstell-bare Kraft der Auflösung im Universum gibt, die den Organismen Leben schenkt, indem sie ihnen Bewußtsein verleiht. Diese Kraft läßt auch die Organismen sterben, um eben dieses verliehene Be-wußtsein wiederzuerlangen, das die Organismen durch die Erfah-rungen ihres Lebens noch vermehrt haben. Don Juan erklärte mir die Überlegung der alten Zauberer: weil es nämlich unsere Lebenserfahrung sei, auf die es diese Kraft abgesehen habe, hiel-ten sie es für äußerst wichtig, diese Kraft durch eine Kopie unserer Lebenserfahrung zufriedenzustellen: nämlich die Rekapi-tulation des Lebens. Wenn die auflösende Kraft also bekommt, was sie wünscht, gibt sie die Zauberer frei: nämlich frei, ihre Wahrnehmungsfähigkeit zu erweitern und damit bis an die Gren-zen von Raum und Zeit vorzustoßen.

Als ich nun wieder zu rekapitulieren begann, war es für mich eine große Überraschung, daß meine Traumübungen automatisch auf-hörten, sobald meine Rekapitulation begann. Ich fragte Don Juan, was es mit dieser ungewollten Unterbrechung auf sich habe.

»Das Träumen verlangt alle uns verfügbare Energie«, antwortete er. »Wenn es in unserem Leben etwas gibt, was uns stark in An-spruch nimmt, ist Träumen unmöglich.«

»Ich war schon öfter von etwas anderem in Anspruch genommen, aber nie wurden meine Übungen dadurch unterbrochen«, sagte ich.

»Dann warst du wahrscheinlich nicht in Anspruch genommen, sondern ein Opfer deiner Selbstüberschätzung«, lachte er. »In Anspruch genommen zu sein heißt für Zauberer, daß alle unsere Energiequellen beansprucht werden. Dies ist das erste Mal, daß du alle deine Energiequellen heranziehen mußt. Sonst aber, auch wenn du früher rekapituliertest, warst du niemals ganz davon be-ansprucht.«

Diesmal gab Don Juan mir eine neue Form der Rekapitulation auf. Ich sollte verschiedene Ereignisse meines Lebens rekapitulie-ren, scheinbar ohne jede Ordnung, wie bei einem Puzzle.

»Das wird aber ein schönes Durcheinander«, protestierte ich.
»Nein, wird es nicht«, versicherte er. »Es wird ein Durcheinander, wenn du dein kleinliches Eigeninteresse entscheiden läßt, welche Ereignisse du rekapitulieren willst. Laß doch statt dessen den Geist entscheiden. Werde ganz still, und dann befasse dich mit dem Ereignis, das der Geist dir zeigt.«

Die Ergebnisse dieser Form von Rekapitulation waren in mancher Hinsicht schockierend für mich. Sehr eindrucksvoll war die Entdeckung, daß eine scheinbar unabhängige Kraft mich immer dann, wenn ich mich in inneres Schweigen versetzte, in eine sehr ausführliche Erinnerung an ein Ereignis meines Lebens stürzte. Aber noch eindrucksvoller war es, daß dies ein sehr geordnetes Bild ergab. Eine Methode, die ich für chaotisch gehalten hatte, erwies sich als äußerst effektiv.

Ich fragte Don Juan, warum er mich nicht von Anfang an auf diese Weise hatte rekapitulieren lassen. Und er antwortete, daß es beim Rekapitulieren zwei wesentliche Phasen gebe: die erste nannte er Förmlichkeit und Starre, die zweite Beweglichkeit.

Ich hatte keine Ahnung, wie verschieden meine Rekapitulation diesmal verlaufen sollte. Meine beim Träumen erworbene Konzentrationsfähigkeit erlaubte mir, mein Leben mit einer Gründlichkeit zu überprüfen, die ich niemals für möglich gehalten hätte. Mehr als ein Jahr lang überprüfte ich mein Leben so genau, wie ich nur konnte. Am Ende mußte ich Don Juan beipflichten. Es hatte bei mir allerlei befrachtete Emotionen gegeben, so tief verborgen, daß sie mir fast nicht zugänglich waren.

Die Folge meiner zweiten Rekapitulation war eine neue, unbeschwertere Einstellung. Schon am selben Tag, als ich meine Traumübungen wiederaufnahm, träumte mir, ich sähe mich im Schlaf. Ich machte kehrt und ging forsch aus dem Zimmer, um dann zaghaft die Treppe hinunter und auf die Straße zu gehen.

Ich war begeistert, was ich getan hatte, und berichtete Don Juan davon. Doch wie groß war meine Enttäuschung, als er diesen Traum nicht als Teil meiner Traumübungen gelten ließ. Er meinte, ich sei ja nicht mit meinem Energiekörper auf die Straße gegangen, denn hätte ich dies getan, dann hätte ich etwas anderes empfunden als das Gefühl, eine Treppe hinunterzusteigen.

»Was für ein Gefühl meinst du denn, Don Juan?« fragte ich neugierig.

»Du mußt dir eine verläßliche Richtschnur wählen, um festzustellen, ob du tatsächlich deinen schlafenden Körper im Bett siehst«, sagte er, statt meine Frage zu beantworten. »Vergiß nicht, du mußt in deinem wirklichen Zimmer sein und deinen wirklichen Körper sehen. Sonst ist das, was du siehst, nur ein Traum. Wenn dies der Fall ist, versuche diesen Traum zu kontrollieren, entweder indem du Einzelheiten beobachtest oder indem du in einen anderen Traum wechselst.«

Ich verlangte, er solle mir mehr über die verläßliche Richtschnur sagen, von der er gesprochen hatte, aber er fiel mir ins Wort: »Finde heraus, wie du verläßlich überprüfen kannst, ob du wirklich dich selbst siehst«, sagte er.

»Hast du denn keine Vorschläge, was eine verläßliche Richtschnur sein könnte?« fragte ich.

»Verlaß dich auf dein eigenes Urteil. Unsere gemeinsame Zeit geht zu Ende. Und bald wirst du auf dich selbst gestellt sein.«

Dann wechselte er das Thema, und ich behielt das schmerzliche Gefühl meiner Unfähigkeit. Ich konnte mir nicht vorstellen, was er eigentlich von mir wollte oder was er unter einer verläßlichen Richtschnur verstand.

In meinem nächsten Traum, als ich mich schlafen sah, blieb ich, statt aus dem Zimmer und die Treppe hinunterzugehen oder gar schreiend aufzuwachen, lange Zeit reglos an dem Platz, von wo ich beobachtete. Ohne zu verzagen oder zu verzweifeln, beobachtete ich Einzelheiten meines Traums. Und jetzt fiel mir auf, daß ich als Schlafgewand ein weißes T-Shirt trug, das an der Schulter eingerissen war. Ich versuchte näherzutreten und diesen Riß zu untersuchen, aber ich konnte mich nicht bewegen. Ich spürte eine Schwere, die Teil meines Wesens zu sein schien. Tatsächlich war ich nichts als Gewicht und Schwere. Ohne zu wissen, was ich nun machen sollte, geriet ich in eine furchtbare Verwirrung. Ich versuchte in einen anderen Traum überzuwechseln, aber eine unbekannte Kraft zwang mich, weiter auf meinen schlafenden Körper zu starren.

In all meiner Qual hörte ich den Traumbotschafter sagen, daß das Gefühl, keine Selbstbeherrschung zu haben und mich nicht frei bewegen zu können, für mich so erschreckend sei, daß ich womöglich noch einmal mein Leben rekapitulieren müsse. Die

Stimme des Botschafters, und was er sagte, überraschte mich keineswegs. Nie hatte ich ein so beängstigend lebhaftes Gefühl gehabt, mich nicht bewegen zu können. Dennoch überließ ich mich nicht der Angst. Vielmehr untersuchte ich dieses Gefühl und stellte fest, daß es keine psychische Angst war, sondern eine physische Empfindung der Hilflosigkeit, Verzweiflung und Verärgerung. Es ärgerte mich unsäglich, daß ich unfähig war, meine Glieder zu bewegen. Mein Ärger steigerte sich mit der Erkenntnis, daß irgend etwas außerhalb meiner selbst mich brutal an Ort und Stelle festhielt. So eigensinnig und verzweifelt versuchte ich mich zu bewegen, daß ich tatsächlich beobachten konnte, wie ein Bein meines im Bett schlafenden Körpers zuckte und scheinbar ausschlug.

Dann wurde mein Bewußtsein in meinen reglos schlafenden Körper gezogen, und ich erwachte so plötzlich, daß ich mehr als eine halbe Stunde brauchte, um mich wieder zu beruhigen. Mein Herz schlug wild und unregelmäßig. Ich zitterte am ganzen Leib, und die Muskeln in meinem Bein zuckten unkontrollierbar. Ich hatte einen so krassen Verlust an Körperwärme erfahren, daß ich Dekken und eine Wärmflasche brauchte, um meine Temperatur zu halten.

Natürlich fuhr ich sofort nach Mexiko, um Don Juan wegen dieses lähmenden Gefühls um Rat zu fragen – auch wegen der Tatsache, daß ich ein zerschlissenes T-Shirt getragen und mich daher wirklich im Schlaf gesehen hatte. Außerdem war ich sehr erschrocken über meine Untertemperatur. Don Juan war aber nicht bereit, über mein Problem zu sprechen. Das einzige, was ich aus ihm herausbekam, war eine zynische Bemerkung.

»Du liebst dramatische Übertreibungen«, sagte er ungerührt. »Natürlich hast du dich wirklich im Schlaf gesehen. Das Dumme ist nur, daß du nervös wurdest, weil dein Energiekörper sich nie zuvor seiner Ganzheit bewußt war. Solltest du je wieder nervös werden und frieren, dann halte dich an deinem Pimmel fest. Das wird deine Körpertemperatur sofort und problemlos wieder in die Höhe treiben.«

Seine Derbheit kränkte mich. Sein Rat aber erwies sich als wirksam. Das nächste Mal, als ich in Panik geriet, konnte ich mich augenblicklich entspannen und wieder normal fühlen, indem ich tat, was er mir empfohlen hatte. Auf diese Art entdeckte ich, daß ich, wenn ich nicht zauderte und meinen Ärger beherrschte, nicht in Panik geriet. Die Kontrolle zu behalten half mir zwar nicht, mich im Traum zu bewegen, aber es gab mir ein Gefühl tiefer Ruhe und Gelassenheit.

Nach Monaten vergeblichen Bemühens, mich im Traum von der Stelle zu rühren, wandte ich mich wieder einmal an Don Juan. Diesmal wollte ich ihn nicht um Rat fragen, sondern meine Niederlage eingestehen. Ich stand vor einer unüberwindlichen Barriere, und ich wußte mit unbestreitbarer Gewißheit, daß ich versagt hatte.

»Träumer müssen erfinderisch sein«, sagte Don Juan, boshaft grinsend. »Und erfinderisch bist du nicht. Ich habe dir nicht verraten, daß du deine Phantasie gebrauchen solltest, um deinen Energiekörper zu bewegen, denn ich wollte sehen, ob du das Rätsel selbst lösen könntest. Du konntest es nicht, und deine Freunde haben dir auch nicht geholfen.«

In der Vergangenheit hatte ich mich stets genötigt gefühlt, mich entschieden zu rechtfertigen, wenn er mir mangelnde Phantasie vorwarf. Ich fand mich sehr phantasiebegabt. Jemanden wie Don Juan als Lehrer zu haben zwang mich aber einzusehen, daß ich es nicht bin. Weil ich nun meine Energie nicht auf vergebliche Rechtfertigungen verschwenden wollte, fragte ich lieber: »Was ist das für ein Rätsel, von dem du sprichst, Don Juan?«

»Das Rätsel, wie unmöglich und doch wie leicht es ist, den Energiekörper zu bewegen. Du versuchst dich zu bewegen, als wärst du in deiner alltäglichen Welt. Das Laufenlernen kostet uns so viel Zeit und Mühe, daß wir nun glauben, auch unser Traumkörper solle auf zwei Beinen laufen. Es gibt aber keinen Grund, warum er dies tun sollte – außer daß wir uns nur diese Art zu laufen vorstellen können.«

Ich staunte, wie einfach die Lösung war. Sofort wußte ich, daß Don Juan recht hatte. Wieder einmal war ich im Labyrinth meiner Interpretationen steckengeblieben. Don Juan hatte wohl gesagt, ich solle mich bewegen, sobald ich die dritte Pforte des Träumens erreicht hätte – und mich bewegen hieß für mich laufen. Ich sagte ihm, daß ich seine Überlegung verstand.

»Es ist gar nicht meine Überlegung«, antwortete er knapp. »Es ist eine Überlegung der Zauberer. Die Zauberer sagen, daß der Energiekörper sich an der dritten Pforte bewegen kann, so wie

Energie sich bewegt: schnell und direkt. Dein Energiekörper weiß genau, wie er sich bewegen soll. Er kann sich bewegen, wie er sich in der Welt der anorganischen Wesen bewegt.

Und dies bringt uns zu der Frage, um die es hier eigentlich geht«, fügte Don Juan mit nachdenklichem Gesicht hinzu. »Warum haben deine anorganischen Freunde dir nicht geholfen?«

»Warum nennst du sie meine Freunde, Don Juan?«

»Ach, sie sind doch die klassischen Freunde – nicht direkt wohlgesinnt, aber auch nicht böse. Freunde, die nur darauf warten, daß wir uns umdrehen, damit sie uns einen Dolch in den Rücken stoßen können.«

Ich verstand ihn genau und konnte ihm hundertprozentig zustimmen.

»Aber warum gehe ich immer wieder hin? Ist es eine Selbstmordneigung?« fragte ich ihn, eher rhetorisch.

»Du hast keinerlei Selbstmordneigung«, sagte er. »Was du hast, ist der völlige Zweifel daran, daß du dem Tod nahe warst. Weil du keine körperlichen Schmerzen hattest, bist du nicht recht überzeugt, daß du in Todesgefahr schwebtest.«

Was er sagte, klang mir ganz vernünftig. Nur glaubte ich wirklich, daß eine tiefe, unergründliche Angst mein Leben beherrsche, seit ich diesen Zusammenstoß mit den anorganischen Wesen gehabt hatte. Don Juan lauschte schweigend, während ich ihm mein Dilemma schilderte. Meinen Drang, immer wieder in die Welt der anorganischen Wesen zurückzukehren, konnte ich nicht leugnen oder hinwegerklären, trotz allem, was ich über sie wußte.

»Ich glaube, ich bin leicht verrückt«, sagte ich. »Was ich da mache, ist unbegreiflich.«

»Wohl ist es begreiflich. Die anorganischen Wesen sind noch immer dabei, dich an Land zu ziehen – wie einen Fisch am Haken«, sagte er. »Von Zeit zu Zeit werfen sie dir wertlose Köder zu, um dich bei Laune zu halten. Dieses Schema zum Beispiel, daß deine Träume alle vier Tage wiederkehren, ist solch ein wertloser Köder. Aber sie haben dich nicht gelehrt, deinen Energiekörper zu bewegen.«

»Warum, glaubst du, haben sie das nicht getan?«

»Weil du, wenn dein Energiekörper lernen würde, sich zu bewegen, für sie nicht mehr erreichbar wärst. Es war voreilig von mir, anzunehmen, du hättest dich von ihnen befreit. Du bist relativ frei, aber nicht ganz. Sie werben immer noch um dein Bewußtsein.«

Ein Schauder lief mir über den Rücken. Er hatte bei mir einen wunden Punkt berührt. »Sage mir, Don Juan, was ich tun soll, und ich werde es tun«, sagte ich.

»Verhalte dich makellos, das habe ich dir dutzende Male gesagt. Makellos sein heißt, dein Leben ganz auf deine Entscheidungen auszurichten – und dann eine Menge mehr als dein Bestes zu tun, um diese Entscheidungen zu verwirklichen. Wenn du nichts entscheidest, spielst du nur aufs Geratewohl Roulette mit deinem Leben.«

Damit beendete Don Juan unser Gespräch und forderte mich auf, über seine Worte nachzudenken.

Bei der ersten Gelegenheit, die sich mir bot, erprobte ich Don Juans Empfehlung, wie ich meinen Energiekörper bewegen könnte. Als ich wieder einmal meinen Körper im Schlaf sah, faßte ich einfach den Willensvorsatz, näher ans Bett zu treten, und mühte mich nicht, auf meinen Beinen dorthin zu gehen. Sofort war ich so nah, daß ich beinah meinen Körper anfassen konnte. Ich sah mein Gesicht, ich sah jede Pore in meiner Haut. Ich kann nicht sagen, daß es mir gefallen hätte, was ich da sah. Der Anblick meines Körpers war viel zu genau und detailliert, um ästhetisch angenehm zu sein. Dann fuhr etwas wie ein Windstoß durchs Zimmer, der alles durcheinanderbrachte und das Bild vor meinen Augen auslöschte.

Bei meinen folgenden Träumen fand ich aber Bestätigung, daß die einzige Art, wie der Energiekörper sich bewegen kann, im Gleiten oder Schweben besteht. Ich sprach darüber mit Don Juan. Er schien ausnahmsweise zufrieden mit mir, was mich sehr überraschte. Ich war schon gewöhnt an seine kühle Reaktion auf alles, was ich bei meinen Traumübungen tat.

»Dein Energiekörper ist daran gewöhnt, sich nur dann zu bewegen, wenn etwas ihn zieht«, sagte er. »Die anorganischen Wesen ziehen deinen Energiekörper nach links und nach rechts, wie es ihnen beliebt, und bislang hast du ihn noch niemals selbst, aus eigenem Willen, bewegt. Es mag dir unbedeutend vorkommen, dich so zu bewegen, wie du's getan hast; aber ich muß dir sagen, daß ich schon ernstlich erwogen habe, deine Übungen zu beenden. Eine Zeitlang glaubte ich gar, du würdest nie lernen, dich von selbst zu bewegen.«

»Wolltest du meine Traumübungen beenden, weil ich zu langsam bin?«

»Du bist nicht langsam. Bei Zauberern dauert es eine Ewigkeit, bis sie lernen, ihren Energiekörper zu bewegen. Ich wollte deine Traumübungen beenden, weil ich keine Zeit mehr habe. Es gibt andere Themen, wichtigere als das Träumen, an die du deine Energie wenden kannst.«

»Jetzt aber, Don Juan, da ich gelernt habe, meinen Energiekörper zu bewegen – was sollte ich jetzt noch tun?«

»Dich weiterbewegen. Die Bewegung des Energiekörpers hat dir ein neues Feld eröffnet, einen Bereich ganz außerordentlicher Forschungen.«

Wieder drängte er mich, mir etwas einfallen zu lassen, wie ich die Richtigkeit meiner Träume überprüfen könnte; diese Aufforderung erschien mir nicht mehr so seltsam wie beim ersten Mal, als er sie vorbrachte.

»Von einem Scout sich transportieren zu lassen, ist, wie du weißt, die eigentliche Traum-Aufgabe der zweiten Pforte«, erklärte er. »Es ist eine schwierige Sache, aber nicht so schwierig wie das Komplettieren und Bewegen des Energiekörpers. Darum mußt du dich aus eigenen Stücken vergewissern, ob du wirklich dich selbst im Schlaf siehst oder ob du lediglich träumst, daß du dich schlafen siehst. Deine neuen, außerordentlichen Forschungsmöglichkeiten sind davon abhängig, ob du dich wirklich schlafen siehst.«

Nach langem Grübeln und Suchen glaubte ich, den richtigen Plan entwickelt zu haben. Die Tatsache, daß ich mein zerrissenes T-Shirt gesehen hatte, brachte mich auf die Idee, was ich mir als verläßliche Richtschnur wählen könnte. Ich ging von der Annahme aus, daß ich, falls ich mich wirklich im Schlaf beobachtete, wohl auch beobachten würde, ob ich das gleiche Nachtgewand trug, mit dem ich zu Bett gegangen war: und nun beschloß ich, dieses Gewand alle vier Tage gründlich zu ändern. Ich war zuversichtlich, daß ich mich in den Träumen mühelos erinnern könnte, was ich angezogen hatte, als ich zu Bett ging. Meine in Traumübungen erworbene Disziplin machte mich glauben, daß ich die Fähigkeit hätte, mir solche Dinge zu merken und mich später im Traum daran zu erinnern.

Ich tat mein Bestes, um dieser Richtschnur zu folgen, aber die erwarteten Resultate stellten sich nicht ein. Mir fehlte die nötige Kontrolle meiner Traum-Aufmerksamkeit, und ich konnte mich nicht an Einzelheiten meines Nachtgewandes erinnern. Doch etwas anderes war hier im Spiel: irgendwie wußte ich immer, ob meine Träume gewöhnliche Träume waren oder nicht. Solche Träume, die nicht nur gewöhnliche Träume waren, zeichneten sich dadurch aus, daß mein Körper schlafend im Bett lag, während mein Bewußtsein ihn beobachtete.

Ein bemerkenswertes Merkmal solcher Träume war mein Zimmer. Nie war es mein Zimmer, wie in der Wirklichkeit des Alltags, sondern eine riesige leere Halle, an deren einem Ende mein Bett stand. Immer mußte ich über eine ziemliche Distanz bis an mein Bett gleiten, wo mein Körper lag. War ich dort angekommen, dann ließ eine Kraft, wie ein Windhauch, mich über dem Bett schweben – wie ein Kolibri. Manchmal verschwand das Zimmer auch ganz – Stück um Stück schwindend, bis nur noch mein Körper und das Bett übrig waren. Bei anderen Gelegenheiten erlebte ich den völligen Verlust meiner Willenskraft. Meine Traum-Aufmerksamkeit schien unabhängig von mir zu funktionieren. Entweder war sie ganz absorbiert vom erstbesten Gegenstand, den sie im Zimmer entdeckte, oder sie konnte nicht entscheiden, was nun zu tun sei. In solchen Fällen hatte ich das Gefühl, hilflos von Gegenstand zu Gegenstand zu schweben.

Die Stimme des Traumbotschafters erklärte mir einmal, daß alle Elemente der Träume, und zwar solcher Träume, die nicht nur gewöhnliche Träume waren, tatsächlich energetische Konfigurationen seien, ganz verschieden von denen unserer Welt. Zum Beispiel machte der Botschafter mich darauf aufmerksam, daß die Wände flüssig wären. Er forderte mich auf, mich in eine hineinzustürzen.

Ohne nachzudenken, hechtete ich in eine der Wände, als ob ich in einen See tauchte. Ich spürte die Wand, die sich wie Wasser verhielt, überhaupt nicht. Was ich empfand, war nicht das körperliche Gefühl, ins Wasser einzutauchen. Es war eher wie der Gedanke an einen Kopfsprung, so etwas wie die visuelle Empfindung, durch flüssige Materie hindurchzugehen. Ich tauchte kopfüber in etwas ein, das nachgab, wie Wasser es tut, während ich weiter abwärtsschoß.

Das Gefühl, kopfüber abwärtszuschießen, war so real, daß ich mich bereits fragte, wie lange oder wie tief oder wie weit ich tauchen würde. Aus meiner Sicht blieb ich eine ganze Ewigkeit dort. Ich sah Wolken und Massen steinerner Materie in einer wäßrigen Substanz schweben. Da gab es leuchtende geometrische Figuren, die Kristallen glichen, und Flecken von intensivsten Primärfarben, wie ich sie nie gesehen habe. Es gab auch Zonen grellen Lichtes und andere von tiefer Schwärze. All dies zog an mir vorbei, langsam oder mit hoher Geschwindigkeit. Mir kam der Gedanke, ich sähe den ganzen Kosmos. Im selben Augenblick, als ich dies dachte, steigerte sich meine Geschwindigkeit so ungeheuer, daß alles wie verwischt erschien, und plötzlich fand ich mich wach liegen, und vor meiner Nase die Wand meines Zimmers.

Eine heimliche Furcht zwang mich, Don Juan um Rat zu fragen. Er hörte aufmerksam zu, hing geradezu an meinen Lippen.

»An diesem Punkt der Entwicklung mußt du einen drastischen Richtungswechsel vornehmen«, sagte er. »Der Traumbotschafter hat kein Recht, sich in deine Traumübungen einzumischen. Oder vielmehr, du solltest es ihm unter keinen Umständen erlauben.«

»Wie kann ich ihn daran hindern?«

»Da hilft ein einfaches, allerdings schwieriges Manöver. Beim Eintreten in das Träumen sollst du laut deinen Wunsch äußern, den Traumbotschafter nicht mehr bei dir zu haben.«

»Heißt das, daß ich ihn nie wieder hören werde?«

»Genau. Du wirst ihn für immer los sein.«

»Aber ist es denn ratsam, ihn für immer loszuwerden?«

»Ganz bestimmt, jedenfalls zu diesem Zeitpunkt.«

Mit diesen Worten stürzte Don Juan mich in ein sehr beunruhigendes Dilemma. Ich wollte meine Beziehung zum Botschafter eigentlich nicht beenden, aber zugleich hatte ich den Wunsch, Don Juans Ratschlag zu folgen. Er bemerkte mein Zögern.

»Ich weiß, es ist ein schwieriges Vorhaben«, gab er zu, »aber wenn du's nicht tust, werden die anorganischen Wesen immer einen Draht zu dir haben. Falls du dies vermeiden willst, tu nur, was ich gesagt habe, und tu es gleich.«

Bei meiner nächsten Traumsitzung, während ich mich darauf vorbereitete, meine Absicht auszusprechen, unterbrach mich die Stimme des Botschafters. Sie sagte: »Wenn du darauf verzichtest,

deinen Wunsch auszusprechen, verspreche ich dir, mich nie mehr
in deine Traumübungen einzumischen und nur dann zu dir zu
sprechen, wenn du mir direkte Fragen stellst.«
Sofort akzeptierte ich den Vorschlag und glaubte aufrichtig, dies
sei eine gute Abmachung. Ich war sogar erleichtert, daß die Sache
so ausgegangen war. Ich fürchtete aber, daß Don Juan enttäuscht
sein würde.
»Das war ein gutes Manöver«, bemerkte er lachend. »Du warst
jedenfalls aufrichtig. Du hattest wirklich die Absicht, deinen
Wunsch zu äußern. Aufrichtig zu sein ist alles, worauf es an-
kommt. Du hattest ja eigentlich nicht nötig, den Botschafter
auszuschalten. Statt dessen konntest du ihn zwingen, eine andere,
dir angenehme Möglichkeit vorzuschlagen. Ich bin überzeugt, der
Botschafter wird sich nicht mehr einmischen.«
Don Juan hatte recht. Ich konnte meine Traumübungen fortsetzen, ohne vom Botschafter belästigt zu werden. Die bemerkenswerte Folge war, daß ich nun Träume hatte, in denen die Zimmer
im Traum meinem Zimmer in der alltäglichen Wirklichkeit ent-
sprachen – mit einem Unterschied: in den Träumen war mein
Zimmer stets so schief, so verzerrt, daß es aussah wie ein riesiges
kubistisches Gemälde. Stumpfe und spitze Winkel herrschten vor,
statt der normalen rechten Winkel von Wänden, Decke und Fußboden. In meinem schiefen Zimmer war die durch stumpfe und
spitze Winkel hervorgerufene Verzerrung ein Mittel, um gewisse
absurde, überflüssige, aber reale Details hervorzuheben; zum
Beispiel verschlungene Linien im Parkettboden oder witterungs-
bedingte Verfärbungen des Wandanstrichs, Staubflecken an der
Decke oder verwischte Fingerabdrücke an einer Türkante.
In diesen Träumen verirrte ich mich unvermeidlich in den wasser-
ähnlichen Universen der durch die Verzerrung hervorgehobenen
Details. Bei all diesen Traumübungen gab es eine solche Fülle von
Einzelheiten in meinem Zimmer, und deren Sog war so intensiv,
daß ich immer sofort gezwungen war, darin einzutauchen.
Sobald ich mich wieder freimachen konnte, war ich bei Don Juan
und befragte ihn nach diesem Stand der Dinge.
»Ich werde nicht mit meinem Zimmer fertig«, sagte ich, nachdem
ich ihm die Details meiner Traumübungen geschildert hatte.
»Wie kommst du auf die Idee, du müßtest damit fertig werden?«
fragte er grinsend.

»Ich habe das Gefühl, ich sollte mich über mein Zimmer hinaus bewegen, Don Juan.«

»Aber du bewegst dich doch über dein Zimmer hinaus. Vielleicht solltest du dich fragen, ob du dich nicht wieder in deinen Interpretationen verfangen hast. Was glaubst du denn, bedeutet in diesem Fall, sich zu bewegen?«

Und so erzählte ich ihm, daß das Hinausgehen aus meinem Zimmer, hinunter auf die Straße ein so eindringlicher Traum für mich gewesen war, daß ich mich wirklich gedrängt sah, es noch einmal zu tun.

»Aber du tust jetzt viel größere Dinge«, protestierte er. »Du dringst in unglaubliche Regionen vor. Was willst du mehr?«

Ich versuchte ihm klarzumachen, daß ich geradezu einen physischen Drang verspürte, mich aus der Fessel der Details zu befreien. Was mich am meisten beunruhigte, war meine Unfähigkeit, mich loszumachen von allem, was meine Aufmerksamkeit fesselte. Ein Minimum an eigenem Willen zu haben, war für mich unerläßlich.

Darauf folgte ein langes Schweigen. Ich erwartete mehr über die Fessel der Details zu erfahren. Immerhin hatte er mich vor deren Gefahren gewarnt.

»Du machst deine Sache gut«, sagte er schließlich. »Es dauert sehr lange, bis Träumer ihren Energiekörper vervollständigen. Und genau darum geht es hier: nämlich um die Vervollständigung des Energiekörpers.«

Der Grund, warum mein Energiekörper allerlei Details untersuchen und sich unlösbar darin verstricken müsse, erklärte mir Don Juan, sei dessen Unerfahrenheit, seine Unvollständigkeit. Er sagte, daß Zauberer ein Leben lang damit beschäftigt sind, ihren Energiekörper zu konsolidieren, indem sie ihn alles mögliche aufsaugen lassen.

»Bevor der Energiekörper vollständig und reif entwickelt ist, neigt er zur Selbstvergessenheit. Er kann sich nicht von dem Zwang befreien, sich von allem und jedem absorbieren zu lassen. Wenn man dies aber berücksichtigt, statt gegen den Energiekörper anzukämpfen, wie du es jetzt tust, kann man ihm behilflich sein.«

»Wie könnte ich das tun, Don Juan?«

»Indem du sein Verhalten steuerst, das heißt indem du ihn anpirschst.«

Und er erklärte mir, daß das Pirschen – weil alles, was mit dem Energiekörper zusammenhängt, von der richtigen Position des Montagepunktes abhängig ist und weil Träumen nichts anderes ist, als diesen zu verschieben – folglich das geeignete Mittel sei, um den Montagepunkt in der richtigen Position verweilen zu lassen; in diesem Fall dort, wo der Energiekörper sich konsolidieren und von wo er schließlich hervorgehen kann.

Nun glauben die Zauberer, sagte Don Juan, daß die optimale Position des Montagepunktes erreicht ist, sobald der Energiekörper sich von selbst bewegen kann. Der nächste Schritt ist dann, den Montagepunkt anzupirschen, das heißt ihn in dieser Position zu fixieren, um den Energiekörper zu komplettieren. Und er meinte, daß dieser Vorgang das Einfachste von der Welt sei: man braucht nur die Absicht, ihn anzupirschen.

Schweigen und erwartungsvolle Blicke folgten auf diese Eröffnung. Ich erwartete, er würde noch mehr sagen. Und er erwartete, daß ich verstanden hätte, was er gesagt hatte. Das hatte ich nicht.

»Du läßt deinen Energiekörper einfach beabsichtigen, die optimale Traumposition zu erreichen«, erklärte er. »Dann läßt du deinen Energiekörper beabsichtigen, in dieser Position zu bleiben, und schon pirschst du.«

Er sah mich an und drängte mich augenzwinkernd, über seine Worte nachzudenken. »Das Geheimnis liegt in der Absicht; aber das weißt du schon«, sagte er. »Die Zauberer verschieben ihren Montagepunkt, indem sie es beabsichtigen, und sie fixieren ihn auch, indem sie es beabsichtigen. Für das Beabsichtigen aber gibt es keine Technik. Man beabsichtigt einfach, indem man beabsichtigt.«

An diesem Punkt war es unvermeidlich, daß ich mir wieder einmal kühne Vorstellungen über meinen Weit als Zauberer machte. Ich hatte grenzenloses Vertrauen, daß irgend etwas mich auf die richtige Spur bringen würde, wie ich meinen Montagepunkt in die Idealposition beabsichtigen könnte. Schon früher waren mir alle möglichen Manöver gelungen, ohne daß ich wußte, wie sie mir gelangen. Don Juan selbst staunte über meine Fähigkeit oder mein Glück, und ich war sicher, daß es auch diesmal klappen würde. Das war ein schwerer Irrtum. Was ich auch tat, wie lange ich auch wartete, gelang es mir doch nie, meinen Montagepunkt an irgendeiner Stelle zu fixieren, geschweige denn an der idealen.

Nach Monaten ernsten, wenn auch erfolglosen Bemühens gab ich es auf. »Ich dachte wirklich, ich könnte es«, sagte ich zu Don Juan, kaum war ich bei ihm eingetreten. »Ich fürchte, ich leide mehr denn je an Selbstüberschätzung.«

»Nicht wirklich«, sagte er lächelnd. »Tatsächlich bist du wieder einmal auf deine Neigung hereingefallen, Begriffe falsch zu interpretieren. Du suchst die ideale Stelle des Montagepunktes, als suchtest du deine verlorenen Autoschlüssel. Und dann willst du den Montagepunkt festbinden, als ginge es darum, deine Schuhe zu binden. Die ideale Stelle und die Fixierung des Montagepunktes sind doch Metaphern. Beides hat nichts mit den Wörtern zu tun, die wir zu ihrer Beschreibung verwenden.«

Und nun bat er mich, ihm von den letzten Ereignissen meiner Traumübungen zu berichten. Als erstes erzählte ich, daß mein Zwang, mich von Einzelheiten absorbieren zu lassen, tatsächlich nachgelassen hatte. Vielleicht lag es daran, meinte ich, daß ich mich in den Träumen unaufhörlich – wie zwanghaft – bewegte. So könnte diese Bewegung mich daran gehindert haben, mich in die Details zu stürzen, die ich beobachtete. Auf diese Weise gebremst zu werden, gab mir aber die Chance, den Vorgang des Absorbiertwerdens durch Details näher zu untersuchen. Ich kam zu dem Schluß, daß unbelebte Materie wirklich eine lähmende Kraft hatte: ich sah sie stets als dunklen Lichtstrahl, der mich an Ort und Stelle festhielt. Manchmal sandte zum Beispiel ein winziger Fleck an den Wänden oder auf dem Parkettboden meines Zimmers eine Lichtlinie aus, die mich versteinerte. Von dem Augenblick, da meine Traum-Aufmerksamkeit sich auf dies Licht konzentrierte, drehte sich der ganze Traum um diesen winzigen Fleck. Ich sah ihn vergrößert – manchmal bis zum Umfang des ganzen Kosmos. Solche Bilder hielten an, bis ich erwachte – meist mit der Nase an der Wand oder am Holzboden des Zimmers. Ich hatte dann immer den Eindruck, daß dieses Detail, erstens, real war; und daß ich es, zweitens, beobachtet hatte, während ich schlief.

Don Juan lächelte und sagte: »All dies geschah dir, weil dein Energiekörper vollständig war, als er sich von selbst bewegte. Dies habe ich dir nicht gesagt, aber immerhin angedeutet. Ich wollte sehen, ob du es allein herausfinden könntest – was dir natürlich gelungen ist.«

Ich hatte keine Ahnung, was er damit meinte. Don Juan sah mich, wie immer, prüfend an. Sein durchdringender Blick glitt über meinen ganzen Körper.

»Was habe ich eigentlich allein herausgefunden, Don Juan?« mußte ich ihn fragen.

»Du hast herausgefunden, daß dein Energiekörper komplett war«, antwortete er.

»Ich habe nichts dergleichen herausgefunden, das kann ich dir versichern.«

»Doch, das hast du. Angefangen hat es schon vor einiger Zeit, als es dir nicht gelang, eine Richtschnur zu finden, um die Realität deiner Träume zu überprüfen. Dann aber begann irgend etwas für dich zu arbeiten – und ließ dich wissen, ob du einen normalen Traum hattest oder nicht. Dieses Etwas war dein Energiekörper. Und jetzt verzweifelst du daran, daß du nicht die ideale Stelle finden kannst, um deinen Montagepunkt zu fixieren. Aber ich sage dir, du hast sie schon gefunden. Der Beweis ist, daß dein Energiekörper, wenn er sich umherbewegt, nicht mehr so zwanghaft an den Details interessiert ist.«

Ich war verblüfft. Ich konnte nicht einmal eine meiner törichten Fragen stellen.

»Was dir nun bevorsteht, ist ein Juwel für die Zauberer«, fuhr Don Juan fort. »Du wirst üben, in deinen Träumen Energie zu *sehen*. Die Aufgabe der dritten Traumpforte hast du erfüllt, nämlich, den Energiekörper von selbst sich bewegen zu lassen. Jetzt sollst du die eigentliche Aufgabe erfüllen: Energie zu *sehen*, mit deinem Energiekörper.

Tatsächlich hast du schon oft Energie *gesehen*«, fuhr er fort. »Aber das *Sehen* war jedesmal Zufall. Jetzt sollst du es aus eigenem Willen tun.

Die Träumer haben eine Faustregel«, fuhr er fort. »Wenn ihr Energiekörper komplett ist, *sehen* sie Energie immer dann, wenn sie einen Gegenstand der alltäglichen Welt anstarren. Wenn sie im Traum die Energie eines Gegenstandes *sehen*, wissen sie, daß sie es mit einer realen Welt zu tun haben, ganz gleich, wie verzerrt diese Welt ihrer Traum-Aufmerksamkeit erscheinen mag. Wenn sie nicht die Energie eines Gegenstands *sehen*, sind sie in einem gewöhnlichen Traum, nicht in einer realen Welt.«

»Was ist eine reale Welt, Don Juan?«

»Eine Welt, die Energie hervorbringt; das Gegenteil einer Phantomwelt von Projektionen, wo keine Energie erzeugt wird, wie in den meisten unserer Träume, wo nichts einen energetischen Effekt hat.«

Und dann gab Don Juan mir eine neue Definition des Träumens: ein Prozeß, durch den Träumer jene Bedingungen des Träumens isolieren, durch die sie Energie erzeugende Elemente im Traum finden können. Anscheinend guckte ich verständnislos. Don Juan erkannte mein Dilemma und gab mir lachend noch eine weitere, noch kompliziertere Definition: Träumen ist ein Prozeß, durch den wir beabsichtigen, adäquate Positionen des Montagepunktes zu finden – Positionen, die uns erlauben, Energie erzeugende Gegenstände in traumverwandten Zuständen wahrzunehmen.

Und er erklärte mir, daß der Energiekörper auch solche Energie wahrnehmen kann, die ganz verschieden ist von jener unserer Welt, wie im Fall der Traumgegenstände im Reich der anorganischen Wesen, die der Energiekörper als brutzelnde Energie wahrnehme. In unserer Welt, fügte er hinzu, brutzeln die Dinge nicht; hier flimmern sie.

»Von nun an«, sagte er, »geht es bei deinem Träumen darum, herauszufinden, ob die Gegenstände, auf die du deine Traum-Aufmerksamkeit konzentrierst, Energie erzeugen. Ob sie bloße Phantomprojektionen sind, oder Generatoren fremder Energie.«

Don Juan gestand mir, er habe gehofft, daß ich selbst auf die Idee kommen würde, Energie selbst als Maßstab zu wählen, um zu bestimmen, ob ich meinen realen Körper im Schlaf beobachtete oder nicht. Er lachte herzlich über meinen dürftigen Trick, alle vier Tage beim Schlafengehen eine ausgesuchte Verkleidung anzulegen. Wohl hätte ich alle nötigen Informationen zur Verfügung gehabt, meinte er, um herauszufinden, was die eigentliche Aufgabe an der dritten Pforte des Träumens sei; aber mein Interpretationsschema habe mich gezwungen, ausgefallene Lösungen zu suchen, denen vor allem eines fehlte: die Einfachheit und Direktheit der Zauberei.

9. Das neue Forschungsgebiet

Um beim Träumen zu *sehen*, sagte Don Juan, müsse ich nicht nur das *Sehen* beabsichtigen, sondern auch meine Absicht laut aussprechen. Aus Gründen, die er allerdings nicht erklären wollte, beharrte er darauf, ich müsse dies laut sagen. Wohl räumte er ein, es gebe auch andere Mittel zum selben Zweck, aber er war überzeugt, das Aussprechen der eigenen Absicht sei der einfachste und direkteste Weg.

Als ich nun zum erstenmal meine Absicht, zu *sehen*, in Worte faßte, träumte ich von einem Kirchen-Basar. So viele Gegenstände waren dort aufgeboten, daß ich mich nicht entschließen konnte, welchen ich anstarren sollte. Eine auffällige große Vase in einer Ecke nahm mir die Entscheidung ab. Ich starrte sie an und äußerte meine Absicht, zu *sehen*. Die Vase blieb kurz in meinem Blick, dann verwandelte sie sich in einen anderen Gegenstand.

In diesem Traum starrte ich so viele Dinge an, wie ich nur konnte. Hatte ich meine Absicht ausgesprochen, zu *sehen*, dann verschwand jeder dieser Gegenstände oder verwandelte sich in etwas anderes, wie es schon immer in meinen Traumübungen geschehen war. Schließlich war meine Traum-Aufmerksamkeit erschöpft, und ich erwachte – sehr frustriert, beinah wütend.

Endlose Monate starrte ich dann im Traum auf Hunderte von Gegenständen und äußerte vorsätzlich meine Absicht, zu *sehen*, aber nie geschah etwas. Des Wartens müde, mußte ich schließlich Don Juan um Rat fragen.

»Du brauchst Geduld«, sagte er. »Du bist im Begriff, etwas ganz Außerordentliches zu lernen. Du lernst, im Traum das *Sehen* zu beabsichtigen. Eines Tages wirst du nicht mal mehr deine Absicht aussprechen müssen. Du wirst sie einfach durch deinen stummen Willen verwirklichen.«

»Ich glaube, ich habe nicht verstanden, was ich da mache«, sagte ich. »Nichts geschieht, wenn ich meine Absicht, zu *sehen*, laut hinausrufe. Was hat das zu bedeuten?«

»Es bedeutet, daß deine Träume bislang gewöhnliche Träume waren. Es waren Phantomprojektionen – Bilder, die nur in deiner Traum-Aufmerksamkeit lebendig sind.«

Er wollte genau wissen, was mit den Gegenständen passierte, auf die ich meinen Blick richtete. Ich sagte, daß sie verschwanden, ihre Gestalt veränderten oder sogar Wirbel verursachten, die mich schließlich in einen anderen Traum überwechseln ließen.

»So war es bei all meinen regelmäßigen Traumübungen«, sagte ich. »Das einzig Ungewöhnliche ist, daß ich lerne, im Traum aus vollem Hals zu brüllen.«

Bei meinen letzten Worten bog sich Don Juan vor Lachen, was ich ziemlich unangenehm fand. Ich sah weder das Komische meiner Äußerung noch den Grund für seine Reaktion.

»Eines Tages wirst du erkennen, wie komisch das ist«, sagte er – gleichsam als Antwort auf meinen stummen Protest. »Einstweilen aber gib nicht auf und laß dich nicht entmutigen. Bemühe dich weiter. Früher oder später triffst du den richtigen Ton.«

Er hatte recht, wie immer. Ein paar Monate später machte ich einen großen Treffer. Es war ein ganz ungewöhnlicher Traum. Gleich anfangs erschien ein Scout aus der Welt der anorganischen Wesen. Die Scouts, wie auch der Traumbotschafter, hatten bis dahin seltsamerweise in meinen Träumen gefehlt. Ich hatte sie nicht vermißt, auch nicht nachgedacht über ihr Verschwinden. Tatsächlich war ich so zufrieden mit ihrer Abwesenheit, daß ich vergessen hatte, Don Juan davon zu berichten.

In diesem Traum war der Scout zuerst ein riesiger gelber Topas, den ich in einer Schublade fand. Kaum äußerte ich meine Absicht, zu *sehen*, da verwandelte der Topas sich in einen Tropfen brutzelnder Energie. Ich fürchtete schon, ihm folgen zu müssen, darum wandte ich meinen Blick ab von dem Scout und richtete ihn auf ein Aquarium mit tropischen Fischen. Ich äußerte meine Absicht, zu *sehen*, und erlebte eine gewaltige Überraschung. Das Aquarium leuchtete mit einem schwachen, grünlichen Licht und verwandelte sich in das große, surrealistische Porträt einer juwelengeschmückten Frau. Das Porträt strahlte das gleiche grünliche Licht aus, wenn ich meine Absicht aussprach, zu *sehen*.

Während ich in dieses Licht starrte, veränderte sich der ganze Traum. Nun wanderte ich durch eine Straße – in einer Stadt, die mir bekannt vorkam. Es hätte Tucson sein können. Ich starrte auf Damenbekleidung in einem Schaufenster und äußerte laut meine Absicht, zu *sehen*. Sofort begann eine schwarze Kleiderpuppe im Vordergrund zu leuchten. Dann starrte ich eine Verkäuferin an, die in diesem Augenblick hinzutrat, um das Schaufenster umzudekorieren. Sie sah mich an. Nachdem ich meine Absicht ausgesprochen hatte, *sah* ich sie leuchten. Es war so verblüffend, daß ich schon fürchtete, von irgendeinem Detail in ihrem strahlenden Glanz gefesselt zu werden, aber die Frau trat wieder in die Tür zurück, bevor ich Zeit fand, meine Aufmerksamkeit ganz auf sie zu konzentrieren. Natürlich hatte ich die Absicht, ihr ins Innere des Geschäfts zu folgen. Doch meine Traum-Aufmerksamkeit wurde von einem beweglichen Lichtschein gefangengenommen. Haßerfüllt kam er auf mich losgestürzt. Ja, es lag Abscheu und Bosheit in diesem Licht. Ich sprang zurück. Das Licht verhielt in seinem Angriff. Eine schwarze Substanz verschlang mich, und ich erwachte.

So lebhaft waren diese Bilder gewesen, daß ich fest glaubte, ich hätte Energie im Traum *gesehen* und dieser Traum sei einer jener Zustände, die Don Juan als traumverwandt bezeichnet hatte und die Energie erzeugten. Die Vorstellung, daß Träume in der geläufigen Realität unserer Alltagswelt stattfinden können, faszinierte mich sehr, genau wie die Bilder im Reich der anorganischen Wesen mich fasziniert hatten.

»Diesmal hast du nicht nur Energie *gesehen*, sondern eine gefährliche Grenze überschritten«, sagte Don Juan, nachdem er meinen Bericht angehört hatte.

Er wiederholte mir, daß der Drill der dritten Traumpforte den Zweck habe, den Energiekörper von selbst sich bewegen zu lassen. In meiner letzten Traumsitzung, sagte er, hätte ich ungewollt den Effekt dieses Trainings übertroffen und sei in eine andere Welt hinübergewechselt.

»Dein Energiekörper hat sich bewegt«, sagte er. »Er hat von selbst eine Reise angetreten. Doch eine solche Reise übersteigt momentan deine Fähigkeiten. Und irgend etwas hat dich angegriffen.«

»Was, glaubst du, war es, Don Juan?«

»Dies ist ein räuberisches Universum«, sagte er. »Es mag eines der unzähligen Wesen gewesen sein, die es dort draußen gibt.«

»Warum, glaubst du, hat es mich angegriffen?«

»Aus dem gleichen Grund, weshalb die anorganischen Wesen dich angriffen: weil du dich zugänglich machtest.«

»Ist es so einfach, Don Juan?«

»Gewiß. Es ist so einfach wie das, was du tun würdest, wenn eine unheimliche Spinne über deinen Tisch krabbelte, während du mit Schreiben beschäftigt wärst. Du würdest sie zerdrücken, aus Furcht, statt ihre Schönheit zu bewundern oder zu studieren.«

Ich war verlegen und suchte nach Worten, um die richtige Frage zu stellen. Ich wollte ihn fragen, wo mein Traum wohl stattgefunden hatte oder in welcher Welt ich in jenem Traum gewesen war. Solche Fragen aber wären sinnlos gewesen, das verstand ich selbst. Don Juan war sehr mitfühlend.

»Du möchtest wissen, worauf deine Traum-Aufmerksamkeit sich konzentrierte, nicht wahr?« fragte er grinsend.

Genau das war es, was ich mit meiner Frage ausdrücken wollte. Ich unterstellte, daß ich in dem betreffenden Traum wohl ein reales Objekt angeschaut hatte. Genau das gleiche, was geschah, wenn ich in meinen Träumen die winzigsten Details am Fußboden, an den Wänden oder an der Tür meines Zimmers sah – lauter Einzelheiten, die, wie ich später bestätigt fand, tatsächlich existierten.

Don Juan sagte, daß unsere Traum-Aufmerksamkeit bei besonderen Träumen wie jenem, den ich gehabt hatte, sich auf unsere Alltagswelt konzentriere und in dieser Welt von einem realen Objekt zum anderen springe. Was diese Bewegung ermögliche, sei die Tatsache, daß der Montagepunkt sich in der richtigen Position befinde. Aus dieser Position könne der Montagepunkt der Traum-Aufmerksamkeit solche Beweglichkeit verleihen, daß sie im Bruchteil einer Sekunde unglaubliche Distanzen zurücklege und dabei so rasche und flüchtige Wahrnehmungen hervorrufe, daß diese einem gewöhnlichen Traum glichen.

In meinem Traum, erklärte Don Juan, hätte ich eine reale Vase *gesehen*, und dann habe sich meine Traum-Aufmerksamkeit über eine weite Distanz bewegt, um das surrealistische Bild einer juwelengeschmückten Frau zu *sehen*. Das Ergebnis – abgesehen davon, daß ich Energie *gesehen* hätte – sei einem gewöhnlichen Traum sehr ähnlich gewesen, bei dem die Gegenstände, wenn man sie anstarrt, sich rasch in etwas anderes verwandeln.

»Ich weiß, wie beunruhigend das alles ist«, fuhr er fort, meiner Bestürzung wohl bewußt. »Aus irgendeinem Grund, der mit der Funktion unseres Geistes zusammenhängt, ist es erschütternder als alles andere, wenn man Energie im Traum *sieht*.«

Ich wandte ein, ich hätte schon früher Energie im Traum *gesehen*. Nie aber habe es mich so mitgenommen.

»Dein Energiekörper ist jetzt komplett und einsatzfähig«, sagte er. »Wenn du also Energie im Traum *siehst*, nimmst du eine reale Welt wahr – wenn auch im Gewand eines Traumes. Das ist die Bedeutung der Reise, die du unternommen hast. Sie war real. Es gab Energie erzeugende Objekte, die dich beinah das Leben kosteten.«

»War es denn so gefährlich, Don Juan?«

»Da kannst du wetten! Das Wesen, das dich angriff, bestand aus reiner Bewußtheit und war so gefährlich, wie etwas nur gefährlich sein kann. Du hast seine Energie *gesehen*. Ich bin sicher, du weißt jetzt, daß wir, solange wir nicht im Traum *sehen*, ein reales, Energie erzeugendes Objekt nicht von einer Phantomprojektion unterscheiden können. Auch wenn du also in einen Kampf mit den anorganischen Wesen verwickelt wurdest, auch wenn du die Scouts und die Tunnel tatsächlich *gesehen* hast, weiß dein Energiekörper nicht mit Gewißheit, ob sie real waren, das heißt ob sie Energie erzeugten. Du bist dir zu neunundneunzig Prozent sicher, nicht zu hundert Prozent.«

Don Juan wollte noch weiter über die Reise sprechen, die ich unternommen hatte. Aus einem unerklärlichen Grund widerstrebte es mir, dieses Thema zu behandeln. Was er sagte, rief bei mir sofort eine sonderbare Reaktion hervor. Ich merkte, daß ich mich mit einer tiefen und seltsamen Furcht auseinandersetzen mußte; einer dunklen Furcht, die im Innern an mir nagte.

»Du bist eindeutig in eine andere Haut der Zwiebel vorgestoßen«, sagte Don Juan zum Abschluß einer Erklärung, auf die ich nicht weiter geachtet hatte.

»Was ist diese andere Haut der Zwiebel, Don Juan?«

»Die Welt ist wie eine Zwiebel. Sie hat viele Schichten. Die Welt, die wir kennen, ist nur eine davon. Manchmal überschreiten wir die Grenzen und stoßen in eine andere Schicht vor: in eine andere Welt, dieser ganz ähnlich, aber nicht dieselbe. Und du bist in eine davon vorgestoßen, ganz von selbst.«

»Wie ist diese Reise möglich, von der du sprichst, Don Juan?«

»Das ist eine sinnlose Frage, denn niemand kann sie beantworten. Nach Auffassung der Zauberer ist das Universum in Schichten aufgebaut, die der Energiekörper durchqueren kann. Weißt du, wo die alten Zauberer noch bis zum heutigen Tag leben? In einer anderen Schicht; in einer anderen Haut der Zwiebel.«

»Für mich ist die Vorstellung einer realen und praktischen Reise, die ich im Traum unternehme, sehr schwer zu verstehen oder zu akzeptieren, Don Juan.«

»Dieses Thema haben wir doch erschöpfend diskutiert. Ich war überzeugt, du hättest verstanden, daß die Reise des Energiekörpers ausschließlich von der Position des Montagepunkts abhängig ist.«

»Das hast du mir gesagt. Und ich habe immer wieder darüber nachgedacht. Dennoch ist die Aussage, daß die Reise in der Position des Montagepunktes stattfindet, für mich sinnlos.«

»Deine Schwierigkeit ist dein Zynismus. Früher war ich wie du. Der Zynismus erlaubt uns nicht, unser Weltverständnis konsequent zu verändern. Er zwingt uns auch zu der Überzeugung, daß wir immer recht hätten.«

Ich verstand durchaus, was er meinte. Aber ich mußte ihn doch daran erinnern, wie ich gegen all dies angekämpft hatte.

»Ich möchte dir etwas ganz Verrücktes vorschlagen, das eine Wendung herbeiführen könnte«, sagte er. »Wiederhole dir unaufhörlich, daß das Mysterium des Montagepunktes der Dreh- und Angelpunkt der Zauberei ist. Wenn du es dir lange genug wiederholst, wird eine unsichtbare Kraft die Führung übernehmen und die geeigneten Veränderungen in dir bewirken.«

Don Juan machte nicht den Eindruck, als ob er scherzte. Ich wußte, er meinte jedes Wort ernst. Was mich störte, war seine Forderung, ich sollte mir diese Formel unaufhörlich wiederholen. Es kam mir blöde vor, mußte ich mir gestehen.

»Gib deine zynische Haltung auf«, herrschte er mich an. »Wiederhole die Formel in gutem Glauben.«

»Das Geheimnis des Montagepunktes ist alles in der Zauberei«, fuhr er fort, ohne mich anzusehen. »Oder besser gesagt, alles in der Zauberei beruht auf der Manipulation des Montagepunktes. Das weißt du wohl, aber du mußt es dir wiederholen.«

Einen Augenblick, während ich ihn so sprechen hörte, glaubte ich vor Qual zu sterben. Eine unglaubliche Traurigkeit legte sich mir auf die Brust, so daß ich vor Schmerz aufschrie. Mir war, als schiebe sich mein Magen gegen das Zwerchfell, in die Brusthöhle hinauf. Der Druck war so stark, daß ich die Bewußtseinsebene wechselte und wieder in meinen normalen Zustand eintrat. Was wir eben noch besprochen hatten, wurde zu einem unbestimmten Gedanken an irgend etwas, das geschehen sein mochte, in Wirklichkeit aber nicht geschehen war – wenn ich die vernünftigen Maßstäbe meines Alltagsbewußtseins anlegte.

Das nächste Mal, als Don Juan und ich über das Träumen sprachen, diskutierten wir über die Gründe, warum es mir monatelang nicht gelungen war, Fortschritte bei meinen Traumübungen zu erzielen. Don Juan warnte mich aber, daß er, um meine Situation zu erklären, weit ausholen müsse. Zuerst wies er mich darauf hin, daß es einen gewaltigen Unterschied gebe zwischen den Gedanken und Taten moderner Menschen und den Menschen der Vorzeit. Und dann meinte er, die Menschen der Vorzeit hätten eine sehr realistische Auffassung von Bewußtsein und Wahrnehmung gehabt, denn ihre Auffassung resultierte aus der Beobachtung des sie umgebenden Universums. Die modernen Menschen hingegen hätten eine absurd unrealistische Auffassung von Bewußtsein und Wahrnehmung, weil ihre Ansichten auf ihrer Beobachtung der Sozialordnung und ihrem Verhalten in dieser sozialen Welt beruhten.

»Warum sagst du mir all diese Dinge?« fragte ich.

»Weil du ein moderner Mensch bist, natürlich, aber verstrickt in die Auffassungen und Beobachtungen der Menschen der Vorzeit«, antwortete er. »Und all diese Beobachtungen und Auffassungen sind dir fremd. Mehr denn je brauchst du jetzt Mut und Nüchternheit. Ich versuche eine Brücke zu bauen – eine Brücke, die du beschreiten kannst – zwischen den Ansichten der Menschen der Vorzeit und jenen der modernen Menschen.«

Unter allen transzendentalen Beobachtungen der Menschen alter Zeiten, sagte er, sei eine einzige mir vertraut – nämlich die, daß wir, um Unsterblichkeit zu erlangen, unsere Seele dem Teufel verkaufen, was für Don Juan, wie er einräumte, viel Ähnlichkeit habe mit der Beziehung der alten Zauberer zu den anorganischen Wesen. Er erinnerte mich daran, wie der Traumbotschafter versucht hatte, mich zum Bleiben in seinem Reich zu bewegen, indem er mir die Möglichkeit bot, meine Individualität und mein Bewußtsein beinah eine Ewigkeit lang zu bewahren.

»Vor den Verlockungen der anorganischen Wesen zu kapitulieren, ist, wie du weißt, nicht nur eine Idee: es ist real«, fuhr er fort. »Aber die Konsequenzen dieser Realität hast du noch nicht ganz erkannt. Ähnlich ist auch das Träumen real. Es ist ein Energie erzeugender Zustand. Du hörst meine Worte, und gewiß verstehst du, was ich meine. Aber dein Bewußtsein hat noch nicht die ganze Tragweite dessen erfaßt.«

Don Juan meinte, daß meine Rationalität wohl um die Bedeutung einer solchen Erkenntnis wisse. Bei unserem letzten Gespräch habe sie mich gezwungen, die Bewußtseinsebene zu wechseln. Ich sei schließlich in meinen normalen Bewußtseinszustand zurückgekehrt, bevor ich auf alle Nuancen meines Traums eingehen konnte. Auch habe meine Rationalität sich durch die Unterbrechung meiner Traumübungen zu schützen versucht.

»Ich versichere dir, ich bin mir voll bewußt, was ein Energie erzeugender Zustand ist«, sagte ich.

»Und ich versichere dir, du bist es nicht. Wärst du es, dann würdest du beim Träumen vorsichtiger und bewußter vorgehen. Da du aber glaubst, es wären nur Träume, gehst du blindlings Risiken ein. Deine irrende Vernunft sagt dir, daß der Traum, was immer passieren mag, irgendwann vorbei sein wird und du erwachen wirst.«

Er hatte recht. Trotz all dessen, was ich bei meinen Traumübungen erlebt hatte, war ich noch immer allgemein überzeugt, daß es sich nur um Träume handle.

»Ich spreche zu dir von den Ansichten der Menschen der Vorzeit und von den Ansichten moderner Menschen«, fuhr Don Juan fort, »weil dein Bewußtsein, nämlich das Bewußtsein eines modernen Menschen, mit einem fremden Konzept so umgeht, als sei es ein leeres Idealbild.

Wärst du dir selbst überlassen, dann würdest du das Träumen als Idee auffassen. Natürlich nimmst du das Träumen ernst, da bin ich mir sicher. Aber du glaubst nicht recht an die Realität des Träumens.«

»Ich verstehe, was du sagst, Don Juan. Aber ich verstehe nicht, warum du es sagst.«

180

»Ich sage dies alles, weil du jetzt, zum erstenmal, in der Lage bist, zu verstehen, daß Träumen ein Energie erzeugender Zustand ist. Zum erstenmal kannst du jetzt verstehen, daß gewöhnliche Träume vorbereitende Mittel sind, eingesetzt, um den Montagepunkt auf das Erreichen jener Position zu trainieren, die den Energie erzeugenden Zustand schafft, den wir als Träumen bezeichnen.«

Und er warnte mich, daß Träumer, da sie sich – mit allumfassenden Konsequenzen – in reale Welten begeben, die größte Vorsicht und Wachsamkeit walten lassen sollten. Denn jede Abweichung von absoluter Wachsamkeit gefährde den Träumer auf mehr als tödliche Art.

In diesem Moment spürte ich wieder eine Bewegung in meiner Brusthöhle, einen Druck, wie ich ihn an dem Tag empfunden hatte, als mein Bewußtsein von selbst in einen anderen Zustand überging. Don Juan schüttelte kräftig meinen Arm.

»Betrachte das Träumen als etwas extrem Gefährliches!« befahl er mir. »Und fange gleich damit an. Spare dir deine komischen Fluchtmanöver.«

So eindringlich war der Ton seiner Worte, daß ich sofort bleiben ließ, was immer ich im Sinn hatte.

»Was ist los mit mir, Don Juan?« fragte ich.

»Was mit dir los ist? Du kannst deinen Montagepunkt rasch und mit Leichtigkeit verschieben«, sagte er. »Aber diese Leichtigkeit hat die Tendenz, daß die Verschiebung aufs Geratewohl geschieht. Korrigiere diese Leichtigkeit. Und erlaube dir keine Umwege, nicht einen Millimeter breit.«

Wie leicht hätte ich nun einwenden können, daß ich nicht wisse, wovon er sprach – aber ich wußte es. Ich wußte auch, daß mir nur Sekunden blieben, um all meine Energie aufzubieten und meine Einstellung zu ändern. Und das tat ich

Damit endete unser Gespräch an diesem Tag. Ich fuhr nach Hause, und fast ein Jahr lang wiederholte ich jeden Tag getreulich den Satz, den Don Juan mir zu wiederholen aufgetragen hatte. Das Ergebnis meiner beschwörenden Litanei war unglaublich. Ich war fest überzeugt, daß es auf mein Bewußtsein die gleiche Wirkung hatte, die ein sportliches Training auf die Muskulatur hat. Mein Montagepunkt wurde beweglicher, was bedeutete, daß das *Sehen* von Energie beim Träumen zum einzigen Ziel meiner

Übungen wurde. Meine Fähigkeit, das *Sehen* zu beabsichtigen, wuchs im Maßstab meiner Anstrengungen. Und dann gelang es mir irgendwann, das *Sehen* nur zu beabsichtigen, ohne ein Wort zu äußern, wobei ich die gleichen Resultate erzielte, wie wenn ich meine Absicht, zu *sehen*, laut aussprach.

Don Juan beglückwünschte mich zu meiner Leistung. Ich glaubte natürlich, er meine es nur ironisch. Doch er versicherte mir, daß er es aufrichtig meinte; allerdings beschwor er mich, weiterhin meine Absicht mit lauter Stimme kundzutun, zumindest wenn ich mich unsicher fühlte. Sein Verlangen erschien mir auch gar nicht sonderbar. Ich hatte ja selbst jedesmal, wenn ich es für nötig hielt, laut im Traum geschrien.

Ich entdeckte, daß die Energie unserer Welt flimmert. Sie oszilliert. Nicht nur die Lebewesen, sondern alles in unserer Welt flimmert von einem eigenen Licht. Don Juan erklärte mir, daß die Energie unserer Welt aus Schichten schimmernder Farbtöne besteht. Die oberste Schicht ist weißlich, die nächste, unmittelbar daran angrenzend, ist resedagrün, und wieder eine andere, etwas weiter entfernt, ist bernsteingelb. Ich fand all diese Farbtöne wieder, oder vielmehr *sah* ich den Schimmer immer dann, wenn Gegenstände, die ich im Traum antraf, ihre Form veränderten. Doch ein weißlicher Schimmer war immer das erste, wenn ich Dinge *sah*, die Energie erzeugten.

»Gibt es nur drei verschiedene Farbtöne?« fragte ich Don Juan.

»Es gibt unendlich viele«, antwortete er. »Für den Anfang aber solltest du dich auf diese drei beschränken. Später kannst du dich auf kompliziertere Dinge einlassen und Dutzende von Farbtönen isolieren, falls du es willst und kannst.

Die weißliche Schicht ist die Farbe der gegenwärtigen Position des Montagepunktes«, fuhr Don Juan fort. »Man könnte sagen, es ist ein moderner Farbton. Die Zauberer glauben, daß alles, was der Mensch heute tut, in dieses weißliche Licht getaucht ist. Zu anderen Zeiten ließ die Position des menschlichen Montagepunktes die Färbung der in der Welt vorherrschenden Energie resedagrün erscheinen. Und wieder zu anderen, noch ferneren Zeiten war sie bernsteingelb. Die Energie der Zauberer ist bernsteinfarben, und das heißt, daß sie energetisch mit den Menschen verbunden sind, die in ferner Vergangenheit lebten.«

»Glaubst du, Don Juan, daß die heutige, weißliche Farbe sich eines Tages ändern wird?«

»Falls der Mensch fähig ist, sich weiterzuentwickeln. Die große Aufgabe der Zauberer besteht darin, die Idee zu verbreiten, daß der Mensch, um sich weiterzuentwickeln, zuerst sein Bewußtsein von allen Bindungen an die Sozialordnung befreien muß. Sobald das Bewußtsein frei ist, wird die Absicht es auf einen neuen, evolutionären Weg steuern.«

»Glaubst du, dies wird den Zauberern gelingen?«

»Es ist ihnen schon gelungen. Sie selbst sind der Beweis. Etwas anderes ist es aber, andere Menschen von Wert und Wichtigkeit solcher Weiterentwicklung zu überzeugen.«

Jene andere Energie, die ich in unserer Welt zwar gegenwärtig, wenn auch fremd fand, war die Energie der Scouts – nämlich die Energie, die Don Juan als brutzelnd beschrieben hatte. Ich entdeckte unzählige Gegenstände in meinen Träumen, die sich, wenn ich sie *sah*, in Energieblasen verwandelten, anscheinend siedend und brodelnd vor innerer Aktivität, die wie Hitze erschien.

»Bedenke, daß nicht jeder Scout, den du antreffen wirst, zum Reich der anorganischen Wesen gehört«, sagte Don Juan. »Jeder Scout, den du bislang getroffen hast, bis auf den blauen Scout, stammte aus diesem Reich – aber nur deshalb, weil die anorganischen Wesen dich verwöhnen wollten. Sie führten Regie bei der Show. Jetzt bist du auf dich allein gestellt. Manche der Scouts, denen du begegnen wirst, stammen nicht aus dem Reich der anorganischen Wesen, sondern aus anderen, noch ferneren Ebenen des Bewußtseins.«

»Haben die Scouts ein Bewußtsein?« fragte ich.

»Aber gewiß«, antwortete er.

»Warum stellen sie dann keinen Kontakt mit uns her, solange wir wach sind?«

»Das tun sie doch. Aber leider ist unser Bewußtsein so sehr von anderen Dingen beansprucht, daß wir keine Zeit haben, auf sie zu achten. Im Schlaf aber öffnet sich die zweiseitige Falltür: wir träumen. Und in unseren Träumen stellen wir Kontakt mit ihnen her.«

»Wie kann man feststellen, ob Scouts aus einer anderen Welt als jener der anorganischen Wesen stammen?«

»Je stärker ihr Brutzeln, aus desto weiterer Ferne kommen sie. Es

hört sich so einfach an, aber du mußt dir von deinem Energiekörper sagen lassen, was los ist. Ich kann dir versichern, er trifft sehr
feine Unterscheidungen und unfehlbare Urteile, wenn er's mit
fremder Energie zu tun hat.«

Und wieder hatte Don Juan recht. Mühelos unterschied mein
Energiekörper zwei allgemeine Typen von fremder Energie. Da
gab es, erstens, die Scouts aus dem Reich der anorganischen Wesen. Ihre Energie brutzelte leicht. Es war geräuschlos, hatte jedoch
alle Merkmale siedenden Wassers, das eben zu brodeln anfängt.

Die Scouts des zweiten Typs von Energie machten mir den Eindruck, als hätten sie wesentlich mehr Macht. Diese Scouts schienen im Begriff, flammend aufzulodern. Sie vibrierten von innen,
als wären sie mit komprimiertem Gas gefüllt.

Meine Begegnungen mit fremder Energie waren stets flüchtig,
weil ich meine ganze Aufmerksamkeit auf das richtete, was Don
Juan mir empfohlen hatte. Er sagte: »Solange du nicht genau
weißt, was du tust oder was du willst und was du von der fremden
Energie erwartest, mußt du dich mit kurzen Blicken begnügen.
Alles, was über einen kurzen Blick hinausgeht, ist gefährlich –
und so dumm, als streicheltest du eine Klapperschlange.«

»Warum ist es so gefährlich, Don Juan?« fragte ich.

»Scouts sind immer sehr aggressiv und sehr wagemutig«, sagte er.
»Das müssen sie sein, um ihre Erkundungsfahrten zu überstehen.
Wenn wir unsere Traum-Aufmerksamkeit auf sie richten, so heißt
dies nichts anderes, als daß wir sie auffordern, ihre Aufmerksamkeit auf uns zu richten. Sobald sie ihre Aufmerksamkeit auf uns
gerichtet haben, sind wir gezwungen, mit ihnen zu gehen. Und
das ist natürlich die Gefahr. Möglicherweise geraten wir in Welten
jenseits unserer energetischen Möglichkeiten.«

Don Juan erklärte mir, es gebe mehr Typen von Scouts als die
beiden, die ich unterscheiden konnte. Beim gegenwärtigen Stand
meiner Energie könne ich mich aber nur auf drei von ihnen konzentrieren. Die ersten beiden Typen, sagte er, seien am leichte-
sten zu entdecken. In unseren Träumen treten sie in so auffälliger
Verkleidung auf, daß sie sofort unsere Traum-Aufmerksamkeit
auf sich ziehen. Die Scouts vom dritten Typ bezeichnete er als die
gefährlichsten, was ihre Aggressivität und Macht betrifft, weil sie
sich hinter unauffälliger Tarnung versteckten.

»Eine der Merkwürdigkeiten, die Träumer entdecken und die

auch du selbst bald entdecken wirst«, fuhr Don Juan fort, »ist dieser dritte Typ von Scouts. Bislang hast du nur Exemplare der ersten beiden Typen kennengelernt, aber nur deshalb, weil du nicht an der richtigen Stelle gesucht hast.«

»Und was ist die richtige Stelle, Don Juan?«

»Wieder mal bist du auf Wörter hereingefallen. Diesmal ist es das Wort ›Gegenstände‹, von dem du glaubst, es bezeichne nur Dinge oder Objekte. Aber die wildesten Scouts verbergen sich hinter Menschen in unseren Träumen. Mir selbst stand beim Träumen eine schreckliche Überraschung bevor, als ich meinen Blick auf das Traumbild meiner Mutter richtete. Nachdem ich meine Absicht, zu *sehen*, ausgesprochen hatte, verwandelte sie sich in eine grimmige, beängstigende Blase brutzelnder Energie.«

Don Juan machte eine Pause, um seine Worte auf mich einwirken zu lassen. Ich war verlegen, weil ich die Möglichkeit, hinter dem Traumbild meiner Mutter einen Scout zu entdecken, unheimlich fand.

»Es ist ärgerlich, daß sie stets mit Traumbildern unserer Eltern oder naher Freunde verbunden sind«, fuhr er fort. »Vielleicht ist das der Grund, warum wir uns manchmal unbehaglich fühlen, wenn wir von ihnen träumen.« Sein Grinsen machte mir den Eindruck, als genieße er meine Verwirrung. »Als Faustregel nehmen die Träumer an, daß ein Scout dieses dritten Typs immer dann zugegen ist, wenn sie sich in einem Traum von ihren Eltern oder Freunden belästigt fühlen. Ich kann dir vernünftigerweise nur raten, solche Traumbilder zu meiden. Sie sind reines Gift.«

»Wo steht der blaue Scout im Verhältnis zu anderen Scouts?« fragte ich.

»Blaue Energie brutzelt nicht«, antwortete er. »Sie ist der unseren ähnlich. Sie flimmert, aber sie ist blau statt weiß. Blaue Energie gibt es in unserer Welt nicht im Naturzustand. Und dies bringt uns zu einer Frage, über die wir nie gesprochen haben. Von welcher Farbe waren die Scouts, die du bislang gesehen hast?«

Bis zu diesem Augenblick, da er davon sprach, hatte ich es mir nie überlegt. Nun erzählte ich Don Juan, daß die Scouts, die ich gesehen hatte, rötlich oder rosarot waren. Und er sagte, daß die gefährlichen Scouts vom dritten Typ leuchtend orange wären. Ich konnte selbst feststellen, daß jener dritte Typ von Scouts wirklich erschreckend ist. Jedesmal, wenn ich einen entdeckte, verbarg er sich hinter Traumbildern meiner Eltern, vor allem meiner Mutter. Immer wenn ich dies sah, erinnerte es mich an die Energiewolke, die mich in jenem Traum, als ich zum erstenmal bewußt *sehen* konnte, angegriffen hatte. Diese fremde Kundschafter-Energie schien sich jedesmal, wenn ich sie antraf, auf mich stürzen zu wollen. Mein Energiekörper reagierte darauf mit Entsetzen, bevor ich sie *sah*.

Bei unserem nächsten Gespräch über das Träumen befragte ich Don Juan nach dem völligen Fehlen anorganischer Wesen bei meinen Traumübungen. »Warum tauchen sie nicht mehr auf?« fragte ich.

»Sie tauchen nur zu Anfang auf«, erklärte er. »Nachdem ihre Scouts uns in ihre Welt geführt haben, sind Projektionen anorganischer Wesen nicht mehr notwendig. Wenn wir die anorganischen Wesen *sehen* wollen, führt ein Scout uns dorthin. Denn niemand – ich wiederhole, niemand – kann allein in diese Welt reisen.«

»Warum ist das so, Don Juan?«

»Ihre Welt ist versiegelt. Niemand kann sie ohne Zustimmung der anorganischen Wesen betreten oder verlassen. Man kann lediglich, wenn man einmal darin ist, seine Absicht äußern, dort zu bleiben. Dies laut auszusprechen bedeutet, Energieströme in Bewegung zu setzen, die irreversibel sind. Worte waren in alten Zeiten unglaublich mächtig. Heute sind sie es nicht mehr. Im Reich der anorganischen Wesen haben sie ihre Macht aber nicht verloren.«

Don Juan lachte und meinte, er habe kein Recht, etwas über die Welt der anorganischen Wesen zu sagen, weil ich darüber wirklich mehr wisse als er und alle seine Gefährten zusammen.

»Eine Frage gibt es noch, hinsichtlich dieser Welt, über die wir noch nicht gesprochen haben«, sagte er. Lange schwieg er, als suchte er nach den passenden Worten. »Letzten Endes«, begann er, »ist meine Abneigung gegen die Aktivitäten der alten Zauberer eine sehr persönliche Sache. Als Nagual lehne ich ab, was sie taten. Feige suchten sie Zuflucht in der Welt der anorganischen Wesen. In einem räuberischen Universum wie dem unseren, das uns jederzeit in Stücke reißen kann, glaubten sie, jene Welt sei unser einziges Asyl.«

»Warum glaubten sie dies?« fragte ich.

»Weil es so ist«, sagte er. »Da die anorganischen Wesen nicht lügen können, sind die Werbesprüche des Traumbotschafters ganz zutreffend. Diese Welt kann uns Obdach bieten und unser Bewußtsein fast eine Ewigkeit verlängern.«

»Die Werbesprüche des Botschafters, auch wenn sie stimmen, sind für mich nicht attraktiv«, sagte ich.

»Willst du dich etwa leichtsinnig auf etwas einlassen, das dich in Stücke reißen könnte?« fragte er, mit Bestürzung in der Stimme.

Ich versicherte Don Juan, daß ich nicht in der Welt der anorganischen Wesen sein wolle, ganz gleich, welche Vorteile sie zu bieten hatte. Was ich sagte, schien ihm unerhört zu gefallen.

»Dann bist du bereit für eine letzte Aussage über diese Welt. Die schrecklichste Aussage, die ich machen kann«, sagte er – und versuchte zu lächeln, schaffte es aber nicht ganz.

Don Juan sah mir forschend in die Augen. Ich glaube, er suchte nach einem Funken Zustimmung oder Einverständnis. Dann schwieg er eine Weile.

»Die Energie, die nötig ist, um den Montagepunkt der Zauberer zu bewegen, kommt aus dem Reich der anorganischen Wesen«, sagte er, als beeile er sich, es hinter sich zu bringen.

Mir blieb fast das Herz stehen. Mich schwindelte, und ich mußte mit dem Fuß aufstampfen, um nicht in Ohnmacht zu fallen.

»Dies ist die Wahrheit«, fuhr Don Juan fort. »Und es ist das Vermächtnis der alten Zauberer an uns. Sie haben uns damit gefesselt, bis auf den heutigen Tag. Dies ist der Grund, warum ich sie nicht leiden kann. Ich hasse es, nur aus einer Quelle schöpfen zu müssen. Ich persönlich weigere mich, es zu tun. Und ich habe versucht, dich davon abzuhalten. Doch erfolglos, weil etwas dich magnetisch in diese Welt zieht.«

Ich verstand Don Juan besser, als ich gedacht hätte. In diese Welt zu reisen, das hatte für mich immer – energetisch betrachtet – einen Schub dunkler Energie bedeutet. Ich hatte es sogar so gesehen, lange bevor Don Juan seine schweren Worte aussprach.

»Was können wir tun?« fragte ich.

»Wir dürfen uns nicht auf sie einlassen«, antwortete er, »und doch können wir uns nicht von ihnen fernhalten. Meine Lösung ist, ihre

Energie zu nehmen, aber nicht ihrem Einfluß nachzugeben. Dies nennen wir das endgültige Pirschen. Es geschieht, indem man mit unbeugsamer Absicht an der Freiheit festhält, auch wenn kein Zauberer weiß, was Freiheit wirklich ist.«

»Kannst du mir erklären, Don Juan, warum Zauberer ihre Energie aus dem Reich der anorganischen Wesen beziehen müssen?«

»Es gibt keine andere brauchbare Energie für Zauberer. Um den Montagepunkt so zu manipulieren, wie sie es tun, brauchen die Zauberer ein Übermaß an Energie.«

Ich erinnerte ihn an seine eigenen Worte: nämlich, daß zum Träumen eine Umstrukturierung von Energie notwendig sei.

»Das ist richtig«, erwiderte er. »Um mit dem Träumen anzufangen, müssen die Zauberer ihre Prämissen neu bestimmen und Energie sparen. Solch eine Neubestimmung dient aber nur dazu, die nötige Energie zu erlangen, um das Träumen zu arrangieren. Etwas anderes ist es, in andere Welten zu fliegen, Energie zu *sehen*, den Energiekörper zu komplettieren, und so weiter. Für solche Manöver brauchen die Zauberer ungeheure Mengen dunkler, fremder Energie.«

»Aber wie bekommen sie diese Energie aus der Welt der anorganischen Wesen?«

»Einfach, indem sie in diese Welt gehen. Alle Zauberer unserer Linie haben dies getan. Aber keiner von uns ist so töricht, das zu tun, was du getan hast. Allerdings nur, weil keiner deine Veranlagung hat.«

Don Juan schickte mich nach Hause und riet mir, nachzudenken über alles, was er mir offenbart hatte. Ich hatte noch unendlich viele Fragen, aber er wollte nichts davon hören.

»Alle Fragen, die du hast, kannst du dir selbst beantworten«, sagte er, als er winkend Abschied nahm.

10. Die Pirscher anpirschen

Wieder zu Hause, erkannte ich bald, daß es mir unmöglich war, auch nur eine meiner Fragen zu beantworten. Ich konnte sie nicht einmal formulieren. Der Grund war vielleicht, daß die Schranke der zweiten Aufmerksamkeit für mich zusammengebrochen war. Dies geschah, als ich Florinda Grau und Carol Tiggs im normalen Alltag begegnete. Die Verwirrung, sie überhaupt nicht zu kennen und doch so eng mit ihnen vertraut zu sein, daß ich jederzeit mein Leben für sie hingegeben hätte, war für mich verhängnisvoll. Ein paar Jahre vorher hatte ich Taisha Abelar getroffen, und allmählich gewöhnte ich mich an das vertrackte Gefühl, sie zu kennen, ohne zu wissen, wieso. Daß jetzt zwei Menschen zusätzlich in mein überlastetes System eintraten, war zuviel für mich. Ich erkrankte vor Erschöpfung und mußte Don Juan um Hilfe bitten. Also fuhr ich nach jener Stadt in Mexiko, wo er und seine Gefährten lebten.

Don Juan und die anderen Zauberer lachten herzlich bei der bloßen Erwähnung meines Konfliktes. Don Juan erklärte mir aber, daß sie eigentlich nicht über mich, sondern über sich selbst lachten. Meine kognitiven Probleme erinnerten sie daran, was sie durchgemacht hatten, als die Schranke der zweiten Aufmerksamkeit vor ihnen zusammenbrach, genau wie es mir geschehen war. Ihr Bewußtsein, genau wie meines, sei nicht darauf vorbereitet gewesen, sagte er.

»Jeder Zauberer macht die gleichen Qualen durch«, fuhr Don Juan fort. »Das Bewußtsein ist ein Feld endloser Forschung für die Zauberer, auch für die Menschen im allgemeinen. Es gibt kein Risiko, das wir scheuen, kein Mittel, das wir ablehnen sollten, um unser Bewußtsein zu steigern. Vergiß aber nicht, daß Bewußtheit nur bei nüchternem Verstand gesteigert werden kann.«

Und dann betonte Don Juan wieder einmal, daß seine Zeit zu Ende ginge und daß ich meine Kräfte klug einsetzen müsse, um möglichst weit voranzukommen, bevor er mich verließ. Solche

Reden stürzten mich immer in tiefe Depression. Da aber die Zeit seines Fortgehens näherkam, hatte ich angefangen, mich damit abzufinden. Ich war nicht mehr deprimiert, geriet aber dennoch in Panik.

Danach wurde nichts mehr gesprochen. Am nächsten Tag fuhr ich Don Juan, auf seine Bitte, nach Mexico City. Wir trafen gegen Mittag ein und fuhren direkt ins Hotel Del Prado, am Paseo Alameda gelegen, das Haus, in dem er stets abstieg, wenn er in der Stadt war. Don Juan hatte an diesem Tag, um vier Uhr nachmittags, eine Verabredung mit einem Anwalt. Da wir viel Zeit hatten, gingen wir zum Lunch ins berühmte Café Tacuba, ein Restaurant im Zentrum der Stadt, wo man angeblich noch echtes Essen servierte.

Don Juan war nicht hungrig. Er bestellte nur zwei süße Tamales, während ich mich an einer reichhaltigen Mahlzeit labte. Er lachte über mich und zeigte stumme Verzweiflung über meinen gesunden Appetit.

»Ich möchte dir eine Handlungsanweisung geben«, sagte er, unvermittelt, nachdem wir gegessen hatten. »Und zwar für die letzte Aufgabe an der dritten Pforte des Träumens. Diese Aufgabe besteht darin, die Pirscher anzupirschen – und ist ein beinah unerklärliches Manöver. Die Pirscher anzupirschen bedeutet, bewußt Energie aus dem Reich der anorganischen Wesen abzuziehen, um ein Meisterstück der Zauberei auszuführen.«

»Was für ein Meisterstück der Zauberei, Don Juan?«

»Eine Reise – und zwar eine Reise, bei der Bewußtheit als Bestandteil der Umwelt eingesetzt wird«, erklärte er. »In der Alltagswelt ist das Wasser ein Element der Umwelt, das wir zur Fortbewegung nutzen können. Stelle dir nun Bewußtheit als ähnliches Element vor, das zur Fortbewegung benutzt werden kann. Durch das Medium des Bewußtseins kommen Scouts aus dem ganzen Universum zu uns, und umgekehrt. Durch das Bewußtsein reisen Zauberer bis an die Enden des Universums.«

Unter der Fülle von Ideen, mit denen Don Juan mich im Verlauf seiner Lehren bekannt gemacht hatte, gab es gewisse Konzepte, die ohne weitere Anleitung mein volles Interesse fanden. Dies war eines von ihnen.

»Die Idee, daß Bewußtsein ein physikalisches Element sei, ist revolutionär«, sagte ich, staunend vor Ehrfurcht.

190

»Ich habe nicht gesagt, es sei ein physikalisches Element«, korrigierte er mich. »Es ist ein energetisches Element. Diesen Unterschied mußt du beachten. Für Zauberer, die *sehen*, ist Bewußtsein eine leuchtende Glut. Sie können ihren Energiekörper an diese Glut ankoppeln und damit fliegen.«

»Was ist der Unterschied zwischen einem physikalischen und einem energetischen Element?« fragte ich.

»Der Unterschied ist, daß physikalische Elemente in unserem Interpretationssystem vorgesehen sind, energetische Elemente aber nicht. Energetische Elemente, wie das Bewußtsein, existieren in unserem Universum. Wir aber, als normale Menschen, nehmen nur die physikalischen Elemente war, weil man uns dies gelehrt hat. Die Zauberer nehmen energetische Elemente aus dem gleichen Grund wahr: sie haben dies gelernt.«

Don Juan erklärte mir, es sei der Kern aller Zauberei, Bewußtheit als Element unserer Umwelt zu nutzen. Praktisch betrachtet, ginge es bei der Zauberei erstens darum, die in uns existierende Energie freizusetzen, indem wir makellos dem Weg der Zauberer folgen; zweitens, diese Energie zu nutzen, um den Energiekörper mit Hilfe des Träumens zu entwickeln; und drittens, Bewußtheit als Element der Umwelt zu nutzen, um mit dem Energiekörper und all unserer Körperlichkeit in andere Welten vorzudringen.

»Es gibt zwei Arten von Energie-Reisen in andere Welten«, fuhr er fort. »Die eine ist, wenn Bewußtheit den Energiekörper des Zauberers aufhebt und hinwegführt, wohin immer sie mag; die andere, wenn der Zauberer sich ganz bewußt entscheidet, den Pfad des Bewußtseins zu nutzen, um eine Reise zu machen. Du hast Reisen von ersterer Art unternommen. Um die zweite anzutreten, braucht es gewaltige Disziplin.«

Don Juan schwieg lange, und dann erklärte er, es gebe im Leben der Zauberer manche Situationen, die eine meisterhafte Beherrschung verlangten. Die wichtigste, gefährlichste und entscheidende dieser Situationen aber sei der Umgang mit dem Bewußtsein als einem energetischen – dem Energiekörper zugänglichen – Element.

Ich hatte nichts anzumerken. Plötzlich saß ich wie auf glühenden Kohlen und hing an jedem seiner Worte.

»Du allein wirst nicht genug Energie haben, um die letzte Aufgabe der dritten Traumpforte zu erfüllen«, fuhr er fort. »Aber du und Carol Tiggs, ihr beide werdet ganz gewiß schaffen, was mir vorschwebt.«

Er machte eine Pause und verleitete mich durch sein Schweigen, ihm die Frage zu stellen, was ihm denn vorschwebe. Das tat ich. Sein Lachen steigerte nur noch die unheilschwere Stimmung.

»Ihr beide sollt die Grenzen der alltäglichen Welt durchbrechen und, Bewußtsein als energetisches Element nutzend, in eine andere Welt eintreten«, sagte er. »Dieses Durchbrechen und Eintreten ist nichts anderes als das Anpirschen der Pirscher. Wenn man Bewußtheit als Element der Umwelt benutzt, so umgeht man den Einfluß der anorganischen Wesen, nutzt aber gleichwohl deren Energie.«

Darüber hinaus wollte er mir keine Informationen mehr geben, um mich nicht zu beeinflussen, wie er sagte. Je weniger ich im voraus wisse, so seine Überzeugung, desto besser für mich. Ich war nicht einverstanden, doch er beteuerte, daß mein Energiekörper sich in der Not ganz gut selber helfen könne.

Nach dem Essen gingen wir in die Kanzlei des Anwalts. Don Juan besorgte rasch seine Angelegenheit, und bald saßen wir in einem Taxi zum Flughafen. Don Juan klärte mich auf, daß wir Carol Tiggs mit einer Maschine aus Los Angeles erwarteten und daß sie nach Mexico City käme, nur um diese letzte Aufgabe des Träumens mit mir zu vollenden.

»Das Tal von Mexiko ist ein hervorragender Ort, um das Meisterstück der Zauberei abzulegen, das dir bevorsteht«, sagte er.

»Du hast mir noch nicht verraten, welche Schritte da einzuhalten sind«, sagte ich.

Er antwortete nicht. Wir schwiegen dann, aber während wir auf die Landung des Flugzeugs warteten, war er doch bereit, mir unsere Vorgehensweise zu erläutern. Dazu müsse ich mich auf Carol Tiggs' Zimmer begeben, im Regis-Hotel, und nachdem ich mich in den Zustand absoluten inneren Schweigens versetzt hätte, sollten wir langsam zusammen in einen Traum gleiten und dabei unsere Absicht aussprechen, ins Reich der anorganischen Wesen zu gelangen.

Ich unterbrach ihn und erinnerte daran, daß ich stets auf das Erscheinen eines Scouts warten mußte, bevor ich meine Absicht, in die Welt der anorganischen Wesen zu gehen, laut äußern konnte.

192

Don Juan kicherte und sagte: »Du hast noch nicht mit Carol Tiggs zusammen geträumt. Du wirst sehen, es ist ein Erlebnis. Zauberinnen brauchen keine Hilfsmittel. Sie gehen einfach in diese Welt, wann immer sie wollen. Für sie steht ein Scout immer abrufbereit.«

Ich war nicht recht überzeugt, daß eine Zauberin zu tun vermochte, was er behauptete. Ich glaubte doch eine gewisse Erfahrung im Umgang mit der Welt der anorganischen Wesen zu haben. Als ich ihm sagte, was mir durch den Kopf ging, erwiderte er, ich sei allerdings noch ganz unerfahren mit Dingen, zu denen Zauberinnen fähig wären.

»Wieso, glaubst du, mußte ich Carol Tiggs mitnehmen, um dich körperlich aus jener Welt zu holen?« fragte er. »Glaubst du etwa, weil sie so schön ist?«

»Warum denn, Don Juan?«

»Weil ich es allein nicht geschafft hätte. Und für sie war es eine Kleinigkeit. Sie ist einfach vertraut mit dieser Welt.«

»Ist ihr Fall eine Ausnahme, Don Juan?«

»Frauen haben im allgemeinen einen natürlichen Hang zu dieser Welt. Zauberinnen sind natürlich Meister darin; doch Carol Tiggs ist besser als alle anderen, denn als Nagual-Frau hat sie eine überragende Energie.«

Ich glaubte, Don Juan bei einem bedenklichen Widerspruch ertappt zu haben. Er hatte mir doch erzählt, daß die anorganischen Wesen sich nicht für Frauen interessierten. Und jetzt behauptete er das Gegenteil.

»Nein, ich behaupte keineswegs das Gegenteil«, meinte er, als ich ihm dies vorhielt. »Ich habe dir gesagt, daß die anorganischen Wesen nicht hinter Frauen her sind. Sie haben es nur auf Männer abgesehen. Aber ich habe dir auch gesagt, daß die anorganischen Wesen weiblichen Geschlechts sind und daß das ganze Universum überwiegend weiblich ist. Also, zieh deine eigenen Schlüsse.«

Weil ich aber daraus keine Schlüsse zu ziehen wußte, erklärte mir Don Juan, daß Zauberinnen, zumindest in der Theorie, aufgrund ihrer gesteigerten Bewußtheit und ihrer Weiblichkeit imstande wären, in dieser Welt nach Belieben aus und ein zu gehen.

»Weißt du das aus Erfahrung?« fragte ich.

»Die Frauen meiner Gruppe haben es nie getan«, gestand er.

»Nicht, weil sie es nicht könnten, sondern weil ich ihnen davon abgeraten habe. Die Frauen deiner Gruppe dagegen tun es wie Kleiderwechseln.«

Ich spürte eine Leere im Bauch. Ich wußte wirklich nichts über die Frauen meiner Gruppe. Don Juan tröstete mich und sagte, daß meine Situation eine ganz andere sei als die seine, wie es auch meine Rolle als Nagual wäre. Er versicherte mir, daß es mir nicht gegeben sei, die Frauen meiner Gruppe von so etwas abzuhalten, und wenn ich mich auf den Kopf stellte.

Während das Taxi uns zu Carols Hotel fuhr, entzückte sie Don Juan und mich mit ihren Parodien auf Leute, die wir kannten. Ich versuchte ernst zu bleiben und befragte sie nach unserer Aufgabe. Sie murmelte eine Entschuldigung, weil sie mir nicht mit dem gleichen Ernst antworten könne, den ich verdiente. Don Juan lachte schallend darüber, wie sie meinen feierlichen Tonfall nachahmte.

Nachdem Carol sich im Hotel angemeldet hatte, schlenderten wir drei durch die Stadt, auf der Suche nach Buch-Antiquariaten. Wir aßen ein leichtes Dinner bei Sanborn's, in der *Casa de los azulejos*. Gegen 10 Uhr gingen wir zum Regis zurück. Wir stiegen direkt in den Aufzug. Meine Angst schärfte meine Wahrnehmung für Details. Das Hotel war ein altes, massives Gebäude. Die Möbel im Vestibül hatten offenbar bessere Zeiten gesehen. Dennoch umgab uns noch immer ein Rest alter Pracht, der eindeutig etwas für sich hatte. Ich konnte gut verstehen, warum Carol dieses Hotel liebte.

Bevor wir in den Aufzug traten, steigerte sich meine Angst in solche Höhen, daß ich Don Juan um letzte Instruktionen bitten mußte.

»Sage mir noch einmal, wie wir vorgehen sollen«, sagte ich.

Don Juan zog uns zu den riesigen Polsterstühlen in der Lobby hinüber und erklärte uns geduldig, daß wir, in der Welt der anorganischen Wesen angekommen, unsere Absicht aussprechen sollten, unser normales Bewußtsein auf unseren Energiekörper zu übertragen. Er schlug vor, Carol und ich sollten gemeinsam unsere Absicht aussprechen, obgleich dies eigentlich nicht so bedeutsam war. Wichtig sei dagegen, sagte er, daß wir beide, jeder für sich, die Übertragung unseres gesamten Alltags-Bewußtseins auf den Energiekörper beabsichtigten.

194

»Wie soll uns dieser Transfer von Bewußtheit gelingen?« fragte ich.

»Beim Übertragen von Bewußtheit kommt es nur darauf an, daß wir unsere Absicht aussprechen und die nötige Energie haben«, sagte er. »Carol weiß das alles. Sie hat es doch schon getan. Sie ging körperlich in die Welt der anorganischen Wesen, als sie dich von dort rettete, erinnerst du dich? Ihre Energie wird es schaffen. Sie wird die Waagschale zum Kippen bringen.«

»Die Waagschale zum Kippen bringen? Was verstehst du darunter, Don Juan? Ich tappe völlig im dunkeln.«

Die Waagschale zum Kippen bringen bedeute, erklärte er, daß man seine gesamte physische Masse dem Energiekörper hinzufügt. Und wenn man Bewußtheit als Mittel benutze, um eine Reise in andere Welten zu unternehmen, so sei dies nicht Folge irgendwelcher angewandter Techniken, sondern einzig der Tatsache, daß man es beabsichtigt und genügend Energie hat. Wenn Carol Tiggs' ganze Energie der meinen hinzugefügt würde oder meine gesamte Energie der Energie Carols, so würde uns dies zu einer einzigen Einheit verbinden, die energetisch imstande wäre, unsere Körperlichkeit aufzuheben und sie auf den Energiekörper zu übertragen – um auf diese Weise die Reise anzutreten.

»Was müssen wir genau tun, um in diese andere Welt einzutreten?« fragte Carol. Ihre Frage erschreckte mich beinah zu Tode; ich hatte geglaubt, sie wisse, was uns bevorstand.

»Es geht darum, eure gesamte körperliche Masse auf den Energiekörper zu übertragen«, antwortete Don Juan und sah ihr in die Augen. »Die große Schwierigkeit dieses Manövers liegt darin, den Energiekörper zu disziplinieren – aber das habt ihr beide schon getan. Mangelnde Disziplin wäre der einzige Grund, warum ihr bei der Aufgabe scheitern könntet, diese höchste Form des Pirschens zu verwirklichen. Manchmal gelingt es einem normalen Menschen aus Zufall, dies Meisterstück zu bewältigen und in eine andere Welt vorzustoßen. Dies aber wird unweigerlich als Wahnsinn oder als Halluzination erklärt.«

Ich hätte alles darum gegeben, hätte Don Juan nur weitergesprochen. Aber er brachte uns zum Aufzug, und trotz meiner Proteste, trotz meinem Verlangen nach rationalem Wissen, fuhren wir hinauf in den zweiten Stock, auf Carols Zimmer. Es war aber nicht mein Verlangen nach Wissen, was mich im Innersten quälte:

das Entscheidende war meine Furcht. Irgendwie wußte ich, daß dieses Zauber-Manöver schrecklicher sein würde als alles, was ich bis dahin überstanden hatte.

Don Juans Abschiedsworte an uns beide waren: »Vergeßt euer Selbst, und ihr werdet nichts fürchten.« Mit einem Grinsen und einem Kopfnicken forderte er uns auf, über seine Worte nachzudenken.

Carol lachte und begann wie ein Clown die Stimme Don Juans nachzumachen, mit der er uns diese rätselhafte Anweisung gegeben hatte. Ihr Lispeln verlieh Don Juans Worten zusätzlichen Reiz. Manchmal fand ich ihr Lispeln liebenswert. Meistens aber verabscheute ich es. Zum Glück war ihr Lispeln an diesem Abend nicht so auffällig.

Wir gingen in ihr Zimmer und setzten uns auf die Bettkante. Mein letzter bewußter Gedanke war, daß das Bett ein Fossil aus der Zeit der Jahrhundertwende sein mochte. Bevor ich Zeit hatte, noch ein Wort zu sagen, fand ich mich in einem sehr sonderbaren Bett liegen. Carol lag neben mir. Zugleich mit mir richtete sie sich halb auf. Wir lagen beide nackt, unter leichten Decken.

»Was ist los?« fragte sie mit schwacher Stimme.

»Bist du wach?« fragte ich, sinnloserweise.

»Natürlich bin ich wach«, sagte sie ungeduldig.

»Erinnerst du dich, wo wir waren?« fragte ich.

Es folgte ein langes Schweigen, während sie ihre Gedanken zu ordnen versuchte. »Ich glaube, ich bin real, aber du bist es nicht«, sagte sie schließlich. »Ich weiß, wo ich vorher war. Und du versuchst, mich mit einem Trick hereinzulegen.«

Nun, ich fand, daß sie das gleiche mit mir machte. Sie wußte, was los war, und wollte mich wohl auf die Probe stellen oder mich hänseln. Ihr Dämon, genau wie meiner, sei Vorsicht und Mißtrauen, hatte Don Juan mir einmal gesagt. Dies war ein wunderbares Beispiel dafür.

»Ich weigere mich, irgendwelchen Blödsinn mitzumachen, bei dem du die Kontrolle hast«, sagte sie. Sie sah mich mit giftigen Blicken an. »Hör mal, ich rede mit dir, wer immer du sein magst.«

Sie nahm eine der Wolldecken, mit denen wir zugedeckt waren, und hüllte sich darin ein. »Ich werde mich hinlegen und zurückkehren, woher ich gekommen bin«, sagte sie, mit endgültiger

196

Entschlossenheit. »Du und der Nagual, ihr könnt hier euer Spielchen spielen.«

»Hör auf mit dem Quatsch«, sagte ich mit Nachdruck. »Wir sind in einer anderen Welt.«

Sie beachtete mich nicht und kehrte mir den Rücken zu, wie ein gelangweiltes und verwöhntes Kind. Ich hatte keine Lust, meine Traum-Aufmerksamkeit an müßige Diskussionen über Realität und Irrealität zu verschwenden. So begann ich, meine Umgebung zu untersuchen. Das einzige Licht im Zimmer war der Mond, der durch ein Fenster genau vor uns hereinschien. Wir befanden uns in einer kleinen Kammer, auf einem hohen Bett. Mir fiel auf, daß das Bett primitiv konstruiert war. Vier dicke Pfosten waren in die Erde gerammt, und der Bettrahmen war ein Lattenrost aus langen, an den Pfosten befestigten Stangen. Das Bett hatte eine feste Matratze, oder vielmehr eine kompakte Matratze aus einem Stück. Kissen oder Laken gab es keine. An den Wänden waren Säcke aus Leinwand aufgestapelt. Zwei Säcke, am Fußende des Bettes übereinander gelegt, dienten als Trittleiter, um hinaufzusteigen.

Während ich nach einem Lichtschalter suchte, wurde mir klar, daß dieses Hochbett in einer Ecke der Kammer stand, an der Wand. Wir lagen mit den Köpfen zu dieser Wand. Ich lag außen, und Carol auf der inneren Seite des Bettes. Als ich mich nun auf die Bettkante setzte, merkte ich, daß es fast einen Meter bis zum Boden war.

Plötzlich richtete Carol sich auf und sagte, mit deutlichem Lispeln: »Das ist widerlich! Der Nagual hat mir gewiß nicht gesagt, daß es so enden würde.«

»Ich hab's auch nicht gewußt«, sagte ich. Ich wollte noch mehr sagen, wollte ein Gespräch anfangen, aber meine Angst hatte sich inzwischen unglaublich gesteigert.

»Halt den Mund«, schrie sie mich an, ihre Stimme krächzend vor Wut. »Du existierst gar nicht. Du bist ein Geist. Verschwinde! Verschwinde!«

Ihr Lispeln war wirklich süß, und es lenkte mich ab von meiner panischen Furcht. Ich rüttelte sie an den Schultern. Sie schrie auf – nicht aus Schmerz, sondern aus Wut oder Überraschung.

»Ich bin kein Geist«, sagte ich. »Wir sind zusammen auf die Reise gegangen, weil wir unsere Energien vereinigt haben.«

Carol war bei uns berühmt für die Schnelligkeit, mit der sie sich auf jede Situation einstellen konnte. Im Handumdrehen war sie überzeugt von der Realität unserer mißlichen Lage, und nun begann sie im Halbdunkel nach unseren Kleidern zu suchen. Ich wunderte mich darüber, daß sie keine Angst hatte. Sie zappelte umher und rätselte laut, wohin sie ihre Kleider wohl getan hätte, wäre sie in diesem Zimmer zu Bett gegangen.

»Siehst du vielleicht einen Stuhl?« fragte sie.

Verschwommen sah ich einen Stapel von drei Säcken, die als Tisch oder hohe Bank gedient haben mochten. Carol sprang aus dem Bett und ging hin und fand ihre Kleider, und meine: ordentlich zusammengefaltet, wie es ihre Art war. Sie gab mir meine Sachen. Es waren zwar meine Kleider, aber nicht dieselben, die ich vor kurzem in Carols Zimmer, im Hotel Regis, getragen hatte.

»Das sind nicht meine Kleider«, lispelte sie. »Und doch sind es meine. Wie seltsam.«

Schweigend zogen wir uns an. Ich wollte ihr sagen, daß ich beinah platzte vor Angst. Auch wollte ich etwas über das Tempo unserer Reise sagen, aber nach der kurzen Zeit, die ich zum Anziehen brauchte, war der Gedanke an unsere Reise nur noch sehr verschwommen. Ich konnte mich kaum noch erinnern, wo wir vor dem Erwachen in diesem Zimmer gewesen waren. Mir war, als hätte ich das Hotelzimmer nur geträumt. Ich machte jede Anstrengung, mich zu erinnern, diese Verschwommenheit abzuschütteln, die mich einzuhüllen begann. Es gelang mir, den Nebel zu vertreiben, doch dies erschöpfte all meine Energie. Keuchend und schwitzend saß ich schließlich da.

»Irgend etwas hat mich beinah – beinah – geschafft«, sagte Carol. Ich schaute sie an. Sie war, wie ich, schweißgebadet. »Dich aber beinah auch. Was, glaubst du, ist das?«

»Die Position des Montagepunktes«, sagte ich mit absoluter Gewißheit.

Sie war anderer Meinung. »Die anorganischen Wesen sind es, die ihren Tribut fordern«, sagte sie fröstelnd. »Der Nagual hat mir gesagt, es würde schrecklich sein – aber nie hätte ich mir so etwas Schreckliches vorgestellt.«

Ich konnte ihr nur zustimmen. Wir waren in einer schrecklichen Zwangslage – und dennoch konnte ich nicht erfassen, was eigentlich das Schreckliche unserer Situation war. Carol und ich waren ja keine Novizen. Wir hatten so vieles getan und gesehen – und man-

198

ches davon wirklich beängstigend. In diesem geträumten Raum aber gab es etwas, das mich in unvorstellbare Angst versetzte.

»Wir träumen doch, nicht wahr?« fragte Carol.

Ohne Zögern versicherte ich ihr, daß wir tatsächlich träumten; obwohl ich alles darum gegeben hätte, wäre Don Juan hier gewesen, um mir dasselbe zu bestätigen.

»Warum hab ich solche Angst?« fragte sie mich, als wüßte ich eine rationale Erklärung.

Bevor ich etwas dazu sagen konnte, fand sie selbst eine Antwort auf ihre Frage. Was ihr solche Angst mache, sagte sie, sei die Erkenntnis – und zwar die körperliche Erkenntnis –, daß die Wahrnehumg eine allumfassende und absolute wird, sobald der Montagepunkt reglos in seiner Position verharrt. Carol erinnerte mich daran, wie Don Juan uns einmal erklärte, daß unsere Alltagswelt nur deshalb solche Macht über uns habe, weil unser Montagepunkt reglos in seiner gewohnten Position bleibe. Diese Starre des Montagepunktes bewirke eine so allumfassende und überwältigende Wahrnehmung, daß wir uns ihr nicht entziehen könnten. Und noch etwas fiel Carol ein, was der Nagual gesagt hatte: daß wir, um diese totale und allbeherrschende Kraft zu überwinden, nur den Nebel zu vertreiben brauchen – und das heißt den Montagepunkt zu verschieben, indem wir dessen Verschiebung einfach beabsichtigen.

Ich hatte eigentlich nie verstanden, was Don Juan damit meinte – bis zu dem Augenblick, da ich meinen Montagepunkt in eine andere Position bringen mußte, um den Nebel dieser Welt zu vertreiben, der mich zu verschlucken drohte.

Ohne weitere Worte traten Carol und ich nun zum Fenster und schauten hinaus. Wir waren auf dem flachen Land. Das Mondlicht zeigte die dunklen, geduckten Umrisse einiger Wohngebäude. Allem Anschein nach waren wir in der Geräte- oder Vorratskammer einer Farm oder eines großen Landhauses.

»Kannst du dich daran erinnern, daß du hier zu Bett gegangen bist?« fragte Carol.

»Beinah«, sagte ich, und meinte es tatsächlich. Ich erzählte ihr, daß ich nur noch mit Mühe das Bild ihres Hotelzimmers in Gedanken festhalten konnte – als Bezugspunkt, sozusagen.

»Mir geht es genauso«, sagte sie, ängstlich flüsternd. »Ich weiß, wenn wir diese Erinnerung loslassen, sind wir erledigt.«

Dann fragte sie mich, ob ich glaubte, wir sollten diese Hütte verlassen und nach draußen gehen. Ich fand nicht, daß wir gehen sollten. Doch meine Ahnung war so bedrückend, daß ich kein Wort hervorbrachte. Ich konnte ihr nur mit dem Kopf ein Zeichen geben.

»Du hast ganz recht, daß du nicht hinaus willst«, sagte sie. »Ich habe das Gefühl, wenn wir diese Hütte verlassen, kommen wir nie mehr zurück.«

Ich wollte die Tür aufstoßen, nur um hinauszusehen, aber sie hielt mich zurück. »Tu's nicht«, sagte sie. »Du könntest hereinlassen, was da draußen ist.«

Jetzt kam mir der Gedanke in den Sinn, daß wir uns in einem zerbrechlichen Käfig befanden. Alles, zum Beispiel das Öffnen der Tür, konnte das prekäre Gleichgewicht dieses Käfigs stören. Im selben Augenblick, als ich dies dachte, hatten wir beide den gleichen Impuls: wir rissen uns die Kleider vom Leib, als gelte es unser Leben; dann sprangen wir auf das hohe Bett, ohne die Treppe aus Säcken zu benutzen – nur um sofort wieder hinunter zu springen.

Es war klar, daß Carol und ich gleichzeitig die gleiche Erkenntnis hatten. Und sie bestätigte meine Vermutung, als sie sagte: »Alles, was zu dieser Welt gehört, kann uns nur schwächen, wenn wir es benutzen. Solange ich hier nackt stehenbleibe, weit genug vom Bett und vom Fenster, kann ich mich noch erinnern, woher ich gekommen bin. Wenn ich mich aber ins Bett lege oder diese Kleider trage oder aus dem Fenster schaue, bin ich verloren.«

Lange blieben wir in der Mitte des Zimmers stehen, eng aneinander geschmiegt. Ein unheimlicher Verdacht stieg in mir auf. »Wie werden wir in unsere Welt zurückkehren?« fragte ich – und hoffte, daß sie es wisse.

»Die Rückkehr in unsere Welt erfolgt automatisch, wenn wir nicht zulassen, daß dieser Nebel sich verbreitet«, sagte sie mit jener unerschütterlichen Überzeugung, die ihr Markenzeichen war.

Und sie hatte recht. Carol und ich erwachten gleichzeitig im Bett ihres Zimmers, im Hotel Regis. So offenkundig war unsere Rückkehr in die normale Alltagswelt, daß wir keine Fragen zu stellen brauchten und keine Bemerkungen darüber machten. Das Sonnenlicht war blendend hell.

»Wie sind wir zurückgekehrt?« fragte Carol. »Oder vielmehr, wann sind wir zurückgekehrt?«

Ich wußte nicht, was ich sagen oder denken sollte. Ich war zu betäubt, um Spekulationen anzustellen – und mehr hätte ich ohnehin nicht tun können.

»Glaubst du, wir sind eben erst zurückgekehrt?« wollte Carol wissen. »Oder – vielleicht haben wir die ganze Nacht hier geschlafen. Sieh nur! Wir sind nackt. Wann haben wir uns denn ausgezogen?«

»Wir haben in jener anderen Welt unsere Kleider ausgezogen«, sagte ich, selbst überrascht vom Klang meiner Stimme.

Meine Antwort schien Carol zu verblüffen. Sie sah mich verständnislos an, dann ihren nackten Körper.

So blieben wir eine Ewigkeit sitzen, ohne uns zu bewegen. Beide schienen wir aller Willenskraft beraubt. Dann, ganz plötzlich, hatten wir genau im selben Augenblick den gleichen Gedanken. In Rekordzeit streiften wir unsere Kleider über, rannten aus dem Zimmer, stürmten die Treppe hinunter, liefen über die Straße und stürzten in Don Juans Hotel.

Völlig außer Atem – unerklärlicherweise, denn wir hatten uns körperlich gar nicht angestrengt – erklärten wir ihm abwechselnd, was wir getan hatten.

Er bestätigte unsere Vermutungen. »Was ihr beide getan habt, war das Gefährlichste, was man sich vorstellen kann«, sagte er.

Und an Carol gewandt, fuhr er fort und sagte, daß unser Versuch ein totaler Erfolg, aber auch ein Fiasko gewesen sei. Wir hätten es zwar geschafft, unser Alltags-Bewußtsein auf unseren Energiekörper zu übertragen und somit die Reise in all unserer Körperlichkeit anzutreten, aber es sei uns nicht gelungen, dem Einfluß der anorganischen Wesen zu entgehen. Gewöhnliche Träumer, sagte er, erleben dieses ganze Manöver als eine Reihe langsamer Übergänge und müssen ihre Absicht aussprechen, um das Bewußtsein als Element der Umwelt zu nutzen. In unserem Fall waren all diese Schritte unnötig. Aufgrund einer Intervention der anorganischen Wesen seien wir beide tatsächlich, und mit beängstigender Geschwindigkeit, in eine tödlich gefährliche Welt geschleudert worden.

»Was eure Reise ermöglichte, war nicht eure kombinierte Energie«, fuhr er fort. »Etwas anderes hat dies getan. Es suchte sogar die richtige Kleidung für euch aus.«

»Glaubst du, Nagual, daß die Kleider und das Bett und das Zimmer nur da waren, weil wir von den anorganischen Wesen gesteuert wurden?« fragte Carol.

»Darauf kannst du dein Leben verwetten«, antwortete er. »Für gewöhnlich sind Träumer nur Zuschauer. Nach der Art aber, wie eure Reise verlief, habt ihr beide einen Logenplatz bekommen und den Fluch der alten Zauberer erlebt. Ihnen passierte einst genau das gleiche, was euch passierte. Die anorganischen Wesen führten sie in Welten, aus denen sie nicht zurückkehren konnten. Ich hätte es wissen sollen, aber ich wäre nie auf die Idee gekommen, daß die anorganischen Wesen die Führung übernehmen und versuchen könnten, euch beiden die gleiche Falle zu stellen.«

»Glaubst du, sie wollten uns dort behalten?« fragte Carol.

»Hättet ihr euch aus dieser Hütte hinausgewagt, dann müßtet ihr jetzt hoffnungslos durch diese Welt irren«, sagte Don Juan.

Weil wir in all unserer Körperlichkeit in diese Welt eintraten, so erklärte er, sei die Fixierung unseres Montagepunktes in der von den anorganischen Wesen dafür vorgesehenen Position so überwältigend gewesen, daß eine Art Nebel hervorgerufen wurde, der jede Erinnerung an die Welt, aus der wir kamen, ausgelöscht hätte. Die natürliche Folge solcher Starre, fügte er hinzu, sei – wie im Falle der Zauberer der Vorzeit –, daß der Montagepunkt des Träumers nicht in seine gewohnte ·Position zurückkehren kann.

»Überlegt einmal«, forderte er uns auf. »Vielleicht ist es dies, was uns in unserer Alltagswelt stets passiert. Wir sind hier gelandet, und die Fixierung unseres Montagepunktes ist so überwältigend stark, daß sie uns vergessen macht, woher wir kommen und was der Zweck unseres Kommens war.«

Mehr wollte Don Juan über unsere Reise nicht sagen. Ich hatte das Gefühl, daß er uns weitere Skrupel und Ängste ersparen wollte. Er lud uns ein, auf ein verspätetes Lunch. Bis wir das Restaurant erreichten, ein paar Straßenecken weiter an der Avenida Francisco Madero, war es sechs Uhr nachmittag. Carol und ich hatten ungefähr achtzehn Stunden geschlafen – falls es dies war, was wir taten.

Nur Don Juan war hungrig. Er äße wie ein Schwein, meinte Carol

202

mit einem Anflug von Ärger. Köpfe drehten sich in unsere Richtung, als sie Don Juans Lachen hörten.

Es war ein warmer Abend. Der Himmel war klar. Eine leichte Brise umfächelte uns, als wir uns auf eine Bank am Paseo Alameda setzten.

»Eine Frage brennt mir noch auf den Nägeln«, sagte Carol zu Don Juan. »Es gelang uns nicht, das Bewußtsein als Medium der Reise zu nutzen, nicht wahr?«

»Ganz richtig«, sagte Don Juan und seufzte tief. »Die Aufgabe war, an den anorganischen Wesen vorbeizuschleichen, nicht sich von ihnen steuern zu lassen.«

»Was wird nun passieren?« fragte sie.

»Ihr werdet das Anpirschen der Pirscher verschieben müssen, bis ihr beide stärker seid. Oder vielleicht wird es euch nie gelingen. Eigentlich ist es egal. Wenn etwas nicht geht, dann geht eben etwas anderes. Die Zauberei ist eine endlose Herausforderung.«

Und wieder erklärte er uns, eindringlich, als wolle er diese Erklärung für immer in uns verankern, daß die Träumer, um das Bewußtsein als Element der Umwelt zu nutzen, zuerst einmal eine Reise ins Reich der anorganischen Wesen unternehmen müßten. Dann müßten sie diese Reise als Sprungbrett benutzen, und während sie im Besitz dieser unerläßlichen, dunklen Energie seien, müßten sie die Absicht äußern, durch das Medium des Bewußtseins in eine andere Welt geschleudert zu werden.

»Der Fehlschlag eurer Reise war, daß ihr keine Zeit hattet, Bewußtheit als Element der Fortbewegung zu nutzen«, fuhr er fort. »Noch bevor ihr in die Welt der anorganischen Wesen gelangtet, wart ihr bereits in einer anderen Welt.«

»Was empfiehlst du uns nun?« fragte Carol.

»Ich empfehle euch, einander möglichst selten zu sehen«, sagte er. »Ich bin mir sicher, die anorganischen Wesen werden sich nicht die Gelegenheit entgehen lassen, euch beide auf einen Schlag zu entführen – besonders, wenn ihr eure Kräfte vereinigt.«

Und darum blieben Carol und ich uns seit damals geflissentlich fern. Die Aussicht, wir könnten unverhofft eine ähnliche Reise erleben, war für uns ein zu großes Risiko. Don Juan bestätigte uns in unserer Entscheidung. Gemeinsam hätten wir genügend Energie, sagte er, um die anorganischen Wesen in Versuchung zu führen, auf daß sie uns jederzeit wieder köderten.

Don Juan hielt mich wieder dazu an, bei meinen Traumübungen Energie in Energie erzeugenden, traumverwandten Zuständen zu *sehen*. Im Lauf der Zeit *sah* ich alles, was sich mir darbot. Auf diese Weise geriet ich in eine höchst eigenartige Verfassung. Ich war nicht mehr fähig, zusammenhängend zu beschreiben, was ich da *sah*. Und immer hatte ich das Gefühl, daß ich Zustände der Wahrnehmung erreichte, für die ich keine Worte mehr hatte.

Meine unbegreiflichen und unbeschreiblichen Visionen erklärte Don Juan damit, daß mein Energiekörper nun Bewußtheit als Element zu nutzen wisse – nicht zur Fortbewegung, denn dazu hätte ich nicht genug Energie, sondern zum Eintritt in die Energiefelder von unbelebter Materie oder von anderen Lebewesen.

11. Der Mieter

Es sollte keine Traumübungen mehr für mich geben, wie ich sie
gewohnt gewesen war. Das nächste Mal, als ich Don Juan sah,
unterstellte er mich der Führung zweier Frauen seiner Gruppe:
Florinda und Zuleica, seine zwei nächsten Gefährtinnen. Deren
Unterweisungen handelten mitnichten von den Pforten des Träumens, sondern von den verschiedenen Arten, den Traumkörper
einzusetzen; und all dies dauerte nicht lange genug, um einen
Eindruck bei mir zu hinterlassen. Die beiden Frauen schienen mir
eher daran interessiert, mich zu prüfen, als mich etwas zu lehren.

»Es gibt nichts mehr, was ich dich über das Träumen lehren
könnte«, sagte Don Juan, als ich ihn zu diesem Stand der Dinge
befragte. »Meine Zeit auf Erden ist abgelaufen. Aber Florinda
wird bleiben. Sie wird die Führung übernehmen, nicht nur über
dich, sondern über all meine anderen Schüler.«

»Wird sie meine Traumübungen fortsetzen?«

»Das weiß ich nicht, und sie weiß es auch nicht. Es hängt alles
vom Geist ab, dem wahren Spieler. Wir selbst sind keine Spieler.
Wir sind nur Figuren in seiner Hand. Den Befehlen des Geistes
gehorchend, muß ich dir nun sagen, was die vierte Pforte des
Träumens ist, auch wenn ich dich nicht mehr dorthin führen
kann.«

»Welchen Sinn hätte es, mich neugierig zu machen? Ich möchte es
lieber nicht wissen.«

»Dies stellt der Geist nicht dir oder mir anheim. Ich muß dir die
vierte Pforte des Träumens zeigen, ob es mir gefällt oder
nicht.«

Und Don Juan erklärte, daß der Energiekörper an der vierten
Traumpforte zu ganz spezifischen, konkreten Orten reisen kann –
und daß es drei Arten gibt, die vierte Pforte zu nutzen: erstens,
um zu konkreten Orten in dieser Welt zu reisen; zweitens, um zu
konkreten Orten außerhalb dieser Welt zu reisen; und drittens,

um zu Orten zu reisen, die nur in der Absicht anderer existieren. Die letztere Art, sagte er, sei die schwierigste und gefährlichste von allen dreien; sie sei bei weitem die Vorliebe der alten Zauberer gewesen.

»Was soll ich mit diesem Wissen anfangen?« fragte ich.

»Im Augenblick – nichts. Hefte es ab, bis du es brauchst.«

»Glaubst du, ich kann die vierte Pforte allein durchschreiten, ohne Hilfe?«

»Ob du es kannst oder nicht, liegt ganz beim Geist.«

Er ließ das Thema abrupt fallen, aber er gab mir nicht das Gefühl, als sollte ich versuchen, die vierte Pforte allein zu erreichen und zu durchschreiten.

Dann traf Don Juan eine letzte Verabredung mit mir – um mir, wie er sagte, ein letztes Lebewohl der Zauberer zu entbieten: den krönenden Abschluß meiner Traumübungen. Zu diesem Zweck, sagte er, solle ich ihn in einer kleinen Stadt im Süden Mexikos aufsuchen, wo er und seine Zauberer-Gefährten lebten.

Am Spätnachmittag traf ich dort ein. Don Juan und ich saßen im Patio seines Hauses, auf unbequemen, mit dicken und übergroßen Kissen gepolsterten Korbsesseln. Don Juan lachte mir augenzwinkernd zu. Die Sessel waren ein Geschenk von einer der Frauen seiner Gruppe, und wir waren verpflichtet, darauf zu sitzen, ob es uns, besonders ihm, nun gefiel oder nicht. Die Sessel waren für ihn in Phoenix, Arizona, gekauft und unter großen Schwierigkeiten nach Mexiko importiert worden.

Don Juan bat mich, ihm ein Gedicht von Dylan Thomas vorzulesen, das, wie er meinte, zu jenem Zeitpunkt von größter Bedeutung für mich sei.

Ich sehne mich fortzugehen
vom Geklapper verbrauchter Lügen,
vom Geschrei alter Ängste,
das schrecklicher wird, wenn der Tag
über die Berge schwindet ins Meer . . .

Ich sehne mich fortzugehen, aber ich fürchte,
etwas vom unverbrauchten Leben wird bersten
aus alten, am Boden brennenden Lügen,
die in der Luft explodieren und mich fast blenden.

Don Juan stand auf und meinte, er wolle einen Spaziergang um die Plaza im Stadtzentrum machen. Er forderte mich auf, mitzukommen. Ich mußte annehmen, daß das Gedicht eine negative Stimmung bei ihm ausgelöst hätte, die er vertreiben müsse.

Wir kamen auf die rechteckige Plaza, ohne daß ein Wort gesprochen wurde. Immer noch schweigend, umrundeten wir sie einige Male. Es gab viele Leute dort, die vor den Läden an den Straßen an der Nord- und Ostseite des Parks umherschlenderten. Alle Straßen rund um die Plaza waren unregelmäßig gepflastert. Die Häuser waren massive, einstöckige Bauten aus Lehmziegeln, mit Ziegeldächern, gekalkten Wänden und blau oder braun gestrichenen Türen. In einer Seitenstraße, eine Ecke von der Plaza entfernt, ragten die hohen Mauern einer riesigen Kirche im Kolonialstil, fast wie eine maurische Moschee wirkend, über das Dach des einzigen Hotels in der Stadt. An der Südseite gab es zwei Restaurants, die in unbegreiflicher Eintracht lebten, gute Geschäfte machten und praktisch die gleichen Menüs zum gleichen Preis anboten.

Ich brach das Schweigen und fragte Don Juan, ob er es nicht merkwürdig finde, daß die beiden Restaurants sich in allem so glichen.

»Alles ist möglich in dieser Stadt«, erwiderte er. Die Art, wie er dies sagte, versetzte mich in eine unbehagliche Stimmung.

»Warum bist du so nervös?« fragte er, mit ernstem Gesicht. »Weißt du etwas, das du mir nicht sagen willst?«

»Warum ich nervös bin? Das ist lächerlich. Ich bin immer nervös in deiner Gegenwart, Don Juan. Manchmal mehr, manchmal weniger.«

Er schien sehr bemüht, nicht schallend herauszulachen. »Naguals sind wirklich nicht die angenehmsten Menschen auf dieser Welt«, sagte er entschuldigend. »Das mußte ich auf die harte Art lernen, da ich's mit meinem Lehrer zu tun hatte, dem Nagual Julian. Seine bloße Gegenwart versetzte mich in Angst und Schrecken. Und wenn er auf mich losging, glaubte ich, mein Leben sei keinen Heller mehr wert.«

»Zweifellos, Don Juan, hast du die gleiche Wirkung auf mich.«

Er lachte unkompliziert. »Nein, nein. Du übertreibst maßlos. Ich bin ein Engel, im Vergleich zu ihm.«

»Vielleicht bist du vergleichsweise ein Engel, nur kenne ich den

Nagual Julian nicht und kann dich nicht mit ihm vergleichen.«

Er lachte noch einmal auf, dann wurde er wieder ernst.

»Ich weiß nicht, wieso, aber ich habe eindeutig Angst«, erklärte ich.

»Glaubst du, daß du Grund zur Angst hast?« fragte er und blieb stehen, um mich aufmerksam anzusehen.

Der Ton seiner Stimme und seine hochgezogenen Augenbrauen machten mir den Eindruck, als verdächtige er mich, etwas zu wissen, was ich ihm nicht offenbaren wollte. Es war klar, er erwartete ein Geständnis von mir.

»Deine Beharrlichkeit erstaunt mich«, sagte ich. »Bist du sicher, daß nicht du es bist, der etwas in petto hat?«

»Allerdings habe ich etwas in petto«, gab er grinsend zu. »Aber das ist jetzt unwichtig. Wichtig ist, daß dich hier, in dieser Stadt, etwas erwartet. Entweder du weißt nicht, was es ist, oder du weißt es, wagst aber nicht, es mir zu sagen, oder du weißt überhaupt nichts davon.«

»Na, was erwartet mich hier?«

Statt einer Antwort beschleunigte Don Juan abrupt seinen Schritt, und wieder marschierten wir schweigend um die Plaza. Wir umrundeten sie einige Male und suchten nach einem Platz, wo wir uns setzen könnten. Jetzt stand eine Gruppe junger Frauen von einer Bank auf und ging fort.

»Seit Jahren schon schildere ich dir die irrigen Praktiken der Zauberer im alten Mexiko«, sagte Don Juan, während er sich auf die Bank setzte und mich mit einer Gebärde einlud, neben ihm Platz zu nehmen. Mit einer Leidenschaft, als habe er nie zuvor davon gesprochen, begann er abermals zu erzählen, was er mir so oft gesagt hatte – nämlich, daß jene Zauberer, geleitet von sehr selbstsüchtigen Interessen, all ihr Bemühen in die Vervollkommnung von Praktiken legten, die sie immer weiter von nüchternem Denken oder geistiger Balance entfernten, bis sie schließlich ausgelöscht wurden, als ihre komplizierten Glaubensgebäude und Praktiken so hinderlich geworden waren, daß sie diese nicht weiterführen konnten.

»Die Zauberer der Vorzeit lebten und webten natürlich hier in dieser Gegend«, sagte er und beobachtete meine Reaktion. »Hier in dieser Stadt. Diese Stadt ist wirklich auf den Fundamenten einer ihrer Städte erbaut. Hier in dieser Gegend betrieben die Zauberer der Vorzeit alle ihre Geschäfte.«

»Woher weißt du das so sicher, Don Juan?«

»Ich weiß es, und auch du wirst es bald wissen.«

Meine zunehmende Angst zwang mich, etwas zu tun, was ich nicht gern tat: mich auf mich selbst konzentrieren. Don Juan, der meine Frustration spürte, stachelte mich weiter an.

»Sehr bald werden wir wissen, ob du wirklich den alten Zauberern ähnlich bist, oder doch den neuen«, sagte er.

»Du machst mich verrückt mit all diesen düsteren, seltsamen Andeutungen«, protestierte ich.

Meine dreizehnjährige Verbindung mit Don Juan hatte mich vor allem daran gewöhnt, mit einer Panik zu leben, die ständig lauerte und jederzeit losgelassen werden konnte.

Don Juan schien zu zaudern. Ich bemerkte seine verstohlenen Blicke in Richtung der Kirche. Er war sogar ein wenig zerstreut. Als ich ihn ansprach, hörte er nicht zu. Ich mußte meine Frage wiederholen. »Erwartest du jemanden?«

»Ja«, sagte er. »Ja, ganz gewiß. Ich habe eben die Umgebung gefühlt. Du hast mich beim Überprüfen der Gegend mit meinem Energiekörper überrascht.«

»Was hast du gefühlt, Don Juan?«

»Mein Energiekörper fühlte, daß alles in Ordnung ist. Heute abend geht der Vorhang auf. Du bist ein Hauptdarsteller. Ich bin eine Charakter-Charge mit einer kleinen, aber wichtigen Rolle. Im ersten Akt gehe ich ab.«

»Was, um Himmels willen, sprichst du da?«

Er antwortete mir nicht. Er lächelte nur wissend. »Ich bereite die Bühne vor«, sagte er. »Um dich sozusagen auf die Idee einzustimmen, daß die modernen Zauberer eine harte Lektion zu lernen haben. Sie haben erkannt, daß sie nur dann, wenn sie völlig losgelöst bleiben, genügend Energie aufbringen können, um frei zu sein. Ihr Geschick ist eine besondere Losgelöstheit, nicht aus Angst oder Trägheit geboren, sondern aus Überzeugung.«

Don Juan hielt inne und stand auf, er streckte die Arme nach vorne, zur Seite und dann nach hinten. »Mach es genauso«, empfahl er mir. »Es entspannt den Körper, und du mußt sehr entspannt sein, und gefaßt auf das, was dir heute abend bevorsteht.«

Er grinste breit. »Heute abend steht dir entweder völlige Loslösung oder totales Sichgehenlassen bevor. Es ist eine Wahl, die jeder Nagual meiner Linie einmal treffen muß.« Er setzte sich wieder und holte tief Luft. Was er gesagt hatte, schien all seine Energie aufgebraucht zu haben.

»Ich glaube, ich kann Losgelöstheit und Sichgehenlassen ganz gut unterscheiden«, fuhr er fort, »weil ich das Vorrecht hatte, zwei Naguals zu kennen: meinen Wohltäter, den Nagual Julian, und dessen Wohltäter, den Nagual Elias. Ich habe den Unterschied zwischen den beiden gesehen. Der Nagual Elias war in einem Maße losgelöst, daß er ein Geschenk der Kraft ausschlagen konnte. Der Nagual Julian war ebenfalls losgelöst, aber nicht genug, um solch ein Geschenk abzulehnen.«

»Nach der Art, wie du sprichst«, sagte ich, »muß ich annehmen, daß du mich heute abend auf die Probe stellen willst, irgendwie. Ist das wahr?«

»Ich habe nicht die Macht, dich auf irgendwelche Proben zu stellen, aber der Geist wird es tun.« Dies sagte er grinsend, und dann fuhr er fort: »Ich bin nur sein Handlanger.«

»Was wird der Geist mit mir machen, Don Juan?«

»Ich kann nur sagen, du wirst heute nacht eine Lektion im Träumen bekommen, in der Art, wie Traumlektionen einmal waren, aber du wirst diese Lektion nicht von mir bekommen. Jemand anders wird heute nacht dein Lehrer und Führer sein.«

»Wer wird mein Lehrer und Führer sein?«

»Ein Besucher, der eine gewaltige Überraschung für dich sein könnte – oder gar keine Überraschung.«

»Und was ist das für eine Lektion im Träumen, die ich erhalten soll?«

»Es ist eine Lektion über die vierte Pforte des Träumens. Und sie zerfällt in zwei Teile. Den ersten Teil werde ich dir gleich erklären. Den zweiten Teil kann dir niemand erklären, weil es etwas ist, was nur dich betrifft. Alle Naguals meiner Linie erhielten diese zweiteilige Lektion, aber keine zwei solcher Lektionen waren sich gleich. Sie waren maßgeschneidert und angepaßt an die persönlichen Charakterneigungen dieser Naguals.«

»Deine Erklärung hilft mir nicht weiter, Don Juan. Ich werde immer nervöser.«

Lange schwiegen wir. Ich war aufgeregt und zappelig und wußte nicht, was ich sagen sollte, ohne wieder einmal zu nörgeln.

210

»Wie du schon weißt, ist das direkte Wahrnehmen von Energie für moderne Zauberer eine persönliche Leistung«, sagte Don Juan. »Nur durch Selbstdisziplin bewegen wir unseren Montagepunkt. Für die alten Zauberer war die Verschiebung des Montagepunktes eine Folge ihrer Unterwerfung unter andere, nämlich ihre Lehrer, die diese Verschiebung durch dunkle Praktiken erreichten und sie dann ihren Schülern als Geschenke der Kraft überließen.

Denn jemand, dessen Energie stärker ist als die unsere, kann alles mögliche mit uns anstellen«, fuhr er fort. »Der Nagual Julian zum Beispiel hätte alles aus mir machen können, ganz nach seinem Belieben, einen Schurken oder einen Heiligen. Aber er war ein makelloser Nagual und erlaubte mir, ich selbst zu sein. Die alten Zauberer waren nicht so makellos, und durch ihr unermüdliches Bemühen, Herrschaft über andere zu gewinnen, schufen sie eine Situation der Angst und Finsternis, die von Lehrer zu Schüler weitergereicht wurde.«

Er stand auf und ließ seinen Blick in die Runde schweifen. »Wie du siehst, ist dies keine besondere Stadt«, fuhr er fort. »Aber für die Krieger meiner Linie hat sie eine einzigartige Anziehung. Hier liegt der Ursprung dessen, was wir sind, und der Ursprung dessen, was wir nicht sein wollen.

Da ich am Ende meiner Zeit angekommen bin, muß ich dir gewisse Ideen weitergeben, dir gewisse Geschichten erzählen, dich mit gewissen Wesen bekannt machen, und zwar unmittelbar hier, in dieser Stadt, genau wie mein Wohltäter es bei mir tat.«

Und Don Juan sagte, daß er nur etwas wiederhole, was mir bereits vertraut sei, nämlich daß alles, was er war, und alles, was er wußte, ein Vermächtnis seines Lehrers sei, des Nagual Julian. Dieser wiederum erbte alles von seinem Lehrer, dem Nagual Elias. Der Nagual Elias vom Nagual Rosendo. Und dieser vom Nagual Lujan; der Nagual Lujan vom Nagual Santisteban; und der Nagual Santisteban vom Nagual Sebastian.

Und in sehr offiziellem Ton sagte er mir noch einmal, was er mir schon oft erklärt hatte, nämlich, daß es acht Naguals vor dem Nagual Sebastian gegeben habe, daß diese aber ganz anders geartet gewesen seien. Sie hätten eine andere Einstellung zur Zauberei gehabt, eine andere Vorstellung davon, obwohl sie dennoch in unmittelbarer Verbindung zu seiner Linie von Zauberern standen.

»Jetzt erinnere dich und wiederhole mir alles, was ich dir vom Nagual Sebastian erzählt habe«, verlangte er.

Sein Ansinnen kam mir sonderbar vor, aber ich wiederholte alles, was mir von ihm oder seinen Gefährten über den Nagual Sebastian und den sagenhaften alten Zauberer erzählt worden war, über den, der dem Tode trotzt, den sie den Mieter nannten.

»Du weißt, daß jener, der dem Tode trotzt, uns in jeder Generation ein Geschenk der Kraft macht«, sagte Don Juan. »Die besondere Art dieser Geschenke der Kraft hat die Entwicklung unserer Linie verändert.«

Und er erklärte, daß der Mieter, als Zauberer der alten Schule, von seinen Lehrern alle Feinheiten der Verlagerung seines Montagepunktes gelernt habe. Da er wohl auf Jahrtausende eines sonderbaren Lebens und Bewußtseins zurückblicke – Zeit genug, um all dies zu vervollkommnen –, verstünde er sich auf das Erreichen und Festhalten von Hunderten, gar Tausenden solcher Positionen des Montagepunktes. Seine Geschenke der Kraft seien Wegweiser zum Verlagern des Montagepunkts an gewisse Stellen, wie auch Anleitungen, ihn in jeder dieser Positionen festzuhalten und auf diese Weise innere Kohäsion zu erreichen.

Don Juan war in seiner Höchstform als Erzähler. Nie hatte ich ihn dramatischer erlebt. Hätte ich ihn nicht besser gekannt, ich hätte geschworen, daß der tiefe, besorgte Klang seiner Stimme einen Menschen verriet, der von Furcht und Sorge gepackt ist. Seine Gebärden zeigten ihn mir als guten Schauspieler, der Nervosität und Besorgnis perfekt darzustellen weiß.

Mit einem Seitenblick zu mir eröffnete mir Don Juan – ganz im Ton, als habe er eine schmerzliche Offenbarung zu machen –, daß zum Beispiel der Nagual Lujan vom Mieter gar fünfzig Positionen des Montagepunktes zum Geschenk erhalten habe. Don Juan schüttelte den Kopf, als gäbe er mir wortlos zu bedenken, was er eben gesagt hatte. Ich blieb stumm.

»Fünfzig Positionen!« rief er staunend aus. »Als Geschenk sollten ein oder zwei Positionen des Montagepunktes vollauf genügen.«

Er zuckte die Schultern und deutete Bestürzung an. »Ich habe gehört, daß der Mieter den Nagual Lujan sehr gern mochte«, fuhr er fort. »Sie schlossen so enge Freundschaft, daß sie praktisch unzertrennlich waren. Ich habe auch gehört, daß der Mieter und der Nagual Lujan jeden Morgen zur Frühmesse in die Kirche dort drüben gingen.«

»Hier, in dieser Stadt?« fragte ich, völlig überrascht.

»Genau hier«, erwiderte er. »Womöglich saßen sie vor hundert Jahren genau an dieser Stelle, auf einer anderen Bank.«

»Der Nagual Lujan und der Mieter – sind sie wirklich hier herumgelaufen?« fragte ich noch einmal, unfähig, meine Überraschung zu verwinden.

»Darauf kannst du wetten!« rief er. »Ich brachte dich heute abend hierher, weil das Gedicht, das du mir vorgelesen hast, mir ein Zeichen gab, daß es Zeit für dich ist, dem Mieter zu begegnen.«

Panik befiel mich mit der Macht eines Waldbrandes. Ich mußte sogar eine Weile durch den Mund atmen.

»Über die sonderbaren Errungenschaften der Zauberer der Vorzeit haben wir schon gesprochen«, fuhr Don Juan fort. »Aber es ist immer schwierig, ausschließlich in Idealbildern zu sprechen, ohne Kenntnis aus erster Hand. Und bis zum jüngsten Tag könnte ich dir etwas wiederholen, das mir glasklar ist, das du aber weder begreifen noch glauben kannst, weil du keinerlei praktische Kenntnis davon hast.«

Er stand auf und musterte mich von Kopf bis Fuß. »Komm, gehen wir zur Kirche«, sagte er. »Der Mieter liebt die Kirche und ihre Umgebung. Ich bin sicher, dies ist der richtige Moment, um hinzugehen.«

Nur wenige Male im Lauf meiner Verbindung mit Don Juan hatte ich so bange Ahnungen gehabt. Ich war wie betäubt vor Angst. Als ich aufstand, zitterte ich am ganzen Leib. Mein Magen war ein steinharter Knoten, und doch folgte ich ihm wortlos, als er sich auf den Weg zur Kirche machte – meine Knie schlotternd und bei jedem Schritt unwillkürlich einknickend. Bis wir die kurze Straße von der Plaza zur Steintreppe vor dem Kirchenportal zurückgelegt hatten, war ich einer Ohnmacht nahe. Don Juan legte mir den Arm um die Schulter und stützte mich.

»Da ist der Mieter«, sagte er so beiläufig, als habe er nur einen alten Freund entdeckt.

Ich blickte in die Richtung, die er gezeigt hatte, und sah eine Gruppe von fünf Frauen und drei Männern auf der gegenüberliegenden Seite des Portikus. Mein rascher, ängstlicher Blick registrierte nichts Ungewöhnliches an diesen Leuten. Ich konnte nicht einmal feststellen, ob sie in die Kirche gingen oder herauskamen. Ich merkte allerdings, daß sie nur zufällig hier beisammen standen. Sie gehörten nicht zusammen.

Bis Don Juan und ich die kleine, in das massive, hölzerne Portal der Kirche eingelassene Tür erreicht hatten, waren drei der Frauen in die Kirche eingetreten. Die drei Männer und die zwei anderen Frauen gingen fort. Einen Augenblick war ich verwirrt und sah Don Juan fragend an. Er deutete mit einer Kopfbewegung nach dem Weihwasserbecken.

»Wir müssen die Regeln befolgen und uns bekreuzigen«, flüsterte er.

»Wo ist der Mieter?« fragte ich, ebenfalls flüsternd.

Don Juan tauchte die Fingerspitzen ins Becken und schlug das Kreuzzeichen. Mit einer gebieterischen Kopfbewegung drängte er mich, es ihm gleichzutun.

»War der Mieter einer der drei Männer, die gegangen sind?« flüsterte ich ihm ins Ohr.

»Nein«, flüsterte er zurück. »Der Mieter ist eine der drei Frauen, die geblieben sind. Sie kniet dort, in der hinteren Reihe.«

In diesem Moment drehte eine Frau in der hinteren Reihe sich nach mir um, lächelte und nickte.

Mit einem Satz war ich an der Tür – und draußen.

Don Juan lief hinter mir her. Mit unglaublicher Behendigkeit holte er mich ein und packte mich am Arm.

»Wohin läufst du?« fragte er, sein Gesicht und sein ganzer Körper vor Lachen verzerrt.

Er hielt mich unerbittlich am Arm, während ich nach Luft schnappte. Ich glaubte zu ersticken. Sein Lachen schwoll an, donnernd wie Meeresbrandung. Ich riß mich gewaltsam los und marschierte zur Plaza. Er folgte mir.

»Ich hätte nie geglaubt, daß es dich so umwerfen würde«, meinte er, noch immer von Lachen geschüttelt.

»Warum hast du mir nicht gesagt, daß der Mieter eine Frau ist?«

»Dieser Zauberer ist der, der dem Tode trotzt«, sagte er feierlich.

»Für solch einen Zauberer, so erfahren im Verlagern seines Montagepunktes, ist es eine Frage der Wahl oder Vorliebe, ob er als Mann oder als Frau auftreten will. Dies ist der erste Teil der Lektion im Träumen, die du – wie ich sagte – heute erhalten wirst. Und der dem Tod Trotzende ist jener geheimnisvolle Besucher, der dich dabei führen wird.«

Er hielt sich noch immer den Bauch, geschüttelt von hustendem Lachen. Ich war sprachlos. Dann packte mich plötzliche Wut. Ich war nicht wütend auf Don Juan oder mich selbst oder auf sonst jemanden. Es war ein kalter Zorn, der sich anfühlte, als ob meine Brust und meine Halsmuskeln bersten wollten.

»Komm, gehen wir zurück zur Kirche«, schrie ich und kannte meine eigene Stimme nicht wieder.

»Na, na«, sagte er leise. »Nur nicht gleich mit dem Kopf durch die Wand. Denke mal nach. Überlege. Wäge die Dinge. Kühle erst mal deine Wut ab. Noch nie im Leben bist du auf eine solche Probe gestellt worden. Was du jetzt brauchst, ist Gelassenheit.

Ich kann dir nicht sagen, was du tun sollst«, fuhr er fort. »Ich kann dich nur, wie jeder Nagual es tut, vor die Herausforderung stellen, nachdem ich dir, wenn auch indirekt, alles gesagt habe, was du wissen mußt. Dies ist wieder eines dieser Nagual-Manöver: alles zu sagen, ohne es direkt zu sagen; oder zu fragen, ohne direkt zu fragen.«

Ich wollte es rasch hinter mich bringen. Aber Don Juan meinte, daß eine kurze Pause mir den Rest meiner Selbstsicherheit wiedergeben würde. Mir zitterten noch die Knie. Fürsorglich half mir Don Juan, mich auf den Rinnstein zu setzen. Er setzte sich neben mich.

»Der erste Teil dieser Traum-Lektion besagt, daß das Männliche und das Weibliche nicht endgültige Zustände, sondern die Folge einer spezifischen Position des Montagepunktes sind«, sagte er. »Und dies ist natürlich eine Frage von Willenskraft und Training. Weil dies ein Thema ist, ganz nach dem Herzen der alten Zauberer, können sie als einzige Licht in die Sache bringen.«

Vielleicht weil es das einzig Vernünftige war, was mir zu tun blieb, fing ich an, mit Don Juan zu streiten. »Was du sagst, kann ich weder glauben noch akzeptieren«, rief ich. Und spürte Hitze in mein Gesicht steigen.

»Aber du hast die Frau doch gesehen«, erwiderte Don Juan. »Glaubst du, all dies sei nur ein Trick?«

»Ich weiß nicht, was ich davon halten soll.«

»Das Wesen in der Kirche ist eine echte Frau«, sagte er mit Nachdruck. »Wieso ist das so beunruhigend für dich? Die Tatsache, daß sie als Mann geboren ist, bestätigt doch nur, welche Kraft die Machenschaften der alten Zauberer hatten. Es sollte dich nicht überraschen. Du hast doch alle Prinzipien der Zauberei am eigenen Leib erfahren.«

Ich glaubte vor innerer Spannung zu explodieren. Und Don Juan warf mir jetzt vor, ich sei wohl nur streitlustig. Mit bemühter Geduld und wahrer Großspurigkeit erklärte ich ihm die biologischen Grundlagen von Männlichkeit und Weiblichkeit.

»Das weiß ich doch alles«, sagte er. »Und du hast recht mit allem, was du sagst. Dein Fehler ist nur, daß du deine Urteile verallgemeinern willst.«

»Wir sprechen hier über Grundprinzipien«, schrie ich. »Sie gelten für Menschen hier und überall im Universum.«

»Richtig, richtig«, sagte er mit leiser Stimme. »Alles, was du sagst, ist richtig – solange unser Montagepunkt in seiner gewohnten Position bleibt. Aber sobald er über gewisse Grenzen hinaus verschoben ist und unsere Alltagswelt keine Geltung mehr hat, verlieren all die Prinzipien, von denen du sprichst, ihren absoluten Wert.

Dein Fehler ist, zu vergessen, daß der dem Tod Trotzende diese Grenzen tausend- und abertausendmal überschritten hat. Man braucht kein Genie sein, um zu erkennen, daß der Mieter nicht mehr durch dieselben Kräfte gebunden ist, die dich jetzt binden.«

Ich sagte ihm, daß mein Sträuben – falls man es als Sträuben bezeichnen konnte – nicht ihm galt, sondern den praktischen Seiten der Zauberei, die ich noch nie akzeptieren konnte und die mir schon immer so abstrus erschienen waren, daß sie eigentlich nie ein Problem für mich darstellten. Und ich wiederholte, daß ich als Träumer wohl aus eigener Erfahrung bestätigen könne, daß beim Träumen alles möglich ist. Ich erinnerte ihn daran, daß er selbst diese Überzeugung bei mir genährt und gehegt habe, zusammen mit dem Sinn für die Notwendigkeit gesunder Vernunft. Was er nun aber im Fall des Mieters vorbrachte, sei nicht vernünftig. Es sei lediglich ein Motiv für das Träumen, nicht aber für die alltägliche Welt. Ich gab ihm klar zu verstehen, daß es für mich ein unhaltbarer und abscheulicher Standpunkt sei.

»Warum diese heftige Reaktion?« fragte er lächelnd.

Seine Frage traf mich unvorbereitet. Ich wurde verlegen. »Ich glaube, es bedroht mich im Innersten«, gestand ich; und meinte es aufrichtig. Mir vorzustellen, daß die Frau in der Kirche ein Mann sei, war irgendwie ekelhaft.

Und nun verfiel ich auf einen Gedanken: wie, wenn der Mieter ein Transvestit wäre? Ich fragte Don Juan allen Ernstes nach dieser Möglichkeit. Er lachte so unbändig, daß es fast schien, er müsse sich übergeben.

»Das ist eine zu profane Möglichkeit«, sagte er. »Vielleicht würden deine alten Freunde so etwas tun. Deine neuen Freunde sind einfallsreicher und weniger onanistisch. Ich wiederhole: Dieses Wesen in der Kirche ist eine Frau. Es ist eine ›Sie‹. Und sie hat alle Organe und Attribute einer Frau.« Er lächelte boshaft. »Du bist doch immer von Frauen fasziniert, nicht wahr? Mir scheint, diese Situation ist maßgeschneidert für dich.«

Er freute sich so ausgelassen und kindlich, daß seine Fröhlichkeit ansteckend war. Wir lachten beide – er ganz unbeschwert, ich völlig verklemmt vor Angst.

Und nun kam ich zu einem Entschluß. Ich stand auf und sagte mit lauter Stimme, daß ich nichts mit dem Mieter zu tun haben wolle, in welcher Gestalt auch immer. Ich hatte mich entschieden, die ganze Sache zu vergessen und zurückzukehren – zuerst zu Don Juans Haus, dann nach Hause.

Don Juan meinte, er sei mit meiner Entscheidung völlig einverstanden, und so machten wir uns auf den Rückweg zu seinem Haus. Meine Gedanken rasten dahin. Mache ich das Richtige? Laufe ich aus Angst davon? Natürlich rechtfertigte ich meine Entscheidung sofort als die einzig richtige und unvermeidliche. Immerhin, so versicherte ich mir selbst, hatte ich kein Interesse an irgendwelchen Erwerbungen, und die Geschenke des Mieters waren fast wie erworbener Besitz. Dann beschlichen mich Zweifel und Neugier. Ich hatte so viele Fragen, die ich dem stellen könnte, der dem Tode trotzte.

Mein Herz schlug so stark, daß ich sein Pochen bis in die Magengrube fühlte. Auf einmal verwandelte sich dieses Pochen in die Stimme des Botschafters. Er brach sein Versprechen, sich nicht mehr einzumischen, und sagte, daß eine unglaubliche Kraft meinen Herzschlag beschleunige, um mich zurück zur Kirche zu ziehen; denn nach Don Juans Haus zurückzugehen bedeute den sicheren Tod.

Ich blieb stehen und wiederholte Don Juan hastig die Worte des Botschafters. »Ist es wahr?« fragte ich.

»Ich fürchte, ja«, gestand er einfältig.

»Warum hast du es mir nicht selbst gesagt, Don Juan? Wolltest du mich sterben lassen, weil du mich für einen Feigling hältst?« fragte ich ihn aufgebracht und wütend.

»Du wärst schon nicht gleich gestorben. Dein Energiekörper verfügt über unbegrenzte Mittel. Und dich für einen Feigling zu halten wäre mir nie in den Sinn gekommen. Ich respektiere deine Entscheidungen und kümmere mich nicht darum, welche Motive dich dabei leiten.

Du bist am Ende des Weges angekommen, genau wie ich. Sei also ein wahrer Nagual. Schäme dich nicht für das, was du bist. Wärst du ein Feigling, glaube ich, dann wärest du schon längst vor Angst gestorben. Aber wenn du dich fürchtest, dem zu begegnen, der dem Tode trotzt, dann stirb lieber, als ihm entgegenzutreten. Auch das ist keine Schande.«

»Los, gehen wir zurück zur Kirche«, sagte ich, so ruhig ich konnte.

»Jetzt kommen wir zum Kern der Sache!« rief Don Juan. »Zuerst aber laß uns noch einmal in den Park gehen, uns auf eine Bank setzen und sorgfältig deine Alternativen überlegen. Wir können die Zeit ja wieder aufholen; außerdem ist es zu früh für die Sache, die wir vorhaben.«

Wir wanderten zurück zum Park und fanden sofort eine freie Bank und setzten uns.

»Du mußt begreifen, daß nur du selbst die Entscheidung treffen kannst, dem Mieter zu begegnen und sein Geschenk der Kraft anzunehmen oder zurückzuweisen«, sagte Don Juan. »Aber deine Entscheidung mußt du der Frau in der Kirche selbst sagen – von Angesicht zu Angesicht und allein. Sonst würde sie nicht gelten.«

Und Don Juan sagte, daß die Gaben des Mieters zwar großartig seien, der Preis dafür aber ungeheuer. Er selbst könne keines von beiden akzeptieren, weder die Gabe noch den Preis.

»Bevor du wirklich deine Entscheidung triffst«, sagte Don Juan, »mußt du alle Details unserer Verbindung zu diesem Zauberer kennen.«

218

»Ich möchte lieber nichts davon hören, Don Juan«, flehte ich.

»Es ist deine Pflicht, es zu erfahren«, sagte er. »Wie sonst könntest du dich entscheiden?«

»Glaubst du nicht, es ist besser für mich, je weniger ich von dem Mieter weiß?«

»Nein. Hier kann man sich nicht verstecken, bis die Gefahr vorbei ist. Dies ist der Augenblick der Wahrheit. Alles, was du bislang in der Welt der Zauberer getan und erlebt hast, führte dich bis an diesen Punkt. Ich wollte es dir nicht sagen, weil ich wußte, daß dein Energiekörper es dir sagen würde, aber es gibt kein Ausweichen vor dieser Verabredung. Nicht einmal durch den Tod. Verstehst du?« Er rüttelte mich an den Schultern. »Verstehst du?« wiederholte er.

Ich verstand so gut, daß ich ihn fragte, ob es ihm möglich wäre, mich auf eine andere Bewußtseinebene zu versetzen, um meine Angst und Panik zu lindern. Ich duckte mich unter seinem donnernden »Nein«.

»Du mußt dem, der dem Tode trotzt, kaltblütig und äußerst bewußt entgegentreten«, fuhr er fort. »Du kannst es nicht stellvertretend tun.«

Ganz ruhig begann Don Juan nun alles zu wiederholen, was er mir bereits über jenen, der dem Tode trotzt, erzählt hatte. Während er sprach, wurde mir klar, daß meine Verwirrung zum Teil durch seine Wortwahl bedingt war. Er gab die Bezeichnung »der dem Tode trotzt« auf Spanisch wieder, mit *el desafiante de la muerte*, und »Mieter« mit *el inquilino* – beides Worte, die automatisch ein männliches Wesen bezeichnen. Doch in der Schilderung der Beziehung zwischen dem Mieter und den Naguals seiner Linie vermischte Don Juan dauernd den männlichen und weiblichen Genus des Spanischen, was mich einigermaßen verwirrte.

Er sagte, daß der Mieter für die Energie bezahlen müsse, die *er* von den Naguals unserer Linie beziehe, doch der Preis, den *er* bezahle, verpflichte diese Zauberer seit Generationen. Als Bezahlung für die von allen diesen Naguals bezogene Energie habe die Frau in der Kirche sie gelehrt, was sie tun müßten, um ihren Montagepunkt in gewisse Positionen zu bringen, die *sie* selbst gewählt habe. Mit anderen Worten, *sie* verpflichte jeden dieser Männer durch ein Geschenk der Kraft, bestehend aus einer vorbestimmten, spezifischen Position des Montagepunktes – mit allen daraus resultierenden Konsequenzen.

»Was verstehst du unter ›allen daraus resultierenden Konsequenzen‹, Don Juan?«

»Ich meine die negativen Folgen dieser Gaben. Die Frau in der Kirche kennt nur das Sichgehenlassen. Bei dieser Frau gibt es keine Nüchternheit, keine Mäßigung. Zum Beispiel lehrte sie den Nagual Julian, seinen Montagepunkt so zu arrangieren, daß er, genau wie sie, eine Frau werden konnte. Meinen Wohltäter so etwas zu lehren, der ein unheilbarer Lüstling war – das war, als gäbe man einem Säufer Schnaps zu trinken.«

»Aber liegt es nicht an jedem von uns, verantwortlich zu sein für das, was wir tun?«

»Ja, gewiß. Manchen von uns fällt es aber schwerer als anderen, verantwortlich zu sein. Diese Schwierigkeit absichtlich noch zu steigern, wie diese Frau es tut, heißt, uns unnötig unter Druck setzen.«

»Woher weißt du, daß die Frau in der Kirche dies absichtlich tut?«

»Sie hat es bei jedem Nagual meiner Linie so gemacht. Wenn wir uns ehrlich und aufrichtig betrachten, müssen wir zugeben, daß der dem Tode Trotzende uns durch seine Gaben zu einer Linie von sehr selbstgefälligen, abhängigen Zauberern gemacht hat.«

Ich konnte nicht länger über seinen unstimmigen Sprachgebrauch hinwegsehen und beklagte mich bei ihm. »Du solltest diesen Zauberer entweder als männlich oder als weiblich bezeichnen, nicht aber als beides«, sagte ich streng. »Ich bin zu spießig, und dein willkürlicher Gebrauch des Geschlechtspronomens ist mir wirklich unangenehm.«

»Mir selbst ist es sehr unangenehm«, gestand er. »Die Wahrheit ist, daß der dem Tode Trotzende beides ist: männlich und weiblich. Ich konnte mich nie mit den Verwandlungen dieses Zauberers abfinden. Ich war mir sicher, daß es dir genauso ergehen würde, nachdem du ihn zuerst als Mann gesehen hattest.«

Don Juan erinnerte mich daran, wie er mich einmal, vor Jahren, zu einer Begegnung mit dem, der dem Tode trotzt, mitgenommen habe und ich einen Mann kennengelernt hatte, einen sonderbaren Indianer, der nicht alt und auch nicht jung war, und von sehr grazilem Körperbau. Hauptsächlich erinnere ich mich an seinen merkwürdigen Akzent, und wie er eine sonderbare Metapher benutzte, wenn er von Dingen sprach, die er angeblich gesehen hatte. Er sagte: *mis ojos se pasearon* – meine Augen wanderten auf... Zum Beispiel konnte er sagen:»Meine Augen wanderten auf den Helmen der spanischen Eroberer.«

Es war ein so flüchtiges Ereignis in meiner Erinnerung, daß ich glaubte, die Begegnung habe nur Minuten gedauert. Don Juan sagte mir später, daß ich einen ganzen Tag mit dem, der dem Tode trotzt, zusammen gewesen war.

»Weißt du, warum ich vorhin von dir erfahren wollte, ob du weißt, was hier vor sich geht?« fuhr Don Juan fort. »Weil ich glaubte, daß du selbst vor Jahren eine Verabredung mit dem, der dem Tode trotzt, getroffen hättest.«

»Du schmeichelst mir unverdient, Don Juan. In diesem Fall weiß ich nicht ein noch aus. Aber was brachte dich auf die Idee, ich könnte es wissen?«

»Der dem Tode Trotzende hatte anscheinend Zuneigung zu dir gefaßt. Und das bedeutete für mich, daß er dir vielleicht ein Geschenk der Kraft gegeben haben mochte, auch wenn du dich nicht daran erinnerst. Oder vielleicht hatte er dich zu einer Verabredung mit ihm als Frau bewogen. Ich vermutete sogar, sie habe dir präzise Anweisungen gegeben.«

Und Don Juan erzählte mir, daß der dem Tode Trotzende, offenbar ein Freund ritueller Gewohnheiten, den Naguals seiner Linie immer zuerst als Mann, wie im Falle des Nagual Sebastian, und anschließend als Frau begegnete.

»Warum bezeichnest du die Gaben dessen, der dem Tode trotzt, als Geschenke der Kraft? Und wozu all dieses Geheimnis?« fragte ich. »Du selbst kannst deinen Montagepunkt nach Belieben an jede Stelle verschieben, nicht wahr?«

»Wir nennen diese Gaben Geschenke der Kraft, weil sie Produkte dieses spezialisierten Wissens der Zauberer aus der Vorzeit sind«, sagte er. »Das Geheimnis der Gaben liegt darin, daß niemand auf Erden, mit Ausnahme dessen, der dem Tode trotzt, uns eine Probe dieses Wissens geben kann. Und natürlich kann ich meinen Montagepunkt an jede Stelle verschieben, wohin ich will, innerhalb wie außerhalb der menschlichen Energiegestalt. Was ich aber nicht kann und was nur der dem Tode Trotzende kann, ist zu wissen, was ich in jeder dieser Positionen mit meinem Energiekörper tun soll, um die totale Wahrnehmung, die totale Kohäsion zu erreichen.«

Und dann erklärte er mir, daß die modernen Zauberer nichts von den Details der tausend und abertausend möglichen Positionen des Montagepunktes wüßten.

»Was verstehst du unter Details?« fragte ich.

»Besondere Arten, den Energiekörper einzusetzen, um den Montagepunkt in bestimmten Positionen fixiert zu halten«, antwortete er.

Er verwies auf sein eigenes Beispiel. Er sagte, das Kraftgeschenk des dem Tod Trotzenden an ihn sei die Montage-Position einer Krähe gewesen, sowie das Verfahren, den Energiekörper auf solche Weise zu manipulieren, daß er die totale Wahrnehmung einer Krähe erlangte. Nach dieser totalen Wahrnehmung, dieser totalen Kohäsion, sagte Don Juan, hätten die alten Zauberer um jeden Preis gestrebt – und bei seinem eigenen Kraftgeschenk, der Wahrnehmung einer Krähe, habe er die totale Wahrnehmung erst durch einen Willensprozeß erlangt, den er lernen mußte: Schritt für Schritt, wie man eine sehr komplizierte Maschine zu bedienen lernt.

Weiter erklärte Don Juan, daß die meisten Verlagerungen des Montagepunkts, wie moderne Zauberer sie erleben, leichte Verlagerungen innerhalb eines schmalen Bündels energetischer Leuchtfasern in der leuchtenden Eigestalt seien – ein Bündel, genannt das menschliche Band oder der rein menschliche Aspekt der universalen Energie. Jenseits dieses Bandes, aber gleichwohl im Innern der leuchtenden Eiform, liege der Bereich der großen Verlagerungen. Wenn der Montagepunkt sich an irgendeine Stelle in diesem Bereich verlagert, sei die Wahrnehmung zwar noch immer verständlich für uns, doch es bedürfe detaillierter Verfahrensweisen, um zur totalen Wahrnehmung zu gelangen.

»Die anorganischen Wesen haben dich und Carol Tiggs arg hereingelegt, auf eurer letzten Reise, indem sie euch halfen, totalen Zusammenhalt bei einer großen Verlagerung zu erreichen«, sagte Don Juan. »Sie verschoben euren Montagepunkt an die weitestmögliche Stelle. Dann halfen sie euch, dort wahrzunehmen, als ob ihr noch in der Alltagswelt wäret. Etwas, das beinah unmöglich ist. Um auf diese Art wahrzunehmen, braucht ein Zauberer praktisches Wissen oder einflußreiche Freunde.

Deine Freunde hätten dich wohl am Ende betrogen. Sie hätten es dir und Carol selbst überlassen, praktische Kenntnisse zum Überleben in dieser Welt zu erlernen. Ihr beide wäret schließlich randvoll gewesen von solchen praktischen Kenntnissen, genau wie jene hochgelehrten Zauberer der Vorzeit.

Jede große Verlagerung funktioniert nach einem anderen inneren Ablauf«, fuhr er fort. »Dies könnten die modernen Zauberer lernen, wenn sie den Montagepunkt bei einer größeren Verlagerung lange genug fixieren könnten. Nur die alten Zauberer hatten das spezielle Wissen, das dafür erforderlich ist.«

Die besonderen Verfahren bei solchen Verlagerungen, fuhr Don Juan fort, hätten die acht Naguals, die dem Nagual Sebastian vorangingen, noch nicht gekannt; dann aber habe der Mieter den Nagual Sebastian gelehrt, totale Wahrnehmung in zehn neuen Positionen des Montagepunkts zu erreichen. Der Nagual Santisteban erhielt sieben solcher Positionen, der Nagual Lujan fünfzig, der Nagual Rosendo sechs, der Nagual Elias vier, der Nagual Julian sechzehn, und er selbst bekam zwei gezeigt. Das mache insgesamt fünfundneunzig spezifische Positionen des Montagepunkts, die in seiner Linie bekannt seien. Falls ich ihn fragte, so meinte er, ob er dies als Vorteil für seine Linie betrachte, so müsse er sagen, nein, weil die Last dieser Gaben sie der Daseinslage der alten Zauberer näherbringe.

»Jetzt bist du an der Reihe, den Mieter zu treffen«, sagte er. »Vielleicht werden die Geschenke, die er dir gibt, unser Wissen ganz aus dem Gleichgewicht bringen, und unsere Linie wird in das Dunkel stürzen, das den alten Zauberern den Garaus bereitete.«

»Das klingt so schrecklich gefährlich, es macht mich ganz krank«, sagte ich.

»Ehrlich, ich kann mit dir fühlen«, antwortete er mit ernstem Gesicht. »Ich weiß, es ist kein Trost für dich, wenn ich sage, daß dies die härteste Probe für einen modernen Nagual ist. Mit etwas so Altem und Geheimnisvollem wie dem Mieter zusammenzutreffen, finde ich nicht ehrfurchtgebietend, sondern abstoßend. Für mich wenigstens war es das, und ist es noch immer.«

»Warum muß ich da weitermachen, Don Juan?«

»Weil du, ohne es zu wissen, die Herausforderung des dem Tode Trotzenden angenommen hast. Im Verlauf deiner Lehrzeit habe ich eine Einwilligung von dir verlangt, genau wie mein Lehrer mir – heimlich – eine abverlangte.

Ich habe denselben Schrecken durchgemacht, nur etwas härter als du jetzt.« Er kicherte. »Der Nagual Julian hatte eine Vorliebe für makabre Scherze. Er erzählte mir, es gäbe da eine sehr schöne und leidenschaftliche Witwe, die unsterblich in mich verliebt sei. Der Nagual nahm mich häufig mit zur Kirche, und ich hatte diese Frau gesehen, die mich anstarrte. Ich fand, sie sah gut aus. Und ich war ein geiler Bursche. Als der Nagual sagte, daß sie mich wollte, fiel ich darauf herein. Mein Erwachen war grausam.«

Ich bemühte mich, nicht laut herauszulachen über Don Juans Miene verlorener Unschuld. Dann kam mir die Vorstellung seiner mißlichen Lage nicht mehr spaßig, sondern abscheulich vor.

»Bist du sicher, Don Juan, daß diese Frau der Mieter ist?« fragte ich – in der Hoffnung, es möge ein Irrtum oder ein schlimmer Scherz sein.

»Ich bin mir ganz, ganz sicher«, sagte er. »Aber selbst wenn ich so dumm wäre, den Mieter zu vergessen, könnte mein *Sehen* mich nicht betrügen.«

Willst du damit sagen, Don Juan, daß der Mieter eine andere Art von Energie hat?«

»Nein, nicht eine andere Art Energie, aber gewiß eine andere Energie-Konfiguration, als ein gewöhnlicher Mensch sie hat.«

»Bist du absolut sicher, Don Juan, daß diese Frau der Mieter ist?« beharrte ich, getrieben von sonderbarer Abscheu und Furcht.

»Diese Frau ist der Mieter!« sagte Don Juan mit einer Stimme, die keinen Zweifel mehr duldete.

Wir schwiegen. In unbeschreiblicher Panik erwartete ich den nächsten Schritt.

»Ich sagte dir schon, daß die Position des Montagepunktes darüber entscheidet, ob jemand von Natur ein Mann oder eine Frau ist«, sagte Don Juan. »Wenn ich ›von Natur‹ sage, so meine ich jemanden, der entweder als Mann oder als Frau geboren ist. Für einen Seher ist der am stärksten leuchtende Teil des Montagepunkts bei Frauen nach außen gekehrt, bei Männern nach innen. Der Montagepunkt des Mieters war ursprünglich nach innen gerichtet, aber er veränderte ihn, drehte ihn um – und jetzt sieht seine eiförmige Energiegestalt aus wie eine in sich eingerollte Muschel.«

12. Die Frau in der Kirche

Don Juan und ich saßen und schwiegen. Ich wußte nichts mehr zu fragen, und er hatte mir anscheinend alles gesagt, was es zu sagen gab. Es war nicht später als sieben Uhr, aber die Plaza war ungewöhnlich menschenleer. Es war ein warmer Abend. In dieser Stadt streiften die Menschen am Abend meistens bis zehn oder elf Uhr um die Plaza.

Ich brauchte eine Weile, um mir klarzuwerden, was mit mir geschah. Meine Zeit mit Don Juan ging zu Ende. Er und seine Gruppe wollten den Traum der Zauberer erfüllen, diese Welt zu verlassen und in unvorstellbare Dimensionen einzugehen. Aufgrund meiner beschränkten Erfolge im Träumen glaubte ich, daß ihr Anspruch keineswegs illusorisch, sondern durchaus verständig sei, wenn auch im Gegensatz zur Vernunft. Sie strebten nach Wahrnehmung des Unbekannten, und sie hatten es geschafft.

Don Juan hatte recht, wenn er sagte, daß das Träumen, indem es eine systematische Verschiebung des Montagepunktes bewirkt, die Wahrnehmung befreit und den Bereich dessen erweitert, was wahrgenommen werden kann. Für die Zauberer seiner Gruppe hatte das Träumen nicht nur die Tür zu anderen wahrnehmbaren Welten aufgestoßen, sondern sie auch darauf vorbereitet, bei voller Bewußtheit in diese Regionen einzutreten. Das Träumen war für sie etwas Unbeschreibliches und Beispielloses geworden – etwas, dessen Wesen und Reichweite nur umschreibend benannt werden konnte, etwa wenn Don Juan sagte, daß es das Tor zu Licht und Dunkel des Universums sei.

Eines noch gab es, was ihnen bevorstand: meine Begegnung mit demjenigen, der dem Tode trotzt. Ich bedauerte, daß Don Juan mich nicht im voraus unterrichtet hatte, damit ich mich besser hätte vorbereiten können. Aber er war ein Nagual, der alles Wichtige aus der Eingebung des Augenblicks tat, ohne Vorankündigung.

Eine Weile fühlte ich mich recht wohl, wie ich dort im Park saß,

mit Don Juan, und auf den Fortgang der Dinge wartete. Dann
aber war es mit meinem Gleichgewicht zu Ende, und im Handumdrehen stürzte ich in schwärzeste Verzweiflung. Mich überfielen
kleinliche Befürchtungen um meine Sicherheit, meine Ziele,
meine Hoffnungen auf dieser Welt, meine Sorgen. Bei näherer
Prüfung aber mußte ich zugeben, daß die einzige wirkliche Sorge,
die ich hatte, meinen drei Gefährtinnen in Don Juans Welt galt.
Doch wenn ich es recht überlegte, war nicht einmal dies eine
echte Sorge für mich. Don Juan hatte sie gelehrt, Zauberinnen zu
sein, die immer wußten, was sie zu tun hatten; und vor allem hatte
er sie darauf vorbereitet, immer zu wissen, was sie mit ihrem Wissen zu tun hatten.
Nachdem alle diesseitigen Gründe, Angst und Leid zu empfinden, lange schon von mir genommen waren, blieb mir nur noch
die Sorge um mich selbst. Und dieser überließ ich mich schamlos.
Ein letzter Anfall von Sichgehenlassen, für unterwegs: die Furcht,
von der Hand dessen zu sterben, der dem Tode trotzt. Ich geriet
so in Angst, daß mir übel wurde. Ich wollte mich entschuldigen,
aber Don Juan lachte nur.
»Du bist nicht der einzige, dem vor Angst schlecht wird«, sagte er.
»Als ich dem begegnete, der dem Tode trotzt, machte ich mir die
Hose naß. Glaube mir.«
Schweigend wartete ich einen langen, unerträglich langen Augenblick. »Bist du bereit?« fragte er. »Ja«, sagte ich. Und aufstehend,
fügte er hinzu: »Gehen wir also und sehen, wie du dich im Feuer
bewährst.«
Den Weg zur Kirche ging er voraus. So sehr ich mich auch an-
strenge, kann ich mich bis zum heutigen Tag nur daran erinnern,
daß er mich buchstäblich den ganzen Weg schleppen mußte. Ich
erinnere mich nicht, wie ich vor der Kirche ankam oder eintrat.
Ich weiß nur noch, daß ich dann auf einem langen, abgewetzten
Betstuhl kniete, neben der Frau, die ich zuvor gesehen hatte. Sie
lächelte mir zu. Verzweifelt sah ich mich um, versuchte Don Juan
zu entdecken, doch er war nirgends zu sehen. Am liebsten wäre
ich abgehauen, wie eine Fledermaus aus der Hölle, hätte die Frau
mich nicht am Arm zurückgehalten.
»Warum hast du solche Angst vor mir armem Weiblein?« fragte
sie mich auf englisch. Ich blieb wie angewurzelt auf der Stelle,
dort wo ich kniete. Was mich sofort und ganz für sie eingenom-

men hatte, war ihre Stimme. Ich kann gar nicht beschreiben, was es mit diesem heiseren Klang auf sich hatte, der die geheimsten Erinnerungen in mir wachrief. Es war, als hätte ich diese Stimme schon immer gekannt.

Reglos blieb ich knien, hypnotisiert von diesem Klang. Sie fragte mich noch irgend etwas, wieder auf englisch, aber ich kam nicht dahinter, was sie sagte. Sie lächelte mir wissend zu. »Ist in Ordnung«, flüsterte sie auf spanisch. Sie kniete zu meiner Rechten. »Ich verstehe die wahre Angst. Ich lebe mit ihr.«

Ich wollte schon etwas sagen zu ihr, als ich die Stimme des Botschafters in meinem Ohr hörte. »Es ist die Stimme Hermelindas, deiner Amme«, sagte sie. Das einzige, was ich von Hermelinda je erfahren habe, war die Geschichte, die man mir erzählte, wie sie bei einem Unfall ums Leben kam, überfahren von einem steuerlosen Lastwagen. Daß die Stimme der Frau so tiefe, alte Erinnerungen in mir wachrufen konnte, schockierte mich. Einen Moment spürte ich quälende Unruhe.

»Ich bin deine Amme!«, rief die Frau leise. »Wie ungewöhnlich! Willst du meine Brust?« Sie bog sich vor Lachen.

Mit aller Anstrengung versuchte ich ruhig zu bleiben, aber ich wußte, daß ich rasch an Boden verlor – und bald würde ich meinen Geist aufgeben.

»Vergib mir meine Späße«, sagte die Frau mit leiser Stimme. »Die Wahrheit ist, daß ich dich sehr gern habe. Du brodelst vor Energie. Und wir werden uns gut verstehen.«

Zwei ältere Männer knieten direkt vor uns. Einer von ihnen drehte sich um und sah uns neugierig an. Sie achtete nicht auf ihn und flüsterte weiter in mein Ohr.

»Laß mich deine Hand halten«, flehte sie. Doch ihr Flehen war wie ein Befehl. Ich überließ ihr meine Hand, unfähig, nein zu sagen. »Danke. Danke für deine Zuversicht, für dein Vertrauen zu mir«, flüsterte sie.

Der Klang ihrer Stimme machte mich verrückt. Diese Heiserkeit war so exotisch, so außerordentlich weiblich. Unter keinen Umständen hätte ich sie für die Stimme eines Mannes gehalten, der sich als Frau verstellte. Es war eine heisere Stimme, aber nicht kehlig oder guttural. Es war eher wie das Geräusch nackter Füße, die leise über den Sand tappen.

Mit äußerster Anstrengung versuchte ich den unsichtbaren Energieschirm zu durchbrechen, der mich einzuhüllen schien. Mir war, als gelinge es mir. Ich stand auf, wollte gehen – und das hätte ich getan, wäre nicht die Frau ebenfalls aufgestanden, um mir ins Ohr zu flüstern: »Geh nicht fort. Ich habe dir so viel zu sagen.«

Ich setzte mich automatisch wieder, festgehalten von meiner Neugier. Seltsamerweise war meine Angst auf einmal verschwunden, auch meine Beklommenheit. Ich hatte sogar genügend Geistesgegenwart, die Frau zu fragen: »Sind Sie wirklich eine Frau?« Sie kicherte leise, wie ein junges Mädchen. Dann brachte sie einen gewundenen Satz hervor: »Falls du wagen solltest zu glauben, daß ich mich in einen fürchterlichen Mann verwandeln und dir ein Leid zufügen würde, bist du in schwerem Irrtum befangen«, sagte sie, mit noch stärkerer Modulation dieser seltsamen, hypnotischen Stimme. »Du bist mein Wohltäter. Ich bin deine Dienerin, wie ich die Dienerin all der Naguals war, die dir vorangegangen sind.«

All meine Energie sammelnd, sprach ich zu ihr die Wahrheit: »Sei willkommen und nimm meine Energie«, sagte ich. »Sie ist ein Geschenk von mir an dich, aber ich möchte keine Kraftgeschenke von dir. Und das meine ich aufrichtig.«

»Ich kann deine Energie nicht umsonst annehmen«, flüsterte sie. »Ich bezahle für das, was ich bekomme, so ist der Vertrag. Es ist närrisch von dir, deine Energie zu verschenken.«

»Ich war mein Leben lang ein Narr. Glauben Sie mir«, sagte ich. »Und ich kann mir wohl leisten, Ihnen ein Geschenk zu machen. Das ist kein Problem für mich. Sie brauchen die Energie, also nehmen Sie sie. Aber ich will mich nicht mit unnötigen Dingen belasten. Ich besitze nichts, und es gefällt mir.«

»Vielleicht«, sagte sie nachdenklich.

Aggressiv fragte ich sie, ob sie meinte, sie würde vielleicht meine Energie annehmen, oder ob sie mir vielleicht nicht glaubte, daß ich nichts besaß und daß es mir gefiel.

Sie kicherte vergnügt und sagte, vielleicht werde sie meine Energie annehmen, da ich sie ihr so großzügig anbiete, aber sie müsse dennoch dafür bezahlen. Sie müsse mir etwas von ähnlichem Wert schenken.

Während ich sie sprechen hörte, wurde mir bewußt, daß sie spanisch mit einem höchst auffälligen, fremden Akzent sprach. Bei jedem Wort fügte sie der mittleren Silbe noch ein Phonem hinzu. Nie im Leben hatte ich jemanden so sprechen hören.

»Ihr Akzent ist ganz ungewöhnlich«, sagte ich. »Wo stammt er her?«

»Beinah aus der Ewigkeit«, sagte sie seufzend.

Jetzt hatten wir Kontakt miteinander. Ich verstand, warum sie seufzte. Sie war von beinah ewiger Dauer, während ich vergänglich war. Das war mein Vorteil. Die dem Tode Trotzende hatte sich in eine Ecke manövriert, und ich war frei.

Ich sah sie genauer an. Sie war anscheinend fünfunddreißig bis vierzig Jahre alt. Sie war eine Indianerin von durchaus dunklem Typ, beinah stämmig, aber nicht fett oder gar schwer. Die Haut ihrer Hände und Arme war glatt, die Muskeln fest und jugendlich. Sie war etwa einen Meter sechzig, schätzte ich. Sie trug ein langes Kleid, ein schwarzes Schultertuch und Guaraches. In ihrer knienden Haltung sah ich auch ihre glatten Fersen und ein Stück ihrer kräftigen Waden. Ihre Taille war schlank. Sie hatte große Brüste, die sie nicht unter ihrem Shawl verbergen konnte oder auch wollte. Ihr Haar war jettschwarz und zu einem langen Zopf geflochten. Sie war nicht schön, aber auch nicht häßlich. Ihre Züge waren in keiner Weise auffällig. Unmöglich konnte sie einen faszinieren, dachte ich, bis auf ihre Augen, die sie hinter gesenkten Lidern verbarg. Ihre Augen waren wunderbar – klar und voll Frieden. Abgesehen von Don Juan, hatte ich niemals so strahlende und lebendige Augen gesehen.

Ihre Augen nahmen mir jede Befangenheit. Solche Augen konnten nichts Böses wollen. Plötzlich war ich voll Vertrauen und Optimismus. Ich hatte das Gefühl, sie schon mein Leben lang zu kennen. Aber noch etwas wurde mir stark bewußt: meine emotionale Instabilität. Schon in Don Juans Welt hatte sie mir immer zu schaffen gemacht, mich hoch und nieder ziehend wie ein Jo-Jo. Ich hatte Augenblicke totalen Vertrauens und Durchblicks, nur um im nächsten Moment von abgründigem Zweifel und Mißtrauen geplagt zu sein. Diesmal würde es nicht anders sein. Mein Mißtrauen meldete sich ganz plötzlich mit dem warnenden Gedanken, daß ich völlig in den Bann dieser Frau geraten könnte.

»Sie haben Spanisch erst spät im Leben gelernt, nicht wahr?« sagte ich, nur um meine Gedanken abzuschütteln – bevor sie sie erraten konnte.

»Erst gestern«, erwiderte sie, in glockenhelles Lachen ausbrechend, wobei ihre kleinen, überraschend weißen Zähne wie Perlen schimmerten.

Leute drehten sich um und sahen uns an. Ich senkte die Stirn, wie in tiefem Gebet. Die Frau rückte näher heran.

»Gibt es einen Ort, wo wir sprechen können?« fragte ich.

»Wir sprechen hier«, sagte sie. »Hier habe ich mit allen Naguals eurer Linie gesprochen. Wenn du flüsterst, wird niemand merken, daß wir reden.«

Ich brannte darauf, sie nach ihrem Alter zu fragen. Aber eine ernüchternde Erinnerung bewahrte mich davor. Ich erinnerte mich an einen Freund, der mir vor Jahren alle möglichen Fallen gestellt hatte, um mich so weit zu bringen, daß ich ihm mein Alter verriet. Ich verabscheute solch kleinliche Neugier, und jetzt war ich nahe daran, mich genauso zu verhalten. Sofort ließ ich es.

Ich wollte ihr aber von meinem Konflikt erzählen, nur um das Gespräch in Gang zu halten. Sie schien zu wissen, was mir durch den Kopf ging. Mit einer freundlichen Geste drückte sie mir den Arm, als wollte sie sagen, daß wir uns verstanden.

»Statt mir ein Geschenk zu machen, könnten Sie mir nicht etwas sagen, was mir helfen würde auf meinem Weg?« bat ich.

Sie schüttelte den Kopf. »Nein«, flüsterte sie. »Wir sind extrem verschieden. Verschiedener, als ich es für möglich gehalten hätte.«

Sie stand auf und glitt seitlich aus dem Betstuhl. Tief knickste sie vor dem Hauptaltar. Sie bekreuzigte sich und gab mir ein Zeichen, ihr zu einem großen Seitenaltar zu folgen, im linken Schiff.

Wir knieten vor einem lebensgroßen Kruzifix. Bevor ich Zeit fand, etwas zu sagen, sprach sie zu mir. »Ich lebe schon sehr, sehr lange«, sagte sie. »Der Grund für mein langes Leben ist, daß ich die Bewegungen und Verlagerungen meines Montagepunktes kontrolliere. Auch bleibe ich nie zu lange hier in eurer Welt. Ich muß sparsam umgehen mit der Energie, die ich von den Naguals eurer Linie bekomme.«

»Wie ist es, in anderen Welten zu existieren?« fragte ich.

»Es ist wie dein Träumen, nur daß ich beweglicher bin. Und ich kann länger bleiben, wo ich will. Ganz so, als könntest du, so lange du willst, in deinen Träumen bleiben.«

»Wenn du in dieser Welt bist – bist du dann auf diese Gegend festgelegt?«

»Nein. Ich kann gehen, wohin ich will.«

»Kommst du immer als Frau?«

»Ich bin schon länger Frau, als ich Mann war. Eindeutig gefällt es mir besser. Ich habe beinah vergessen, glaub' ich, wie es ist, ein Mann zu sein. Ich bin ganz Frau!«

Sie nahm meine Hand und ließ mich ihre Leiste fühlen. Mein Herz pochte bis zum Hals hinauf. Sie war tatsächlich eine Frau.

»Ich kann nicht so einfach deine Energie annehmen«, sagte sie, das Thema wechselnd. »Wir müssen eine andere Vereinbarung treffen.«

Wieder überfielen mich Gedanken weltlicher Vernunft. Ich wollte sie fragen, wo sie lebte, wenn sie in dieser Welt war. Ich brauchte meine Frage nicht auszusprechen, um eine Antwort zu bekommen.

»Du bist viel, viel jünger als ich«, sagte sie, »und selbst dir fällt es schwer, den Leuten zu sagen, wo du lebst. Auch wenn du sie in das Haus führst, das dir gehört oder das du gemietet hast, ist es nicht dort, wo du lebst.«

»Es gäbe so vieles, was ich dich fragen will, und dabei denke ich nur dumme Gedanken«, sagte ich.

»Du brauchst mich gar nichts zu fragen«, fuhr sie fort. »Du weißt ja schon, was ich weiß. Was du noch brauchst, ist ein Anstoß, um dir anzueignen, was du schon weißt. Ich werde dir diesen Stoß versetzen.«

Nicht nur dachte ich dumme Gedanken, sondern ich war auch in einem so suggestiblen Zustand, daß ich, kaum hatte sie ihren Satz beendet, daß ich wüßte, was sie wisse, auch schon das Gefühl hatte, alles zu wissen, und keine Fragen mehr zu stellen brauchte. Lachend erzählte ich ihr von meiner Leichtgläubigkeit.

»Du bist nicht leichtgläubig«, versicherte sie mir mit Nachdruck. »Du weißt alles, weil du jetzt ganz in der zweiten Aufmerksamkeit bist. Sieh dich um.«

Eine Weile konnte ich meinen Blick nicht zentrieren. Es war, als sei mir Wasser in die Augen geraten. Als ich wieder klar sehen konnte, erkannte ich, daß etwas Unheimliches geschehen war. Die Kirche war anders, dunkler, unheilvoller und irgendwie härter. Ich stand auf und tat ein paar Schritte ins Mittelschiff. Was mir gleich auffiel, waren die Betstühle. Sie waren nicht mehr aus Brettern, sondern aus knorrigen Ästen. Es waren handgemachte Betstühle, eingebaut in einen prächtigen steinernen Bau. Auch das Licht in der Kirche war anders. Es war gelblich, und sein trüber Glanz warf die schwärzesten Schatten, die ich je gesehen habe. Es kam von den Kerzen auf den vielen Altären. Mich überfiel die Einsicht, wie gut Kerzenlicht zu dem massiven Mauerwerk einer kolonialen Kirche paßte.

Die Frau starrte mich an; am erstaunlichsten war das Leuchten ihrer Augen. Ich wußte, daß ich mich in einem Traum befand und daß sie diesen Traum steuerte. Aber ich hatte keine Angst vor ihr oder dem Traum.

Ich trat vom Seitenaltar zurück und überblickte wieder das Hauptschiff. Dort knieten Menschen im Gebet. Viele waren es, sonderbar kleine, dunkelhäutige, harte Menschen. Ich sah ihre gesenkten Köpfe bis hinab zu den Stufen des Hauptaltars. Die wenigen in meiner Nähe starrten mich an, offenbar mißbilligend. Staunend sah ich sie an, und auch alles andere. Ich hörte aber keinerlei Geräusche. Menschen gingen umher, aber es war kein Ton zu hören.

»Ich kann nichts hören«, sagte ich zu der Frau – und meine Stimme dröhnte und hallte wider, als sei die Kirche eine hohle Muschelschale.

Fast alle Köpfe wandten sich um und sahen mich an. Die Frau zog mich zurück ins Dunkel des Seitenaltars.

»Du wirst hören, wenn du nicht mehr mit den Ohren lauschst«, sagte sie. »Lausche mit deiner Traum-Aufmerksamkeit.«

Anscheinend brauchte ich nichts anderes als ihre Aufforderung. Plötzlich überflutete mich das summende Geräusch einer betenden Menschenmenge. Sofort fühlte ich mich erhoben. Ich fand es das köstlichste Geräusch, das ich je gehört hatte. Ich wollte der Frau davon vorschwärmen, aber sie war nicht mehr neben mir. Ich sah mich nach ihr um. Sie hatte schon fast das Portal erreicht. Dort drehte sie sich um und gab mir ein Zeichen, ihr zu folgen. Im Portikus holte ich sie ein. Die Straßenlaternen waren verschwunden. Das einzige Licht kam vom Mond. Auch die Fassade der Kirche war anders. Sie war unvollendet. Überall lagen rechteckige Kalksteinblöcke umher. Es gab keine Häuser oder andere

Gebäude rund um die Kirche. Unheimlich war die Szene im Mondlicht.

»Wohin gehen wir?« fragte ich sie.

»Nirgendwohin«, antwortete sie. »Wir sind einfach herausgekommen, um mehr Platz zu haben, um vertraulich zu sprechen. Hier können wir schwatzen nach Herzenslust.«

Sie bedeutete mir, mich auf einen rohen, halb schon behauenen Steinblock zu setzen. »Die zweite Aufmerksamkeit hat unendliche Schätze zu bieten, die der Entdeckung harren«, fing sie an. »Von entscheidender Wichtigkeit ist die Ausgangsposition, in die der Träumer seinen Körper bringt. Und genau hier liegt das Geheimnis der alten Zauberer, die schon zu meiner Zeit so alt waren. Stell dir nur vor.«

Sie saß so nah, daß ich ihre Körperwärme fühlte. Sie legte mir den Arm um die Schulter und drückte mich an ihren Busen. Ihr Körper hatte einen höchst eigenartigen Duft. Es erinnerte mich an Bäume oder an Salbeibüsche. Nicht daß sie Parfum aufgelegt hätte. Ihr ganzes Wesen schien diesen charakteristischen Duft weiter Pinien-Wälder zu verströmen. Auch war ihre Körperwärme anders als meine, anders als bei jedem, den ich kannte. Es war eine kühle, herbfrische Wärme, ausgeglichen und gleichmäßig. Mir kam der Gedanke in den Sinn, daß ihre Wärme gnadenlos berückend sei, aber ohne Eile.

Und dann begann sie mir ins linke Ohr zu flüstern. Sie sagte, daß die Gaben, die sie den Naguals meiner Linie geschenkt habe, etwas damit zu tun hätten, was die alten Zauberer die Zwillingspositionen nannten. Das heißt, die Ausgangsposition, in der der Träumer seinen physischen Körper bringt, um mit dem Träumen zu beginnen, die eine Spiegelung finde in der Position, in die er seinen Energiekörper bringt, um seinen Montagepunkt an einer nach Belieben gewählten Stelle zu fixieren. Diese zwei Positionen bilden, sagte sie, eine Einheit, und die alten Zauberer brauchten Jahrtausende, um die perfekte Beziehung zwischen den beiden Positionen zu finden. Kichernd meinte sie, daß die heutigen Zauberer niemals Zeit oder Lust hätten, solche Mühen auf sich zu nehmen – und die Männer und Frauen meiner Linie könnten sich glücklich schätzen, sie zu haben, die ihnen solche Geschenke machte. Ihr Lachen hatte einen bemerkenswerten, kristallklaren Klang.

Ihre Erklärung der Zwillingspositionen hatte ich nicht ganz verstanden. Ganz unbefangen sagte ich ihr, daß ich diese Dinge nicht praktizieren, sondern nur als intellektuelle Möglichkeiten kennenlernen wolle.

»Was genau möchtest du wissen?« fragte sie leise.

»Erkläre mir, was du unter den Zwillingspositionen verstehst, oder der Ausgangsposition, in die der Träumer seinen Körper bringt, um mit dem Träumen zu beginnen.«

»Wie legst du dich hin, um mit dem Träumen anzufangen?« fragte sie.

»Ich habe keine feste Gewohnheit. Don Juan hat nie Wert darauf gelegt.«

»Nun, ich lege Wert darauf«, sagte sie und stand auf.

Sie wechselte mit mir den Platz. Sie saß nun zu meiner Rechten und flüsterte mir ins andere Ohr, daß die Position, in die man den Körper bringt – nach allem, was sie wisse – von höchster Bedeutung sei. Um dies auszuprobieren, schlug sie mir eine heikle, aber ganz einfache Übung vor.

»Lege dich zu Beginn des Träumens auf die rechte Seite, die Knie leicht angezogen«, sagte sie. »Die Disziplin besteht darin, diese Position beizubehalten und in ihr einzuschlafen. Im Träumen besteht die Übung nun darin, daß du träumst, dich genau in derselben Position hinzulegen und wiederum einzuschlafen.«

»Und was bewirkt das?« fragte ich.

»Es bewirkt, daß der Montagepunkt genau – ja, genau – an der Stelle bleibt, wo er sich im Augenblick des zweiten Einschlafens befindet.«

»Was ist das Ergebnis einer solchen Übung?«

»Die totale Wahrnehmung. Ich bin überzeugt, deine Lehrer haben dir gesagt, daß meine Geschenke die Gaben totaler Wahrnehmung sind.«

»Ja. Aber ich weiß nicht recht, was totale Wahrnehmung bedeutet«, log ich.

Sie ging über meinen Einwand hinweg und verriet mir dann die vier Variationen dieser Übung, nämlich das Einschlafen auf der rechten Seite, auf der linken Seite, auf dem Rücken und auf dem Bauch. Beim Träumen bestand die Übung nun darin, ein zweites Mal in der gleichen Position einzuschlafen, in der man mit dem

Träumen begonnen hatte. Sie verhieß mir außerordentliche Resultate, die, wie sie sagte, nicht vorhersehbar wären.

Unvermittelt wechselte sie das Thema und fragte mich: »Was wünscht du dir als Geschenk?«

»Kein Geschenk für mich. Das sagte ich dir bereits.«

»Ich bleibe dabei. Ich muß dir ein Geschenk machen, und du mußt es annehmen. Das ist unsere Vereinbarung.«

»Unsere Vereinbarung ist, daß wir dir Energie schenken. Also, nimm sie von mir. Das geht auf meine Rechnung. Mein Geschenk für dich.«

Die Frau schien verblüfft. Und ich sagte ihr immer wieder, sie solle doch meine Energie nehmen, ich hätte nichts dagegen. Ich sagte ihr sogar, daß ich sie ungeheuer gern hätte. Natürlich meinte ich es aufrichtig. Sie hatte etwas sehr Trauriges und zugleich sehr Faszinierendes an sich.

»Komm, gehen wir wieder in die Kirche«, murmelte sie.

»Wenn du mir wirklich ein Geschenk machen willst«, sagte ich, »nimm mich mit auf einen Spaziergang durch die Stadt, im Mondschein.«

Sie nickte zustimmend. »Vorausgesetzt, daß du kein Wort sprichst«, meinte sie.

»Warum nicht?« fragte ich – aber ich wußte die Antwort schon.

»Weil wir träumen«, sagte sie. »Ich werde dich tiefer in meinen Traum mitnehmen.«

Und sie erklärte mir, daß ich, solange wir in der Kirche blieben, genügend Energie hätte zum Denken und zum Gespräch. Doch außerhalb der Bannmeile der Kirche sei dies etwas anderes.

»Wieso das?« fragte ich unbefangen.

In sehr ernstem Ton, der nicht nur das Unheimliche an ihr unterstrich, sondern mich erschreckte, sagte die Frau: »Weil es kein Draußen gibt. Dies ist ein Traum. Du stehst an der vierten Pforte des Träumens und träumst meinen Traum.«

Es sei ihre Kunst, verriet sie mir, ihre Absicht projizieren zu können – und alles, was ich um mich her sah, sei ihre Absicht. Flüsternd sagte sie, daß die Kirche und die ganze Stadt nur die Folge ihrer Absicht wären. Sie existierten nicht, und dennoch existierten sie. Mir in die Augen blickend, fügte sie hinzu, daß es eines der großen Geheimnisse sei, in der zweiten Aufmerksamkeit die Zwillingspositionen des Träumens zu beabsichtigen. Man könne es tun, aber man könne es nicht erklären oder verstehen.

Und dann sagte sie mir, sie stamme aus einer Linie von Zauberern, die es verstanden, sich in der zweiten Aufmerksamkeit umherzubewegen, indem sie ihre Absicht projizierten. Sie erzählte, daß die Zauberer ihrer Linie die Kunst praktizierten, im Traum ihre Gedanken zu projizieren, um eine getreuliche Reproduktion jedes Gegenstandes und jedes Bauwerks, jeder Landschaft und jedes Schauplatzes zu erreichen, ganz nach ihrem Belieben.

Die Zauberer ihrer Linie, sagte sie, fingen damit an, daß sie ein einfaches Objekt anstarrten und es in allen Details ihrem Gedächtnis einprägten. Dann schlossen sie die Augen und visualisierten das Objekt, immer wieder ihr inneres Bild korrigierend, bis sie es mit geschlossenen Augen in aller Vollständigkeit sehen konnten.

Der nächste Schritt in der Entwicklung ihres Systems war, mit dem Objekt zusammen zu träumen und im Traum – aus der Sicht ihrer eigenen Wahrnehmung – eine totale Materialisierung des Objekts zu erzeugen. Dies nannten sie, so sagte die Frau, den ersten Schritt zur totalen Wahrnehmung.

Von einem einfachen Objekt schritten jene Zauberer fort zu immer komplexeren Gegenständen. Ihr endliches Ziel war, daß sie alle zusammen eine ganze Welt visualisierten, dann diese Welt träumten und so ein ganz authentisches Reich neu erschufen, wo sie existieren konnten.

»Als die Zauberer meiner Linie das zu tun vermochten«, fuhr die Frau fort, »da konnten sie auch ohne weiteres einen anderen in ihre Absicht, in ihren Traum hineinziehen. Das ist es, was ich jetzt mit dir mache und was ich mit allen Naguals eurer Linie gemacht habe.«

Die Frau kicherte. »Du darfst es wohl glauben«, sagte sie, als hätte ich daran gezweifelt. »Ganze Bevölkerungen verschwanden so im Traum. Dies ist der Grund, warum ich dir sagte, daß diese Kirche und diese Stadt eines der Geheimnisse des Beabsichtigens in der zweiten Aufmerksamkeit sind.«

»Du sagst, daß ganze Bevölkerungen auf diese Weise verschwanden. Wie war das möglich?« fragte ich.

236

»Sie visualisierten eine Landschaft und erschufen sie dann im Traum noch einmal neu«, antwortete sie. »Du hast noch nie etwas visualisiert, darum ist es gefährlich für dich, in meinen Traum zu kommen.«

Und sie warnte mich, daß es gefährlich sei, die vierte Pforte zu durchschreiten und an Orte zu reisen, die nur in der Absicht eines anderen existierten; denn alle Gegenstände in solch einem Traum müßten zwangsläufig ganz persönliche Gegenstände sein.

»Willst du immer noch kommen?« fragte sie.

»Ja«, sagte ich.

Dann erzählte sie mir noch mehr über die Zwillingspositionen. Im wesentlichen besagte ihre Erklärung, daß ich, wenn ich zum Beispiel von meiner Heimatstadt träumte und auf der rechten Seite liegend zu träumen begonnen hätte, ganz leicht in der Stadt meines Traumes bleiben könnte, wenn ich mich im Traum auf die rechte Seite hinlegte und träumte, daß ich eingeschlafen war. Nicht nur wäre dieser zweite Traum dann zwangsläufig ein Traum von meiner Heimatstadt, sondern es wäre auch ein Traum von denkbar größter Konkretion.

Sie war überzeugt, daß ich in meiner Traum-Ausbildung unzählige Träume von großer Konkretion geträumt habe, doch versicherte sie mir, daß sie alle nur Zufall gewesen sein konnten. Die einzige Art, absolute Kontrolle über die Träume zu behalten, sei die Befolgung jener Technik der Zwillingspositionen.

»Und frage mich nicht, warum«, fügte sie hinzu. »Es geschieht einfach, wie alles andere.«

Sie hieß mich aufstehen und ermahnte mich noch einmal, weder zu sprechen noch mich von ihr zu entfernen. Sachte nahm sie mich an der Hand, wie ein Kind, und schritt aus, einer Gruppe dunkel abgezeichneter Häuser entgegen. Wir waren auf einer Straße mit Kopfsteinpflaster. Eckige Flußkiesel waren einfach in die Erde geklopft. Ungleichmäßiger Druck hatte für ungleichmäßige Oberflächen gesorgt. Anscheinend waren die Pflasterer den Unebenheiten des Geländes gefolgt, ohne sie erst zu glätten.

Die Häuser waren große, gekalkte Gebäude, einstöckig und staubig, mit ziegelgedeckten Dächern. Leute schlenderten schweigend umher. Dunkle Schatten im Innern der Häuser machten mir den Eindruck von neugierigen, aber verängstigten Nachbarn, die hinter verschlossener Tür ihre Gerüchte tauschten. Auch sah ich flache Berge rund um die Stadt.

Im Gegensatz zu allem, was mir beim Träumen sonst passierte, war mein Denken völlig unbeeinträchtigt. Meine Gedanken wurden nicht durch die Macht der Ereignisse im Traum verdrängt. Und meine verstandesmäßige Überlegung sagte mir, daß ich mich in der Traum-Version jener Stadt befinden mußte, in der Don Juan lebte – aber zu einer anderen Zeit. Meine Neugier war grenzenlos. Ich war tatsächlich mit jener, die dem Tode trotzte, zusammen in einem Traum. Aber war es ein Traum? Sie selbst hatte gesagt, es wäre ein Traum. Ich wollte alles beobachten und über-wachsam sein. Ich wollte alles prüfen, indem ich Energie *sah*. Ich wurde verlegen, aber die Frau nahm mich an die Hand, wie um mir zu zeigen, daß sie einverstanden war mit mir.

Noch immer absurd verschämt, äußerte ich wie mechanisch mit lauter Stimme meine Absicht, zu *sehen*. Bei meinen Traumübungen hatte ich immer den Satz gesprochen: »Ich will Energie *sehen*.« Manchmal mußte ich es öfter sagen, bis ich ein Resultat bekam. Diesmal, in der Traum-Stadt dieser Frau, und während ich diesen Satz auf gewohnte Art zu wiederholen begann, fing die Frau an zu lachen. Sie lachte ganz wie Don Juan: ein tiefes, unbeschwertes Lachen aus vollem Hals.

»Was ist denn so spaßig?« fragte ich, irgendwie angesteckt von ihrer Heiterkeit.

»Juan Matus kann die alten Zauberer ganz allgemein nicht leiden, und mich im besonderen nicht«, sagte die Frau zwischen Lachanfällen. »Um in unseren Träumen zu *sehen*, brauchen wir nur mit dem kleinen Finger auf den Gegenstand zu deuten, den wir *sehen* wollen, mehr nicht. Daß er dich aber in meinem Traum losbrüllen ließ, das war seine Art, mir eine Botschaft zu schicken. Ich muß schon sagen, er ist sehr witzig.« Sie machte eine Pause, dann sagte sie im Ton einer Offenbarung: »Wie ein Esel zu brüllen, das funktioniert natürlich auch.«

Dieser Humor der Zauberer konnte mich immer wieder verblüffen. Sie lachte so sehr, daß sie unfähig schien, unseren Spaziergang fortzusetzen. Ich kam mir dümmlich vor. Als sie sich beruhigt und wieder gefangen hatte, meinte sie, ich könne auf jeden Gegenstand in ihrem Traum deuten, ganz wie ich wolle, auch auf sie selbst.

Ich deutete mit dem linken kleinen Finger auf ein Haus. Es war keine Energie in dem Haus. Das Haus war wie jeder beliebige Gegenstand in einem gewöhnlichen Traum. Ich deutete auf alles mögliche in der Umgebung – mit gleichem Resultat.

»Deute auf mich«, forderte sie mich auf. »Du sollst bestätigt finden, daß dies die Methode ist, die Träumer einhalten, um zu *sehen*.«

Sie hatte völlig recht. Dies war die Methode. Kaum deutete ich mit dem Finger auf sie, als sie zu einer Energieblase wurde. Einer sehr eigenartigen Energieblase, darf ich hinzufügen. Ihre energetische Gestalt war genau so, wie Don Juan sie mir beschrieben hatte: sie sah aus wie eine riesige Muschel, eingerollt längs dem Spalt in ihrer Mitte.

»Ich bin das einzige Energie erzeugende Wesen in diesem Traum«, sagte sie. »Es wäre also richtiger für dich, alles andere nur zu beobachten.«

In diesem Moment dämmerte mir zum erstenmal die ganze Ungeheuerlichkeit von Don Juans Streich. Er war also wirklich imstande gewesen, mich im Traum brüllen zu lassen, nur damit ich in der Traumstille dieser dem Tode Trotzenden losbrüllen würde. Ich fand den Trick so witzig, daß ich vor Lachen beinah erstickte.

Es gab nur zwei Straßen, die sich kreuzten; an jeder gab es drei Häuserblocks. Wir schritten beide Straßen in ganzer Länge ab, nicht einmal, sondern viermal. Ich sah mir alles an und lauschte mit meiner Traum-Aufmerksamkeit auf irgendwelche Geräusche. Es gab nur sehr wenige – ein paar bellende Hunde in der Ferne oder Menschen, die im Vorbeigehen flüsterten.

Die bellenden Hunde brachten in mir eine ungeahnte und tiefe Sehnsucht hervor. Ich mußte stehenbleiben. Ich suchte Linderung, indem ich mich mit der Schulter an eine Mauer lehnte. Der Kontakt mit der Mauer war schockierend für mich, nicht weil diese Mauer so ungewöhnlich gewesen wäre, sondern weil das, woran ich mich lehnte, eine stabile Mauer war, wie jede andere Mauer auch, die ich je berührt hatte. Ich betastete sie mit meiner freien Hand. Ich strich mit den Fingern über ihre rauhe Oberfläche. Es war wirklich eine Mauer!

Ihre überwältigende Wirklichkeit machte meiner Sehnsucht sofort ein Ende und erneuerte mein Interesse, alles zu beobachten.

Insbesondere suchte ich nach Merkmalen, die mit jener Stadt – in unserer Zeit – in Verbindung zu bringen wären. Doch wie aufmerksam ich auch schaute, es war vergeblich. Da war eine Plaza in dieser Stadt, aber sie war vor der Kirche, gegenüber dem Portikus.

Im Mondlicht waren die Berge rund um die Stadt deutlich zu sehen und beinah wiederzuerkennen. Ich versuchte mich zu orientieren und sah nach dem Mond und den Sternen, als befände ich mich in der geläufigen Realität des Alltags. Es war ein abnehmender Mond, vielleicht einen Tag nach Vollmond. Er stand hoch über dem Horizont. Es mochte zwischen acht und neun Uhr abends sein. Ich sah Orion, rechts vom Mond. Seine zwei Hauptsterne, Beteigeuze und Rigel, standen in waagrecht gerader Linie mit dem Mond. Ich schätzte, es mochte Anfang Dezember sein. In unserer Zeit war es Mai. Im Mai ist Orion um diese Zeit nirgends zu sehen. Ich starrte in den Mond, solange ich konnte. Nichts veränderte sich. Es war tatsächlich der Mond, soweit ich feststellen konnte. Die zeitliche Disparität aber beunruhigte mich sehr.

Während ich noch einmal den südlichen Horizont absuchte, glaubte ich jenen glockenförmigen Berggipfel zu erkennen, der von Don Juans Patio zu sehen war. Nun versuchte ich mir vorzustellen, wo sein Haus stehen mochte. Einen Augenblick meinte ich es gefunden zu haben. Ich war so gebannt, daß ich meine Hand dem Griff der Frau entwand. Sofort überfiel mich ungeheure Angst. Ich wußte, ich mußte zur Kirche zurückkehren, denn falls ich es nicht tat, würde ich auf der Stelle tot umfallen. Ich drehte mich um und rannte los, zur Kirche. Die Frau packte rasch meine Hand und folgte mir.

Während wir uns im Laufschritt der Kirche näherten, wurde mir bewußt, daß die Stadt in diesem Traum hinter der Kirche gelegen war. Hätte ich dies berücksichtigt, dann wäre vielleicht eine Orientierung möglich gewesen. Jetzt aber hatte ich keine Traum-Aufmerksamkeit mehr. Was mir davon geblieben war, konzentrierte ich auf die Architektur und die ornamentalen Details an der Rückseite der Kirche. Diesen Teil des Gebäudes hatte ich in der Alltagswelt nie gesehen, und falls ich mir sein Aussehen ins Gedächtnis einprägen konnte, so glaubte ich, könnte ich es später mit den Details der realen Kirche vergleichen.

So war mein Plan, den ich mir aus augenblicklicher Eingebung zurechtlegte. Doch irgend etwas in mir spottete über meinen Versuch der Objektivierung. Während meiner ganzen Lehrzeit hatte mich ein Bedürfnis nach objektiven Tatsachen beherrscht, was mich stets zwang, alles in Don Juans Welt zu überprüfen und nochmals zu überprüfen. Aber nicht um Objektivierung an sich ging es mir, sondern ich wollte dieses Verlangen nach Objektivität als Krücke benutzen, die mir in Augenblicken kognitiver Verwirrung einen Halt bieten sollte. Wenn es dann Zeit war, die Tatsachen zu überprüfen, kam ich doch nie dazu.

Wieder in der Kirche, knieten die Frau und ich vor dem kleinen Altar auf der linken Seite, wo wir zuvor gewesen waren, und im nächsten Augenblick erwachte ich in der hell erleuchteten Kirche – in meiner Zeit. Die Frau bekreuzigte sich und stand auf. Ich tat es ihr mechanisch gleich. Sie nahm meinen Arm und wandte sich zur Tür.

»Warten Sie, warten Sie«, sagte ich – und war überrascht, daß ich sprechen konnte. Ich konnte nicht klar denken, und doch wollte ich ihr eine komplizierte Frage stellen. Was ich wissen wollte, war, wie jemand nur die Energie haben konnte, alle Details einer ganzen Stadt zu visualisieren.

Lächelnd beantwortete die Frau meine unausgesprochene Frage. Sie sei sehr gut im Visualisieren, sagte sie, nachdem sie es ein Leben lang getan hatte – und dann die Zeit vieler, vieler Leben gehabt hatte, es zu vervollkommnen. Diese Stadt, die ich gesehen hätte, und die Kirche, in der wir miteinander gesprochen hätten, fuhr sie fort, seien nur Beispiele ihrer jüngsten Visualisierungen. Die Kirche sei dieselbe Kirche, in der Sebastian als Küster gearbeitet habe. Aus der Notwendigkeit, zu überleben, habe sie sich die Aufgabe gestellt, sich alle Details und jeden Winkel dieser Kirche ins Gedächtnis einzuprägen, und übrigens auch die ganze Stadt.

Sie beendete ihre Rede mit einem höchst beunruhigenden Gedanken. »Nachdem du nun diese Stadt einigermaßen kennst, auch wenn du nie versucht hast, sie zu visualisieren«, sagte sie, »wirst du mir jetzt helfen, sie zu beabsichtigen. Ich möchte wetten, du wirst mir nicht glauben, wenn ich dir sage, daß diese Stadt, die du vor dir siehst, außerhalb deiner und meiner Absicht gar nicht existiert.«

Sie schaute mich an und lachte über mein Entsetzen, denn ich hatte mir eben erst klargemacht, was sie sagte. »Träumen wir?« fragte ich erstaunt.

»Oh, ja«, sagte sie. »Aber dieser Traum ist wirklicher als der andere, weil du mir hilfst. Man kann es unmöglich erklären – man kann nur sagen, daß es geschieht. Wie alles andere.« Sie deutete mit der Hand in die Runde. »Es ist unmöglich zu sagen, wie es passiert, aber es passiert. Erinnere dich immer daran, was ich dir gesagt habe: dies ist das Geheimnis des Beabsichtigens in der zweiten Aufmerksamkeit.«

Sie zog mich sachte näher zu sich. »Komm, schlendern wir zur Plaza dieses Traumes«, sagte sie. »Aber vielleicht sollte ich mich, dir zuliebe, ein wenig zurechtmachen.«

Ich sah sie verständnislos an, während sie mit geschickten Handgriffen ihr Äußeres veränderte. Es geschah mit einem sehr einfachen, irdischen Manöver. Sie legte ihren langen Rock ab, und zum Vorschein kam der ganz normale, dreiviertellange Rock, den sie darunter trug. Dann steckte sie ihren langen Zopf zu einem Knoten auf und vertauschte ihre Guaraches gegen halbhohe Schuhe, die sie in einem kleinen Leinenbeutel bei sich hatte. Dann wendete sie ihren schwarzen Shawl, und es war eine beige Stola. Jetzt sah sie aus wie die typische Mittelschicht-Mexikanerin aus der City, vielleicht auf Besuch in dieser Stadt.

Mit fraulicher Selbstsicherheit nahm sie meinen Arm und führte mich auf dem Weg zur Plaza.

»Was ist mit deiner Zunge passiert?« sagt sie auf Englisch. »Hat die Katze sie gefressen?«

Ich war in Gedanken ganz bei der unvorstellbaren Möglichkeit, daß ich noch immer in einem Traum sei; mehr noch, ich fing an zu glauben, daß ich, falls es sich so verhielt, in Gefahr war, nie wieder aufzuwachen.

In gleichgültigem Ton, den ich gar nicht als meine Stimme erkannte, sagte ich: »Mir wird eben erst klar, daß Sie vorhin englisch zu mir sprachen. Wo haben Sie es gelernt?«

»In der Welt dort draußen. Ich spreche viele Sprachen.« Sie hielt inne und musterte mich. »Ich hatte Zeit genug, sie zu lernen. Da wir viel Zeit zusammen verbringen werden, kann ich dir irgendwann meine eigene Sprache beibringen.« Sie kicherte, zweifellos über mein ratloses Gesicht.

Ich blieb stehen. »Wir werden viel Zeit zusammen verbringen?« fragte ich und verriet meine Ahnungen.

»Natürlich«, antwortete sie fröhlich. »Du wirst, was ich sehr großzügig finde, mir kostenlos deine Energie schenken. Das hast du selbst gesagt, nicht wahr?«

Ich war entgeistert.

»Was ist los?« sagte die Frau, wieder ins Spanische wechselnd. »Sage mir nicht, daß du deine Entscheidung bereust. Wir sind Zauberer. Es ist zu spät, deinen Entschluß zu ändern. Du hast doch keine Angst, nicht wahr?«

Ich war schon wieder mehr als verängstigt, aber hätte ich mich festlegen sollen, wovor ich eigentlich Angst hatte, ich hätte es nicht gewußt. Ganz bestimmt hatte ich keine Angst davor, mit jener, die dem Tode trotzte, in einem anderen Traum zu sein – oder davor, meinen Verstand oder gar mein Leben zu verlieren. Hatte ich Angst vor dem Bösen? fragte ich mich. Doch die Vorstellung des Bösen hielt genauerer Prüfung nicht stand. Infolge all dieser Jahre auf dem Weg der Zauberer wußte ich ohne jeden Zweifel, daß es im Universum nur Energie gibt; das Böse ist nur eine Ausgeburt des menschlichen Denkens, beherrscht durch die Fixierung des Montagepunktes in seiner üblichen Position. Logischerweise gab es also nichts, wovor ich mich hätte fürchten sollen. Das wußte ich, aber ich wußte auch, daß meine wahre Schwäche in der mangelnden Beweglichkeit lag, meinen Montagepunkt augenblicklich in der Position, in die er verschoben wurde, zu fixieren. Der Kontakt mit der, die dem Tode trotzt, verschob meinen Montagepunkt in gewaltigem Maß, und ich hatte nicht die Kraft, diesem Schub standzuhalten. Ergebnis war ein Pseudo-Gefühl der Angst, ich könnte vielleicht nicht wieder aufwachen.

»Kein Problem«, sagte ich. »Kommen Sie, setzen wir unseren Traum Spaziergang fort.«

Sie hakte sich bei mir unter, und schweigend kamen wir in den Park. Es war keineswegs ein gezwungenes Schweigen. Meine Gedanken aber rasten im Kreis. Wie seltsam, dachte ich. Vor kurzem erst war ich mit Don Juan vom Park zur Kirche gelaufen, beherrscht von schrecklicher, aber normaler Angst. Jetzt lief ich zurück von der Kirche zum Park – mit dem Gegenstand dieser meiner Angst, und ich war furchtsamer denn je – aber auf eine andere, reifere, tödlichere Art.

Um meine Befürchtungen abzuwehren, schaute ich mich um. Falls dies ein Traum war, wie ich vermutete, dann gab es eine Möglichkeit, dies zu beweisen oder zu widerlegen. Ich deutete mit dem Finger auf die Häuser, auf die Kirche, auf das Straßenpflaster. Ich deutete auf Menschen, ich deutete auf alles. Tollkühn griff ich sogar ein paarmal mit der Hand nach Menschen, die ich damit ziemlich zu erschrecken schien. Ich spürte ihre feste Masse. Sie waren so wirklich wie alles, was für mich Wirklichkeit bedeutet, nur daß sie keine Energie erzeugten. Nichts in dieser Stadt erzeugte Energie. Alles wirkte real und normal, und doch war es ein Traum.

Ich drehte mich um zu der Frau, die noch immer meinen Arm festhielt, und befragte sie deshalb.

»Wir träumen«, sagte sie mit ihrer heiseren Stimme und kicherte.

»Aber wie können Menschen und Dinge um uns her so wirklich sein, so dreidimensional?«

»Das Geheimnis des Beabsichtigens in der zweiten Aufmerksamkeit!« rief sie ehrfürchtig. »Diese Leute dort draußen sind so wirklich, daß sie sogar Gedanken haben.«

Dies war für mich der letzte Streich. Ich wollte nichts weiter fragen. Ich wollte mich diesem Traum überlassen. Ein kräftiger Ruck an meinem Arm brachte mich wieder zurück ins Jetzt. Wir waren auf der Plaza angekommen. Die Frau war stehengeblieben und zog mich neben sich auf eine Bank. Ich wußte gleich, als ich mich setzte und die Bank nicht unter mir fühlte, daß ich in Schwierigkeiten war. Ich begann herumzuwirbeln. Mir war, als zöge es mich empor. Ich warf noch einen letzten, flüchtigen Blick auf den Park, als sähe ich ihn von weit oben.

»Das ist es!« schrie ich. Ich dachte, ich sterbe. Die wirbelnde Aufwärtsbewegung verwandelte sich in einen taumelnden Sturz in die Dunkelheit.

13. Auf den Flügeln der Absicht fliegen

»Strenge dich an, Nagual«, beschwor mich die Stimme einer Frau. »Laß dich nicht fallen. Tauche auf, tauche auf. Setze deine Traum-Techniken ein!«

Mein Verstand begann zu arbeiten. Mir war, als sei es eine Englisch sprechende Stimme, und ich glaubte auch, daß ich, sollte ich meine Traum-Techniken einsetzen, einen Ausgangspunkt finden mußte, um meine Energie zu aktivieren.

»Mach die Augen auf«, sagte die Stimme. »Mach sie auf, jetzt. Nutze das erste, was du siehst, als Ausgangspunkt.«

Mit größter Anstrengung schlug ich die Augen auf. Ich sah Bäume und blauen Himmel. Es war Tag. Ein verschwommenes Gesicht blickte mich an. Aber ich konnte meinen Blick nicht zentrieren. Ich glaubte, es sei die Frau aus der Kirche, die mich anschaute.

»Benutze mein Gesicht«, sagte die Stimme. Es war eine vertraute Stimme, aber ich konnte sie nicht identifizieren. »Mach mein Gesicht zu deinem Basislager. Dann schau auf alles andere«, fuhr die Stimme fort.

Meine Ohren wurden aufnahmebereit, auch meine Augen. Ich starrte auf das Gesicht der Frau, dann auf die Bäume im Park, auf die schmiedeeiserne Bank, auf Leute, die vorbeischlenderten, und wieder auf ihr Gesicht.

Trotz der Tatsache, daß ihr Gesicht sich jedesmal veränderte, wenn ich es anstarrte, spürte ich doch ein Minimum an Selbstkontrolle. Als ich mich etwas besser in der Hand hatte, erkannte ich, daß eine Frau auf der Bank saß und meinen Kopf auf ihrem Schoß hielt. Und es war nicht die Frau aus der Kirche. Es war Carol Tiggs.

»Was machst du hier?« stieß ich hervor.

Ich war so erschrocken und überrascht, daß ich aufspringen und davonlaufen wollte; aber mein Körper wollte meinem bewußten Verstand nicht gehorchen. Qualvolle Augenblicke folgten, während ich so verzweifelt wie vergeblich aufzustehen versuchte. Die Welt um mich her war zu deutlich, als daß ich glauben konnte, ich sei noch immer im Traum. Und doch ließ die Hemmung meiner motorischen Kontrolle mich annehmen, daß dies wirklich ein Traum sei. Außerdem war Carols Anwesenheit allzu überraschend. Es gab nichts, was mich darauf vorbereitet hätte.

Vorsichtig versuchte ich mich mit Willenskraft aufzurichten, wie ich es hunderte Male im Traum getan hatte, aber nichts geschah. Wenn ich jemals Objektivität gebraucht hätte, dann dieses Mal. So vorsichtig, wie ich nur konnte, begann ich alles in meinem Gesichtskreis anzuschauen, zuerst mit einem Auge und dann mit dem anderen Auge. Die Übereinstimmung zwischen den Bildern meiner beiden Augen nahm ich als Zeichen dafür, daß ich in der geläufigen Realität der Alltagswelt war.

Sodann prüfte ich Carol. Im gleichen Moment merkte ich, daß ich meine Arme bewegen konnte. Nur die untere Hälfte meines Körpers war regelrecht paralysiert. Ich berührte Carols Gesicht und ihre Hände. Ich umarmte sie. Sie war fest – und, wie ich glaubte, die echte Carol Tiggs. Ich empfand enorme Erleichterung, denn für einen Moment hatte ich den dunklen Verdacht gehabt, sie sei die, die dem Tode trotzt, verkleidet als Carol Tiggs.

Ganz behutsam half Carol mir, mich auf der Bank aufzurichten. Ich hatte flach auf dem Rücken gelegen, halb auf der Bank und halb am Boden. Und jetzt bemerkte ich etwas völlig Ungewöhnliches. Ich trug verwaschene Blue Jeans und abgetragene braune Lederstiefel. Auch hatte ich eine Levi's-Jacke und ein Jeans-Hemd an.

»Warte mal«, sagte ich zu Carol. »Sieh mich an. Sind das meine Kleider? Bin ich ich selbst?«

Carol lachte und rüttelte mich an den Schultern, wie sie es gerne tat, um Kameradschaft und Jungenhaftigkeit zu unterstreichen – und daß sie »ein Kumpel« sei.

»Was ich vor mir sehe, bist du, in aller Schönheit«, sagte sie – mit ihrem spaßig gepreßten Falsett. »Oh, Massa, wer sonst könnte es denn sein?«

»Wieso, zum Teufel, trage ich Levi's-Jeans und Stiefel«, beharrte ich. »So etwas besitze ich nicht.«

»Du hast meine Kleider an. Als ich dich fand, warst du nackt.«

246

»Wie? Wann?«

»Vor der Kirche. Vor einer Stunde, ungefähr. Ich kam auf die Plaza hier, um dich zu suchen. Der Nagual hatte mich geschickt, nach dir zu sehen. Die Kleider hatte ich mitgebracht, nur für alle Fälle.«

Ich sagte ihr, wie verlegen ich mich fühlte; es sei mir peinlich, ohne Kleider herumgelaufen zu sein.

»Seltsamerweise war niemand in der Nähe«, versicherte sie. Aber ich glaubte, sie sagte es nur, um mir meine Verlegenheit zu nehmen. Ihr verspieltes Lächeln verriet es mir.

»Ich war wohl die ganze Nacht zusammen mit der, die dem Tode trotzt, vielleicht sogar länger«, sagte ich. »Welcher Tag ist heute?«

»Kümmere dich nicht um das Datum«, sagte sie lachend. »Wenn du wieder im Gleichgewicht bist, kannst du selbst die Tage zählen.«

»Mach keine Späße mit mir, Carol Tiggs. Welcher Tag ist heute?« Ich sprach mit einer rauhen, geschäftsmäßigen Stimme, die mir gar nicht bekannt vorkam.

»Es ist der Tag nach der großen Fiesta«, sagte sie und gab mir einen Klaps auf die Schulter. »Wir alle haben dich seit gestern abend gesucht.«

»Aber, was mache ich hier?«

»Ich habe dich ins Hotel gebracht, hier an der Plaza. Ich konnte dich nicht den ganzen Weg bis zum Haus des Naguals schleppen. Vor ein paar Minuten bist du aus dem Zimmer gelaufen – und hier sind wir gelandet.«

»Warum hast du nicht den Nagual um Hilfe gebeten?«

»Weil dies eine Sache ist, die nur dich und mich betrifft. Wir müssen sie zusammen durchstehen.«

Das brachte mich zum Schweigen. Was sie sagte, klang mir völlig vernünftig. Ich stellte ihr noch eine meiner nörgelnden Fragen: »Was sagte ich, als du mich hier gefunden hattest?«

»Du sagtest, du wärst so tief in der zweiten Aufmerksamkeit gewesen, und so lange, daß du deinen Verstand noch nicht beisammen hättest. Und daß du nur einen Wunsch hättest, zu schlafen.«

»Wann habe ich meine motorische Körperkontrolle verloren?«

»Eben erst. Du wirst sie wiederfinden. Wenn man in die zweite Aufmerksamkeit eintritt und einen starken Energie-Stoß erhält,

das weißt du selbst, ist es doch ganz normal, daß man die Körperkontrolle und die Sprache verliert.«

»Und wann hast du dein Lispeln verloren?«

Sie war völlig überrascht. Sie sah mich an und fing an, schallend
zu lachen. »Ich arbeite schon lange daran«, gestand sie. »Ich
glaube, es ist ziemlich ärgerlich, eine erwachsene Frau lispeln zu
hören. Außerdem verabscheust du es.«

Das Geständnis, daß ich ihr Lispeln verabscheut hatte, fiel mir
nicht schwer. Don Juan und ich hatten versucht, sie zu heilen.
Aber wir waren zu dem Schluß gekommen, daß sie gar kein Interesse daran hatte, geheilt zu werden. Ihr Lispeln machte sie
ganz reizend, und Don Juan war der Meinung, es gefiele ihr so
gut, daß sie sich nie davon trennen würde. Sie jetzt ohne Lispeln
sprechen zu hören, war ermutigend und erfreulich für mich. Es
bewies mir, daß sie zu radikalen Veränderungen fähig war – was
Don Juan und ich immer bezweifelt hatten.

»Was sagte der Nagual noch, als er dich nach mir ausschickte?«
fragte ich.

»Er sagte, du hättest einen Zusammenstoß mit dem, der dem
Tode trotzt.«

Geheimnisvoll vertraute ich Carol an, daß der, dem Tode trotzt,
eine Frau sei. Unbeeindruckt sagte sie, das wisse sie längst.

»Wie kannst du das wissen?« schrie ich. »Niemand hat es gewußt,
bis auf Don Juan. Hat er selbst es dir gesagt?«

»Natürlich«, antwortete sie, wenig beeindruckt von meinem Geschrei. »Vielleicht ist dir entgangen, daß auch ich die Frau aus der
Kirche getroffen habe. Und ich traf sie vor dir. Wir haben uns in
der Kirche ein Weilchen freundlich unterhalten.«

Ich wollte gern glauben, daß Carol die Wahrheit sprach. Was sie
da erzählte, konnte ich Don Juan durchaus zutrauen. Wahrscheinlich hatte er Carol als Kundschafterin ausgesandt, um sich
ein eigenes Bild von der Lage zu machen.

»Wann trafst du sie, die dem Tode trotzt?« fragte ich.

»Oh, vor ein paar Wochen«, antwortete sie, in beiläufigem Ton.
»Es war nichts Besonderes für mich. Ich hatte ihr keine Energie
zu geben – oder nicht die Energie, die diese Frau braucht.«

»Warum also hast du dich mit ihr getroffen? Gehört die Begegnung mit der Nagual-Frau ebenfalls zur Vereinbarung der dem
Tode Trotzenden mit den Zauberern?«

»Ich habe sie getroffen, weil der Nagual sagte, daß wir beide – du und ich – austauschbar sind. Aus keinem anderen Grund. Unsere Energiekörper haben sich oft vereinigt. Erinnerst du dich nicht? Die Frau und ich sprachen darüber, wie leicht wir uns vereinigen können. Ich blieb etwa drei bis vier Stunden bei ihr, bis der Nagual mich holen kam.«

»Bist du die ganze Zeit in der Kirche geblieben?« fragte ich. Denn ich konnte kaum glauben, daß die beiden so lange – drei bis vier Stunden – dort drinnen gekniet hatten, nur um über die Vereinigung unserer Energiekörper zu reden.

»Sie nahm mich mit, in einen anderen Aspekt ihrer Absicht«, gestand Carol nach kurzem Nachdenken. »Sie ließ mich sehen, wie sie tatsächlich ihren Zwingherren entkam.«

Und dann erzählte Carol eine ganz faszinierende Geschichte. Nach allem, was die Frau in der Kirche ihr gezeigt hatte, sagte sie, mußten alle Zauberer der Vorzeit unvermeidlich den anorganischen Wesen zum Opfer fallen. Nachdem die anorganischen Wesen sie eingefangen hatten, gaben sie ihnen Macht, um sie als Mittler zwischen unserer Welt und der ihren zu benutzen, die bei den Menschen die Unterwelt hieß.

Auch der, der dem Tode trotzt, verfing sich unvermeidlich in den Netzen der anorganischen Wesen. Jahrtausende, so schätzte Carol, verbrachte er in Gefangenschaft, bis zu dem Augenblick, da es ihm gelang, sich in eine Frau zu verwandeln. Dies hatte er klar als seinen Fluchtweg aus jener Welt erkannt – an dem Tag, als er herausfand, daß die anorganischen Wesen das weibliche Prinzip für unbesiegbar halten. Sie glauben, daß das weibliche Prinzip eine solche Geschmeidigkeit, eine solche Bandbreite hat, daß seine Angehörigen unangreifbar sind durch Fallen oder Tricks und kaum gefangengehalten werden können. Die Verwandlung dessen, der dem Tode trotzt, war so vollkommen und weitgehend, daß er sofort aus dem Reich der anorganischen Wesen ausgestoßen wurde.

»Hat sie dir erzählt, ob die anorganischen Wesen noch immer hinter ihr her sind?« fragte ich.

»Natürlich sind sie hinter ihr her«, versicherte Carol. »Die Frau sagte mir, daß sie jeden Augenblick ihres Lebens ihre Verfolger abwehren muß.«

»Was können sie ihr anhaben?«

»Erkennen, daß sie in Wahrheit ein Mann ist, und sie wieder gefangennehmen, vermute ich. Ich glaube, sie fürchtet sie mehr, als du es für möglich halten würdest.«

Unbekümmert erzählte Carol mir, daß die Frau in der Kirche genau über meinen Zusammenstoß mit den anorganischen Wesen informiert sei und daß sie auch von dem blauen Scout wisse.

»Sie weiß alles von dir und mir«, fuhr Carol fort. »Nicht, weil ich ihr etwas erzählt hätte, sondern weil sie zu unserem Leben und unserer Linie gehört. Sie sprach davon, daß sie alle von uns begleitet hat, immer, besonders dich und mich.«

Und Carol erzählte Beispiele dafür, daß die Frau Dinge wußte, die Carol und ich gemeinsam getan hatten. Und während sie erzählte, spürte ich eine unglaubliche Sehnsucht nach ebender Person, die vor mir saß: Carol Tiggs. Wie sehr wünschte ich mir, sie zu umarmen. Ich streckte die Arme nach ihr aus, verlor aber das Gleichgewicht und fiel von der Bank.

Carol half mir vom Boden auf und untersuchte besorgt meine Beine, die Pupillen meiner Augen, meinen Hals und meinen Rükken. Sie sagte, daß ich wahrscheinlich noch immer unter den Folgen eines Energie-Schocks litte. Sie zog meinen Kopf an ihre Brust und liebkoste mich – als versuchte sie ein simulierendes Kind zu trösten.

Nach einer Weile ging es mir wirklich besser. Ich fand sogar meine motorische Kontrolle wieder.

»Wie bin ich angezogen?« fragte mich Carol ganz unvermittelt. »Findest du mich zu aufgetakelt für den Anlaß? Oder gefalle ich dir?«

Carol war immer tadellos angezogen. Wenn sie einen unbestreitbaren Vorzug hatte, so war es ihr sicherer Geschmack, was Kleider betraf. Tatsächlich war es, solange ich sie kannte, ein ständiger Witz zwischen Don Juan und uns anderen, daß ihre einzige Tugend in ihrem Sinn für schöne Kleider bestünde, die sie mit Anmut und Stil zu tragen wußte.

Ich war befremdet von ihrer Frage und sagte ihr dies. »Warum sorgst du dich um dein Aussehen? Es hat dich noch nie gekümmert. Willst du jemandem imponieren?«

»Dir will ich natürlich imponieren«, sagte sie.

»Jetzt ist aber nicht der richtige Zeitpunkt«, protestierte ich.

»Was mich interessiert, ist, was los ist mit der dem Tode Trotzenden – und nicht dein Aussehen.«

»Du würdest dich wundern, wie wichtig es ist, mein Aussehen.« Sie
lachte. »Es ist für uns beide eine Frage auf Leben und Tod.«

»Was redest du da? Du erinnerst mich an den Nagual, als er meine
Begegnung mit dem, der dem Tode trotzt, arrangierte. Er machte
mich ganz verrückt mit seinen geheimnisvollen Reden.«

»Waren seine geheimnisvollen Reden etwa nicht berechtigt?«
fragte Carol mit todernstem Gesicht.

»Doch, natürlich«, mußte ich zugeben.

»Also, das gilt auch für mein Aussehen. Sag deine Meinung – wie
findet du mich? Anziehend? Abstoßend, attraktiv, durchschnittlich, widerlich, überwältigend, übertrieben?«

Ich überlegte einen Augenblick, dann traf ich mein Urteil. Ich
fand Carol sehr anziehend. Das war mir ganz fremd. Noch nie
hatte ich bewußt über ihre Anziehung nachgedacht. »Ich finde
dich göttlich schön«, sagte ich. »Tatsächlich, du bist regelrecht
überwältigend.«

»Dann ist mein Aussehen wohl richtig.« Sie seufzte.

Ich sinnierte noch über die Bedeutung ihrer Worte, als sie weitersprach. Sie fragte: »Wie war es mit der, die dem Tode
trotzt?«

Kurz und bündig erzählte ich ihr von meinem Erlebnis, hauptsächlich von dem ersten Traum. Ich sagte, ich sei überzeugt, daß
die, die dem Tode trotzt, mir diese Stadt gezeigt habe, doch in
einer anderen Zeit, in der Vergangenheit.

»Aber das ist unmöglich«, platzte Carol heraus. »Es gibt weder
Zukunft noch Vergangenheit im Universum. Es gibt nur den
Augenblick.«

»Ich weiß, es war die Vergangenheit. Es war dieselbe Kirche, aber
die Stadt war anders.«

»Denk einmal nach. Im Universum gibt es nur Energie. Und
Energie kennt nur ein Hier und Jetzt; ein endloses und immer
gegenwärtiges Hier und Jetzt.«

»Was glaubst du also, Carol, ist mit mir passiert?«

»Mit Hilfe derer, die dem Tode trotzt, hast du die vierte Pforte
des Träumens durchschritten«, sagte sie. »Die Frau in der Kirche
nahm dich mit in ihren Traum, in ihre Absicht. Sie nahm dich mit
in ihr Visualisieren dieser Stadt. Offenbar hatte sie die Stadt in

der Vergangenheit visualisiert, und dieses Visualisieren ist noch immer intakt in ihr. Wie auch ihre Visualisierung der jetzigen Stadt in ihr lebendig sein muß.«

Wir schwiegen lange, dann stellte Carol eine weitere Frage: »Was hat die Frau sonst noch mit dir gemacht?«

Ich erzählte Carol von dem zweiten Traum. Dem Traum von der Stadt, wie sie heute aussieht.

»Da haben wir's«, sagte sie. »Nicht nur hat die Frau dich in ihre frühere Absicht mitgenommen, sondern sie half dir auch, die vierte Pforte zu durchschreiten, indem sie deinen Energiekörper in eine andere Stadt reisen ließ, die heute existiert – nur eben in ihrer Absicht.«

Carol wartete ab, dann fragte sie mich, ob die Frau in der Kirche mir erklärt habe, was das Beabsichtigen in der zweiten Aufmerksamkeit bedeute.

Wohl erinnerte ich mich, daß sie davon gesprochen hatte, ohne mir aber eigentlich zu erklären, was es bedeute, in der zweiten Aufmerksamkeit zu beabsichtigen. Carol hantierte hier mit Begriffen, über die Don Juan noch niemals gesprochen hatte.

»Woher hast du all diese neuen Ideen?« fragte ich, echt erstaunt darüber, wie klarsichtig sie war.

In beiläufigem Ton versicherte Carol, die Frau in der Kirche habe ihr eine Menge über solche Feinheiten beigebracht.

»Wir beabsichtigen gerade jetzt in der zweiten Aufmerksamkeit«, fuhr sie fort. »Die Frau in der Kirche ließ uns einschlafen. Dich hier, mich in Tucson. Und dann schliefen wir noch einmal ein, in unserem Traum. An diesen Teil erinnerst du dich nicht, aber ich wohl. Das Geheimnis der Zwillingspositionen. Erinnerst du dich, was die Frau dir sagte? Der zweite Traum ist das Beabsichtigen in der zweiten Aufmerksamkeit: die einzige Art, die vierte Pforte des Träumens zu durchschreiten.«

Nach langer Pause, während ich kein Wort hervorbringen konnte, sagte sie: »Ich glaube, die Frau in der Kirche hat dir wirklich ein Geschenk gemacht; auch wenn du keines annehmen wolltest. Ihr Geschenk war, daß sie ihre Energie mit der unseren verband, um sich rückwärts und vorwärts im energetischen Hier und Jetzt des Universums zu bewegen.«

Ich war außer mir vor Erregung. Carols Worte waren so exakt, so zutreffend. Sie hatte mir etwas definiert, was ich für undefinierbar hielt, auch wenn ich nicht wußte, was es sei, das sie da definiert hatte. Hätte ich mich bewegen können, ich wäre aufgesprungen und hätte sie umarmt. Sie lächelte selig, während ich weiterhin drauflos schwatzte, wie einsichtig ihre Worte mir wären. Pathetisch verkündete ich, Don Juan hätte mir nie etwas ähnlich Bedeutsames gesagt.

»Vielleicht weiß er es nicht«, sagte Carol – aber nicht vorwurfsvoll, sondern versöhnlich.

Ich wollte ihr nicht widersprechen. Ich schwieg eine Weile, sonderbar gedankenleer. Dann brachen Wörter und Gedanken aus mir hervor, wie aus einem Vulkan. Leute, die um die Plaza spazierten, starrten uns an oder blieben vor uns stehen und beobachteten uns. Welch einen Anblick mochten wir bieten! Carol Tiggs, die mein Gesicht küßte und liebkoste, während ich unentwegt drauflos schwatzte über ihre Klarsicht und über meine Begegnung mit der, die dem Tode trotzte.

Als ich wieder laufen konnte, führte sie mich über die Plaza zu dem einzigen Hotel in der Stadt. Sie überzeugte mich, daß ich noch nicht genug Energie hätte, um den Weg bis zu Don Juans Haus zu gehen; daß aber alle anderen wüßten, wo wir uns befanden.

»Wie können sie wissen, wo wir uns befinden?«

»Der Nagual ist ein sehr tüchtiger alter Zauberer«, antwortete sie lachend. »Er war es, der mir sagte, falls ich dich in einem Zustand beschädigter Energie vorfände, sollte ich dich lieber ins Hotel bringen, statt das Risiko einzugehen und dich durch die ganze Stadt zu schleppen.«

Ihre Worte und besonders ihr Lächeln brachten mir solche Erleichterung, daß ich in seliger Beschwingtheit weitermarschierte. Wir gingen um die Ecke, zum Eingang des Hotels – einen halben Straßenblock weiter, genau gegenüber der Kirche. Wir gingen durch die trostlose Lobby, das betonierte Treppenhaus hinauf und auf den zweiten Stock, direkt in ein unfreundliches Zimmer, das ich noch nie gesehen hatte. Carol sagte, ich sei schon einmal hier gewesen. Doch ich hatte keinerlei Erinnerung, weder an das Hotel noch an das Zimmer. Ich war aber so müde, daß ich nicht darüber nachdenken konnte. Ich ließ mich vornüber aufs Bett fallen. Ich wollte nur schlafen, und doch war ich zu aufgeregt. Es gab da zu viele offene Fragen, auch wenn alles so geordnet erschien. Plötzlich überfiel mich Nervosität, und ich richtete mich auf.

»Ich habe dir nie erzählt, daß ich die Gabe derer, die dem Tode trotzt, nicht annehmen wollte«, sagte ich – und sah Carol an. »Wie konntest du das wissen?«

»Oh, weil du es mir selbst gesagt hast«, protestierte sie, während sie sich neben mich setzte. »Du warst so stolz darauf. Es war das erste, womit du herausplatztest, als ich dich fand.«

Dies war die erste Antwort, bislang, die mich nicht ganz befriedigte. Was sie mir berichtete, klang nicht so, als hätte ich es gesagt.

»Ich glaube, du hast mich falsch verstanden«, sagte ich. »Ich wollte nur nichts haben, was mich von meinem Ziel abbringen könnte.«

»Du meinst also, du hast dich nicht stolz gefühlt bei deiner Weigerung?«

»Nein. Ich habe überhaupt nichts gefühlt. Ich kann nichts mehr fühlen, außer Furcht.«

Ich streckte die Beine aufs Bett und legte den Kopf auf das Kissen. Ich war überzeugt, daß ich sofort einschlafen würde, wenn ich die Augen schloß oder nicht weitersprach. Also erzählte ich Carol, wie ich mit Don Juan am Anfang meiner Bekanntschaft gestritten hatte – über sein eingestandenes Motiv, auf dem Weg der Krieger zu bleiben. Er hatte gesagt, die Furcht halte ihn auf geradem Weg, und was er am meisten fürchte, sei, das Nagual zu verlieren, das Abstrakte, den Geist.

»Der Tod ist nichts, verglichen mit dem Verlust des Nagual«, hatte er damals gesagt, mit echter Leidenschaft in der Stimme. »Meine Furcht, das Nagual zu verlieren, ist die einzige Wirklichkeit, die ich habe. Denn ohne dies wäre ich schlimmer als tot.«

Ich hatte Don Juan sofort widersprochen, wie ich nun Carol erzählte, und damals geprahlt, daß einzig Liebe für mich die motivierende Kraft sein könne, falls ich schon auf einem begrenzten Pfad bleiben müsse, weil Furcht mir nichts anhaben könne.

Und Don Juan hatte erwidert, daß die Furcht, wenn der Schlag wirklich kommt, der einzig würdige Zustand für einen Krieger sei. Insgeheim verachtete ich seine, wie ich glaubte, heimliche Engstirnigkeit.

254

»So hat das Rad eine volle Umdrehung gemacht«, sagte ich zu
Carol. »Denn, sieh mich an. Ich schwöre dir, das einzige, was mir
die Kraft gibt weiterzumachen, ist die Furcht, das Nagual zu verlieren.«
Carol starrte mich an – mit einem seltsamen Blick, den ich nie bei
ihr bemerkt hatte.
»Da möchte ich widersprechen«, sagte sie leise. »Die Furcht ist
nichts, verglichen mit Liebe. Die Furcht läßt dich kopflos davonlaufen. Die Liebe läßt dich klug handeln.«
»Was sagst du da, Carol Tiggs? Sind die Zauberleute neuerdings
Liebesleute?«
Sie antwortete nicht. Sie legte sich neben mich und legte den Kopf
an meine Schulter. So blieben wir liegen, in diesem sonderbar
unfreundlichen Zimmer, lange Zeit, in völligem Schweigen.
»Ich fühle, was du fühlst«, sagte Carol unvermittelt. »Und jetzt
versuche du, zu fühlen, was ich fühle. Du kannst es. Aber tun
wir's im Dunkeln.«
Carol streckte den Arm nach oben und machte die Lampe über
dem Bett aus. Ich aber fuhr mit einer einzigen Bewegung hoch. Wie
ein Stromschlag hatte mich die Angst getroffen. Denn kaum hatte
Carol das Licht ausgemacht, war es Nacht in diesem Zimmer. In
höchster Erregung fragte ich Carol, wie das möglich sei.
»Du bist noch nicht ganz beisammen«, sagte sie beschwichtigend.
»Du hattest einen ungeheuren Zusammenstoß. So tief in die
zweite Aufmerksamkeit einzutauchen hat dich – gewissermaßen –
ein wenig beschädigt. Natürlich ist es jetzt Tag, aber deine Augen
können sich nicht recht an das trübe Licht hier im Zimmer gewöh-
nen.«
Mehr oder minder überzeugt, legte ich mich wieder hin. Carol
sprach weiter, aber ich hörte nicht mehr zu. Ich befühlte die Laken. Es waren echte Laken. Ich strich mit den Händen über das
Bett; es war ein Bett. Ich beugte mich hinaus und fuhr mit der
flachen Hand über die kalten Bodenfliesen. Ich stieg aus dem
Bett und überprüfte jeden Gegenstand im Zimmer und im Bad.
Alles war völlig normal, völlig wirklich. Ich erzählte Carol, daß
ich, als sie das Licht ausmachte, den klaren Eindruck gehabt
hätte, daß ich träumte.
»Laß doch mal los«, sagte sie. »Hör auf mit diesem wissenschaftlichen Blödsinn und komm ins Bett. Ruhe dich aus.«

Ich zog die Vorhänge am Fenster zur Straße auf. Draußen war es Tag, aber sobald ich sie schloß, war es drinnen Nacht. Carol flehte mich an, ins Bett zurückzukommen. Sie äußerte die Befürchtung, ich könnte davonlaufen und auf der Straße landen, wie ich es schon einmal getan hätte. Dies klang ganz vernünftig. Also stieg ich wieder ins Bett, ohne zu merken, daß mir keinen Moment in den Sinn gekommen war, mit dem kleinen Finger auf die Dinge zu deuten. Es war, als sei dieses Wissen ausgelöscht aus meinem Gedächtnis.

Die Dunkelheit in diesem Hotelzimmer war ganz ungewöhnlich. Sie schenkte mir ein köstliches Gefühl von Frieden und Harmonie. Sie brachte mir aber auch eine tiefe Traurigkeit, eine Sehnsucht nach menschlicher Wärme, nach Freundschaft. Ich war mehr als bestürzt. Nie war mir so etwas geschehen. Ich lag im Bett und versuchte mich zu erinnern, ob ich so etwas wie diese Sehnsucht wohl kannte. Ich kannte es nicht. Die Sehnsuchtsgefühle, die ich hatte, galten nicht menschlicher Freundschaft. Sie waren abstrakt. Sie waren eher eine Art von Trauer, etwas Unbestimmtes nicht erreichen zu können.

»Ich werde verrückt«, sagte ich zu Carol. »Ich fange an, um Menschen zu weinen.«

Ich dachte, sie würde meine Worte spaßig auffassen. Ich hatte es eher scherzhaft gemeint. Aber sie sagte nichts. Sie schien mich zu verstehen. Sie seufzte. In meiner instabilen Geistesverfassung fühlte ich Rührseligkeit in mir aufsteigen. Ich beugte mich in der Dunkelheit über sie und murmelte etwas, das mir in einem klaren Augenblick eher irrational vorgekommen wäre: »Ich liebe dich tief und innig«, sagte ich.

Worte wie diese, zwischen Zauberern von Don Juans Linie, waren undenkbar. Carol Tiggs war die Nagual-Frau. Zwischen uns beiden war es nicht nötig, Gefühle zu zeigen. Tatsächlich wußten wir nicht einmal, was wir für einander fühlten. Don Juan hatte uns gelehrt, daß Zauberer weder die Zeit noch das Bedürfnis nach solchen Gefühlen hätten.

Carol lächelte und umarmte mich. Und ich war von so verzehrender Liebe zu ihr erfüllt, daß ich unwillkürlich zu weinen anfing.

»Dein Energiekörper bewegt sich vorwärts, auf den leuchtenden Energiefasern des Universums«, flüsterte sie immer wieder. »Wir sind getragen von der Absicht, dem Geschenk derjenigen, die dem Tode trotzt.«

Ich hatte noch genug Energie, um zu verstehen, was sie sagte. Ich fragte sie sogar, ob sie selbst verstand, was dies alles bedeute. Sie legte mir den Finger an die Lippen und flüsterte in mein Ohr: »Ja, ich verstehe. Das Geschenk derjenigen, die dem Tode trotzt, waren die Flügel der Absicht. Und auf diesen Flügeln träumen du und ich uns in eine andere Zeit. In eine Zeit, die kommen wird.«

Ich stieß sie von mir und setzte mich auf. Die Art, wie Carol diese komplizierten Zauberer-Gedanken aussprach, war mir unheimlich. Es war nicht ihre Art, begriffliches Denken ernst zu nehmen. Stets hatten wir unter uns gewitzelt, daß Carol einfach nicht den Kopf zur Zauberer-Philosophin hätte.

»Was ist los mit dir?« fragte ich. »Dein Wesen ist mir völlig neu: Carol, die Zauberer-Philosophin. Du sprichst wie Don Juan.«

»Noch nicht.« Sie lachte. »Aber es kommt. Es rollt mir entgegen, und wenn es mich trifft, wird es mir leichtfallen, eine Zauberer-Philosophin zu sein. Du wirst sehen. Und niemand wird es erklären können, weil es einfach geschehen wird.«

Eine Alarmglocke klingelte in meinem Kopf. »Du bist nicht Carol«, schrie ich. »Du bist die, die dem Tode trotzt, verkleidet als Carol. Ich hab's gewußt.«

Carol lachte, unbeeindruckt von meiner Anschuldigung. »Rede nicht so absurd«, sagte sie. »Du bist dabei, eine Lektion zu verpassen. Ich wußte, du würdest früher oder später nachgeben und dich gehenlassen. Glaube mir, ich bin Carol. Aber wir tun etwas, was wir noch nie getan haben: wir beabsichtigen in der zweiten Aufmerksamkeit, wie es die Zauberer der Vorzeit taten.«

Ich war nicht überzeugt, aber ich hatte keine Energie mehr, um meinen Standpunkt zu verfechten, denn irgend etwas, vielleicht der große Wirbel meines Träumens, begann mich einzusaugen. Schwach hörte ich Carols Stimme, die mir ins Ohr sagte: »Wir träumen uns. Träume deine Absicht von mir. Beabsichtige mich vorwärts! Beabsichtige mich vorwärts!«

Mit größter Anstrengung sprach ich mein innerstes Gefühl aus: »Bleibe bei mir, für immer«, sagte ich – mit der Langsamkeit eines defekten Tonbandgeräts. Sie antwortete etwas Unverständliches. Ich wollte schon lachen über meine Stimme, aber dann verschluckte mich der Wirbel.

Als ich erwachte, war ich allein im Hotelzimmer. Ich hatte keine Ahnung, wie lange ich geschlafen hatte. Ich war sehr enttäuscht, Carol nicht neben mir zu finden. In aller Eile zog ich mich an und lief hinunter in die Lobby, sie zu suchen. Außerdem wollte ich die sonderbare Schläfrigkeit abschütteln, die mich gefangenhielt.

An der Rezeption sagte mir der Portier, daß die Amerikanerin, die das Zimmer gemietet hätte, eben abgereist sei. Ich lief auf die Straße hinaus und hoffte, sie noch einzuholen, aber sie war spurlos verschwunden. Es war Mittag. Die Sonne stand an einem wolkenlosen Himmel. Es war irgendwie zu warm.

Ich ging zur Kirche. Mit echter, aber dumpfer Überraschung stellte ich fest, daß ich in jenem Traum tatsächlich die Details ihrer Architektur gesehen hatte. Interesselos spielte ich meinen eigenen Advocatus diaboli und dachte: im Zweifel für den Angeklagten. Vielleicht hatten Don Juan und ich tatsächlich die Rückseite der Kirche inspiziert, und ich erinnerte mich einfach nicht. Aber es war mir egal. Ich dachte nicht darüber nach. Mein Objektivierungs-Schema hatte ohnehin keinen Sinn mehr für mich. Ich war zu schläfrig, als daß es mich noch interessierte.

Von dort schlenderte ich langsam zu Don Juans Haus, immer noch auf der Suche nach Carol. Ich war sicher, daß ich sie dort antreffen würde, daß sie mich erwartete. Don Juan begrüßte mich, als sei ich von den Toten auferstanden. Er und seine Gefährtinnen waren in höchster Erregung, während sie mich mit unverhohlener Neugier anschauten.

»Wo hast du gesteckt?« fragte Don Juan ungeduldig.

Ich begriff einfach nicht den Grund all der Aufregung. Ich hätte die Nacht mit Carol im Hotel an der Plaza verbracht, sagte ich ihm, weil ich keine Energie mehr hatte, von der Kirche zu seinem Haus zurückzukehren. Aber das wüßten sie bereits.

»Wir wußten nichts dergleichen«, herrschte er mich an.

»Hat Carol dir nicht gesagt, daß sie mit mir zusammen sei?« fragte ich, während mir ein Verdacht dämmerte, der mich alarmiert hätte, wäre ich nicht so erschöpft gewesen.

Niemand antwortete. Fragend sahen sie einander an. Ich wandte mich an Don Juan und sagte ihm, ich sei der Meinung gewesen, er habe Carol ausgeschickt, mich zu suchen.

Don Juan schritt im Zimmer auf und ab, ohne ein Wort zu sagen.

»Carol Tiggs war gar nicht bei uns«, sagte er. »Und du warst neun Tage lang fort.«

Meine Müdigkeit bewahrte mich davor, bei diesen Worten tot umzufallen. Der Ton seiner Stimme und die besorgten Blicke der anderen waren Beweis genug, daß sie es ernst meinten. Aber ich war so betäubt, daß ich nichts zu sagen wußte.

Don Juan forderte mich auf, ihnen in aller Ausführlichkeit zu erzählen, was sich zwischen mir und der, die dem Tode trotzt, zugetragen habe. Ich war schockiert darüber, daß ich mich an so vieles erinnern konnte und daß ich davon berichten konnte, trotz meiner Müdigkeit. Ein Augenblick unbeschwerter Fröhlichkeit brach die Spannung, als ich ihnen erzählte, wie sehr die Frau gelacht hatte, als ich in ihrem Traum meine Absicht, zu *sehen*, wie ein Esel hinausbrüllte.

»Mit dem kleinen Finger zu deuten, das funktioniert besser«, sagte ich zu Don Juan, ohne jeden Vorwurf.

Don Juan fragte, ob die Frau noch eine weitere Reaktion auf mein Gebrüll gezeigt hätte, außer ihrem Gelächter? Ich hätte keine Erinnerung daran, sagte ich, bis auf ihre Fröhlichkeit und die Tatsache, daß sie darüber gesprochen hatte, wie sehr er sie verabscheute.

»Ich verabscheue sie überhaupt nicht«, protestierte Don Juan. »Ich verabscheue nur die Zwanghaftigkeit der alten Zauberer.«

An alle Anwesenden gewandt, sagte ich, daß ich persönlich diese Frau ungeheuer und vorbehaltlos gern gehabt hätte. Und daß ich Carol Tiggs geliebt hatte, wie ich nie geglaubt hatte, jemanden lieben zu können. Sie schienen gar nicht zu verstehen, was ich sagte. Sie sahen einander an, als sei ich plötzlich verrückt geworden. Ich wollte noch mehr sagen, meine Gefühle erklären. Aber Don Juan – ich glaube, weil er mich davon abhalten wollte, Dummheiten zu plappern – zerrte mich förmlich aus dem Haus, und zurück zum Hotel.

Derselbe Portier, mit dem ich zuvor gesprochen hatte, hörte sich höflich unsere Beschreibung an, die wir von Carol Tiggs gaben, leugnete aber rundheraus, sie oder mich jemals gesehen zu haben. Er rief sogar die Zimmermädchen, die seine Aussage bestätigten.

»Was kann das alles bedeuten?« fragte Don Juan sich laut. Anscheinend fragte er aber nur sich selbst. Sachte führte er mich aus dem Hotel. »Komm, laß uns verschwinden von diesem verdammten Ort«, sagte er.

Kaum draußen, befahl er mir, mich nicht umzudrehen, nicht das Hotel oder die Kirche jenseits der Straße anzuschauen, sondern den Blick gesenkt zu halten. Ich sah meine Schuhe an und merkte sofort, daß ich nicht mehr Carols Kleider trug, sondern meine eigenen. Aber wie sehr ich mich auch anstrengte, konnte ich mich nicht erinnern, wann ich mich umgezogen hatte. Wahrscheinlich, als ich im Hotelzimmer erwachte, dachte ich. Da mochte ich meine eigenen Sachen angezogen haben, obwohl mein Gedächtnis leer war.

Inzwischen waren wir auf der Plaza angekommen. Bevor wir hinübergingen und uns nach Don Juans Haus wandten, erklärte ich ihm die Sache mit meinen Kleidern. Er schüttelte rhythmisch den Kopf und lauschte jedem Wort. Dann setzte er sich auf eine Bank, und nun ermahnte er mich mit einer Stimme, in der echte Sorge mitschwang, daß ich im Augenblick gar nicht wissen könne, was im Zustand der zweiten Aufmerksamkeit zwischen der Frau und der Kirche und meinem Energiekörper vorgegangen sei. Mein Erlebnis mit der Carol Tiggs aus dem Hotel sei nur die Spitze eines Eisbergs.

»Es ist grauenhaft, sich vorzustellen, daß du neun Tage lang in der zweiten Aufmerksamkeit warst«, fuhr Don Juan fort. »Neun Tage, das ist nur eine Sekunde für die, die dem Tode trotzt, aber eine Ewigkeit für uns.« Bevor ich protestieren oder etwas sagen oder erklären konnte, gebot er mir Schweigen. »Bedenke einmal«, sagte er. »Wenn du dich nicht mal an all das erinnern kannst, was ich dich in der zweiten Aufmerksamkeit lehrte und mit dir machte, dann kannst du dir vorstellen, um wieviel schwieriger es sein mag, sich daran zu erinnern, was die, die dem Tode trotzt, dich gelehrt und mit dir gemacht hat. Ich ließ dich nur die Bewußtseinsebene wechseln; die dem Tod Trotzende führte dich in ein anderes Universum.«

Ich fühlte mich kleinlaut und abgeschlagen. Don Juan und seine zwei Gefährtinnen drängten mich, ich solle mich anstrengen und versuchen, mich zu erinnern, wann ich meine Kleider gewechselt hätte. Ich konnte es nicht. Mein Kopf war leer: keine Gefühle, keine Erinnerungen. Irgendwie war ich nicht ganz da, nicht bei ihnen.

Die Nervosität Don Juans und seiner zwei Gefährtinnen erreichte einen Höhepunkt. Nie hatte ich ihn so verwirrt gesehen. Da gab es immer eine Spur von Humor bei ihm, ein Sich-nicht-ganz-Ernstnehmen bei allem, was er tat und was er sagte. Diesmal aber nicht.

Wieder versuchte ich nachzudenken, versuchte noch eine Erinnerung auszugraben, die Licht in die Sache bringen könnte. Wieder schaffte ich es nicht, aber ich war nicht niedergeschlagen: ein unwahrscheinlich gewisser Optimismus beherrschte mich. Ich hatte das Gefühl, daß alles so kam, wie es kommen sollte.

Don Juans größte Sorge war, wie er sagte, daß er nichts über das Träumen wußte, das ich mit der Frau aus der Kirche erlebt hatte. Ein Traum-Hotel zu erzeugen, eine Traum-Stadt, eine geträumte Carol Tiggs, all dies war für ihn nur ein Beispiel für die Kunst der alten Zauberer im Träumen, für ihre totale Bandbreite, die menschlicher Vorstellungskraft spottete.

Don Juan breitete überschwenglich die Arme aus und lächelte endlich – mit seiner gewohnten Fröhlichkeit. »Wir können nur annehmen, daß die Frau in der Kirche dir gezeigt hat, wie es geht«, sagte er in bedächtigem Ton. »Es wird eine ungeheure Aufgabe für dich sein, ein unverständliches Manöver verständlich zu machen. Es war ein meisterhafter Schachzug von dem, der dem Tode trotzt – verkleidet als Frau in der Kirche. Sie hat Carols und deinen Energiekörper benutzt, um abzuheben – um aus aller Verankerung auszubrechen. Sie entführte dich – mit deiner Gabe geschenkter Energie.«

Was er da sagte, hatte für mich keine Bedeutung. Seinen beiden Gefährtinnen bedeutete es offenbar sehr viel. Sie waren sehr aufgeregt. An sie gewandt, erklärte Don Juan, daß derjenige, der dem Tode trotzt, und die Frau in der Kirche verschiedene Ausdrucksformen derselben Energie wären. Die Frau in der Kirche sei die mächtigere und komplexere von den beiden. Als sie die Führung übernahm, benutzte sie den Energiekörper von Carol Tiggs auf eine dunkle, unheimliche Art, wie es den Praktiken der

alten Zauberer entsprach, und schuf jene Carol Tiggs aus dem
Hotel – eine Carol Tiggs der reinen Absicht. Vielleicht, so fügte
Don Juan hinzu, hatten Carol Tiggs und die Frau bei ihrer Begeg-
nung eine Art von Vereinbarung getroffen.

In diesem Moment kam Don Juan offenbar ein Gedanke. Un-
gläubig starrte er seine Gefährtinnen an. Ihre Augen huschten hin
und her, von einem zum andern. Nicht nur Zustimmung hei-
schend, dessen war ich mir sicher. Denn anscheinend hatten sie
gleichzeitig etwas begriffen.

»Alle unsere Spekulationen sind sinnlos«, sagte Don Juan, mit
ruhiger, gelassener Stimme. »Ich glaube, es gibt keine Carol Tiggs
mehr. Es gibt auch keine Frau aus der Kirche. Beide haben sich
vereinigt und sind auf den Flügeln der Absicht davongeflogen.
Vorwärts, glaube ich.«

»Der Grund, warum die Carol Tiggs aus dem Hotel sich Sorgen
um ihr Aussehen machte, war dieser«, sagte er: »Sie war die Frau
in der Kirche, die dich eine andere Carol Tiggs träumen ließ. Eine
unendlich viel mächtigere Carol Tiggs. Erinnerst du dich, was sie
sagte? ›Träume deine Absicht von mir. Beabsichtige mich vorwärts‹.«

»Was bedeutet das, Don Juan?« fragte ich, wie betäubt.

»Es bedeutet, daß die, die dem Tode trotzt, ihren letzten Ausweg
gesehen hat. Sie ist mit dir auf und davon geflogen. Dein Schicksal ist ihr Schicksal.«

»Und das heißt, Don Juan?«

»Das heißt, daß sie, wenn du die Freiheit findest, sie ebenfalls
finden wird.«

»Wie will sie das schaffen?«

»Durch Carol Tiggs. Aber sei unbesorgt um Carol.« Dies sagte er,
noch bevor ich meine Ahnung aussprechen konnte. »Sie versteht
ein solches Manöver. Und noch viel mehr.«

Unendlichkeiten türmten sich vor mir auf. Schon fühlte ich ihr
erdrückendes Gewicht. In einem Augenblick der Klarheit fragte
ich Don Juan: »Was ist das Ergebnis von alledem?«

Er antwortete nicht. Er starrte mich an, musterte mich von Kopf
bis Fuß. Dann sagte er, langsam und wohlerwogen: »Die Gabe
derer, die dem Tode trotzt, besteht aus unendlichen Möglichkeiten des Träumens. Eine davon war dein Traum von Carol Tiggs in
einer anderen Zeit, in einer anderen Welt. Einer umfassenderen

aber ich konnte es noch nicht ganz kontrollieren. Doch es durchbrach schon den Nebel des Traumes. Begonnen hatte es als eine Mischung zwischen dem Nicht-Wissen, was hier vor sich ging, und der gefühlten Ahnung, daß das Unbegreifliche gleich an der nächsten Ecke wartete.

Wahrscheinlich zeigte sich ein ungläubiger Ausdruck auf meinem Gesicht, denn Don Juan sagte mit vollem Nachdruck: »Dies ist das Träumen. Und du solltest jetzt wissen, daß alles, was darin geschieht, endgültig ist. Carol Tiggs ist gegangen.«

»Aber wohin, glaubst du, Don Juan, ist sie gegangen?«

»Wohin die Zauberer der Vorzeit gingen. Ich habe dir gesagt, die Gabe derjenigen, die dem Tode trotzt, sei die Endlosigkeit möglichen Träumens. Du wolltest nichts Konkretes annehmen, darum schenkte die Frau in der Kirche dir eine abstrakte Gabe: die Möglichkeit, auf den Flügeln der Absicht zu fliegen.«

Welt, weit und grenzenlos. Einer Welt, wo sogar das Unmögliche wahrscheinlich werden könnte. Und die Bedeutung ist, daß du nicht nur diese Möglichkeiten erleben wirst, sondern daß du sie eines Tages verstehen wirst.«

Er stand auf, und wir machten uns schweigend auf den Weg zu seinem Haus. Meine Gedanken begannen zu rasen. Es waren eigentlich keine Gedanken, sondern Bilder – eine Mischung von Erinnerungen an die Frau in der Kirche und an Carol Tiggs, wie sie im Dunkel des geträumten Hotelzimmers zu mir sprach. Einige Male war ich nahe daran, diese Bilder zu einem Gefühl meines gewohnten Selbst zu verdichten, aber ich mußte es aufgeben; ich hatte keine Energie für eine solche Aufgabe.

Bevor wir beim Haus ankamen, blieb Don Juan stehen und sah mich an. Wieder musterte er mich sorgfältig, als suchte er nach Zeichen an meinem Körper. Und jetzt fühlte ich mich verpflichtet, ihn auf ein Thema anzusprechen, bei dem er, wie ich glaubte, in tödlichem Irrtum befangen war.

»Ich war mit der echten Carol Tiggs im Hotel zusammen«, sagte ich. »Einen Augenblick glaubte ich selbst, sie sei die, die dem Tode trotzt, aber nach sorgfältiger Überlegung kann ich nicht an dieser Überzeugung festhalten. Es war Carol. Auf irgendeine unheimliche, erschreckende Art war sie in dem Hotel, genau wie ich selbst in dem Hotel war.«

»Natürlich war es Carol«, pflichtete Don Juan mir bei. »Aber nicht die Carol, die wir beide kennen. Dies war eine geträumte Carol, wie ich dir sagte; eine Carol, bestehend aus reiner Absicht. Du halfst der Frau in der Kirche, diesen Traum auszuspinnen. Ihre Kunst war es, diesen Traum zu einer allumfassenden Realität zu machen: die Kunst der alten Zauberer, das Schrecklichste, was es gibt. Habe ich dir nicht gesagt, du würdest die krönende Lektion im Träumen erfahren?«

»Was, glaubst du, geschah mit Carol Tiggs?« fragte ich.

»Carol Tiggs ist fortgegangen«, antwortete er. »Aber eines Tages wirst du eine neue Carol Tiggs finden – die Carol aus dem geträumten Hotelzimmer.«

»Was meinst du damit, daß sie fortgegangen sei?«

»Sie ist fortgegangen von dieser Welt«, sagt er.

Nervosität brandete gegen mein Zwerchfell. Ich war hellwach. Mein wiedergekehrtes Bewußtsein wurde mir allmählich vertraut,